고려시화총서 ❶

역주 破閑集 파한집

고려시화총서 ❶

역주 破閑集 파한집

이인로 지음 / 박성규 역주

보고사

차 례

『파한집(破閑集)』에 대하여

1

『파한집』은 고려 중기의 문인인 이인로(李仁老, 1152~1220)가 1210
년경에 편찬한 시화집이다. 이인로는 고려의 귀족정치가 쇠퇴해 가
던 고려 전기 말엽에 한때 명문거족으로 시대를 풍미했던 인주이씨(仁
州李氏) 가문에서 태어났으나 일찍 부모를 잃고 가세가 기울어 명종의
숙부이자 화엄종파(華嚴宗派)의 종장(宗匠)인 요일(寥一) 스님의 슬하
에서 교육을 받으며 성장했다. 18세가 되던 1170년에는 무인들이 쿠
데타를 일으켜 왕정이 중단된 사태를 만나 무인들의 칼날을 피해 산
문(山門)에 들어가 승려로 변신하기도 했다. 그러나 그가 무인의 난으
로 아직 국정이 안정을 되찾지 못했던 1176년에 국자감에 입학하여
우수한 성적을 거두었다는 기록을 볼 때 그는 다른 문신들과는 달리
일찍 산에서 내려와 여전히 왕족 출신인 요일 스님의 비호를 받으며
과거 준비를 할 수 있었다고 하겠다. 28세가 되던 1180년 봄에 과거에
장원으로 급제하여 무인정권 하에서 장래가 촉망되는 관료로 진출하
였다. 그는 폭넓은 독서와 뛰어난 창작 능력으로 많은 사람들의 추앙
을 받았고, 당시 젊은 계층의 리더로 등장했지만 무인집권자들에게

는 그가 껄끄러운 상대로 인식되어 관료로서 크게 성공하지는 못했
다. 그는 명민한 지식인으로 당대를 살아가면서 강고한 무인정권 하
에서 자유롭게 사유하고 활동할 수가 없었으므로 많은 고민에 빠졌
고, 늘 못마땅한 현실에서 탈출하려는 꿈을 버리지 않았다. 그러므로
그가 40년 가까이 관직생활을 했고 당대의 집정자(執政者)나 관료들
과 교류해오면서도 우리나라 도교적 이상향인 지리산 청학동을 찾아
자주 유람하였고, 작품 속에서도 더러 자신의 현풍적(玄風的) 취향을
형상화하기도 했다. 또한 당시 능문능리한 사람이지만 현실에 안주
하지 못하고 방황하던 6명의 지식인들을 모아 죽림고회(竹林高會)를
결성하고 그 모임을 주도했던 것도 다분히 이러한 그의 현실도피적인
도가사상에서 나온 것이라고 할 수 있을 것이다.

  그가 지적 능력이나 문학적 감수성이 뛰어나 많은 시문(詩文)이나
개인 저술을 남겼고, 왕명을 대필하는 일로 14년 동안 한림원(翰林院)
에 근무하기도 하여 당대의 문학을 주도했다고 해도 과언이 아니다.
그의 이러한 문필활동의 결실로 자신이 한림원에 근무하는 동안에
지은 글을 모아 엮은 문집 『은대집(銀臺集)』 24권은 원고인 채로 전하
다 유실되었고, 당시 상류층 출신으로 일락(逸樂)을 추구했던 원로들
모임인 기로회(耆老會) 멤버 9명의 시문을 모아 편찬한 『쌍명재집(雙
明齋集)』 3권이 출간되었으나 역시 전하지 않으며, 오직 시화집인 『파
한집』 3권만이 전하고 있을 뿐이다. 그러나 그의 작품이 『동문선』에
70제 80수의 시와 산문 16편, 『파한집』에 시 7수, 『보한집』에 연구(聯
句)를 포함한 시 23수, 『신증동국여지승람』에 4수의 시가 남아 전하
고 있어 그의 호호탕탕한(浩浩蕩蕩) 문학세계를 그런대로 수렴할
수 있다.

2

　『파한집』은 우리나라 비평문학 최초의 업적으로 그 문학사적 의의는 자못 크다. 이인로가 새로운 형태의 비평서를 출간한 이유를 명료하게 밝히고 있지 않다. 그러나 그의 아들인 세황(世黃)이 아버지 사후 40년만에 어렵게 이 책을 출간하면서 책 뒤에 덧붙인 「파한집발(破閑集發)」에서 아버지가 죽림고회에 함께 참여했던 임춘, 오세재, 이담지, 황보항, 조통, 함순 등과 화조월석(花朝月夕)에 만나 시주(詩酒)를 즐기다가 술에 취하여 도도해지면, 서로 나누던 얘기를 소개함으로써 그 편찬 동기를 말하고 있다.

　　여수(麗水) 가에는 반드시 좋은 금이 있으니 형산의 밑에 어찌 좋은 옥이 없겠는가? 우리나라가 봉래(蓬萊)와 영주(瀛洲)에 인접하여 예로부터 신선의 나라라고 불리어졌다. 그 신령한 정기를 모으고 빼어난 재주를 길러 오백 년마다 뛰어난 인재를 배출했는데, 우리나라 사람으로 중국에서 아름다운 이름을 나타낸 사람으로는 고운 최치원이 앞에서 선창하였고, 참정 박인량이 뒤에서 화답하여 명유(名儒)와 운석(韻釋)이 시를 잘 지어 다른 나라에 명성을 떨친 이가 대대로 끊임없이 이어졌다. 만약 우리들이 진정으로 선인들의 글을 찾아내어 기록으로 남겨 후세에 전하지 않는다면 그러한 훌륭한 글들이 자취도 없이 사라진다는 사실은 의심의 여지가 없다.

라고 하고는 드디어 중외(中外)에 남아 있는 작품들 중에서 모범이 될 만한 것을 모아 엮어서 세 권을 만들고 이름을 '파한'이라 하였다. 여기에서 보면, 『파한집』 편찬 동기가 우리 문학에 대한 역사적 인식에서 이루어진 것을 알 수 있다. 이인로 자신이 당대를 울리던 문

인이고 석유(碩儒)로서 당시에 우리 문학의 전반을 조감할 수 있는
선집이나 통시적 문학 기록들이 없다는 사실을 통감하여 자신의 손
으로 중요한 작품과 그와 관련된 시화를 남겨야 하겠다는 일념에서
『파한집』을 편찬했다는 것이다. 이러한 생각은 이인로 혼자만의 생
각이 아니라 죽림고회 참여 문인들을 포함한 당시 많은 뜻있는 지식
인들이 공통으로 가지고 있던 것으로 결국『파한집』은 이인로가 그
들의 공통된 의지를 모아 편찬한 것이라고 하겠다. 또한『파한집』이
라는 제목에 '한(閑)'자를 넣은 이유를 설명하면서 이 책이 단순히
문학사적 맥락에서 기획되고 편찬된 것만이 아니라는 것을 암시하
고 있다.

　　내가 '한(閑)'이라고 한 것은 세상에 나아가 공명을 이루고 나서 수
레를 매달아 두고 녹야당(綠野堂)을 짓고 살면서 바깥세계를 그리워
하는 마음이 없는 사람이나, 또는 산림 속에 자취를 감추고 살아가면
서 배고프면 먹고 노곤하면 잠자는 사람이여야만이 온전히 누릴 수
있는 것이다. 이처럼 심신을 여기에 쏟으면 한을 온전히 누릴 수 있지
만, 만약 세속에 함몰되어 벼슬자리에 연연하며 세상의 영욕에 이끌
려 이리저리 헤매는 자들이 하루아침에 실세하게 되면 겉으로는 한가
로워 보이지만 마음은 더없이 흉흉하니 이 또한 한(閑)이 병이 되는
것이다. 그러나 위에서 말한 무욕의 삶에 관심을 두게 되면 한으로 인
한 병도 또한 나을 수가 있을 것이니, 그렇다면 바둑이나 장기를 두는
것보다 오히려 낫지 않겠는가.

　이인로가 왜 이 시화집에 특별히 '한(閑)'자를 넣어서 책명으로 삼
았는가를 이해할 수 있다. 그가 좌간의대부에 올라 소임을 수행하

던 도중에 6은세를 일기로 세상을 떠났으므로 평생 공직에서 벗어나지는 않았지만 그런 중에도 마음속으로는 항상 세속의 명리에 휩쓸리지 않고 유한(裕閑)한 삶을 살려고 노력하였다는 것이다. 그러므로 『파한집』의 편찬도 바로 그런 노력의 일환으로 이루어졌다는 것을 알 수 있다. 이인로가 『파한집』을 편찬하면서 새로운 문학이론을 파악해야 했고 수많은 고전 작가와 그들이 남긴 작품을 제대로 평가하고 그 경중을 살피는 일에 고심해야 했지만 이런 일이 그렇게 자신을 옥죄거나 부자유스럽게 만들지 않았다는 것이다. 오히려 옛 선인들과 그들의 작품을 만나서 교감을 나누는 작업이 세속의 겸제(鉗制)에서 벗어나 자유롭게 사고할 수 있는 유일한 길임을 말하고 있다.

『파한집』은 3권으로, 모두 82장으로 구성되어 있다. 내용 구성은 크게 나누어 시론(詩論), 시평(詩評), 인물평(人物評), 일화(逸話) 등 네 가지로 구분되는데, 시평과 일화가 대부분을 차지하고 있어 시화집으로서의 성격을 추측케 한다. 『파한집』에서 이인로는 시작(詩作)에 있어 어의구묘(語意俱妙)를 정도로 삼았으나 의묘보다는 어묘에 더 관심을 보이고 있다. 이는 같은 시기에 문학 활동을 한 이규보가 이인로와 마찬가지로 어의구묘(語意俱妙)를 주장하면서도 의묘인 신의론에 더 관심을 보인 것과는 변별성이 있다고 할 수 있다. 그러나 이인로가 어묘에 관심을 기울였다고 해서 시의 내용이 모방과 답습을 벗어나 참신해야 한다는 신의론을 배격하거나 부정했다고는 할 수 없다. 그러므로 일반적으로 이인로를 용사론자(用事論者)로 지목하여 신의론을 적극적으로 주장한 이규보와 대립적으로 보려는 시각은 옳지 않다. 이인로는 문학에 있어 형식의 중요성을 부각시켰을 뿐이지 그를 단순히 형식론자로 간주한다는 것은 옳지 않다고 본다.

3

  이인로는 고려 중세의 피폐한 현실에서 문학의 의미를 새삼스럽게 되새기면서 창작활동과 문학이론서 편찬에 몰두한 사람으로 문학을 통하여 시대를 극복하고자 했다. 그의 편찬서인 『파한집』이 바로 그러한 자신의 의지에서 나온 것으로 이 책은 하나의 비평서로서의 가치만을 지닌 것이 아니라 문학사(文學史)이자 문화비평서로서도 높이 평가받을 만하다고 하겠다.

일러두기

1. 본 역서는 1911년 조선고서간행회에서 활자본으로 출간한 『파한집(破閑集)』을 원본으로 하였다.

2. 한글로 번역하는 것을 원칙으로 하고, 평이한 문장으로 직역에 충실하고자 했으나 경우에 따라서는 의역하기도 했다.

3. 이 책을 번역함에 있어 지금까지 역간(譯刊)된 여러 종의 번역서를 참고하여 전문(全文)의 번역에 완벽을 기하고자 했다.

4. 원문에서 잘못된 부분은 각주에서 그 이유를 밝히고 바로잡았다.

5. 원문에 부기(附記)된 주(註)의 원문과 번역문은 각각 글자체를 작게 하여 해당 원문과 번역문에 병기(倂記)하였다.

6. 원문에 나오는 내용 가운데 독자의 이해를 돕기 위해 각주가 필요할 경우 각주를 달되 그렇지 않은 경우에는 가급적 풀어서 기술했다.

破閑集　卷上

파한집 권상

左諫議大夫·秘書監·寶文閣學士·知制誥, 李仁老撰

좌간의대부1)·비서감2)·보문각학사3)·지제고4)인 李仁老가 지었다.

---

1) 좌간의대부(諫議大夫): 고려 시대에 중서문하성에 속했던 정4품 낭사(郎舍) 벼
   슬. 간관(諫官)으로서 간쟁·논박 따위를 맡아보았으며, 목종 때부터는 좌간의대
   부와 우간의대부를 두었음.
2) 비서감(秘書監): 고려 때 비서성(秘書省)의 종3품 벼슬.
3) 보문각(寶文閣): 고려 예종 11년(1116)에 설치한 관청. 왕이 신하들과 함께 매일
   경사서(經史書)를 읽던 경연(經筵)하는 일과 대궐의 장서(藏書)를 관장하던 기관
   이었음.
4) 지제고(知制誥): 고려 때 왕이 내리는 조서(詔書)·교서(敎書) 등의 글을 지어 바
   치는 일을 담당했던 관직. 한림원(翰林院)이나 보문각(寶文閣)에 소속된 관원이
   이를 겸직할 경우에는 내지제고(內知制誥), 그 외 다른 관청의 관원이 겸직할 경
   우에는 외지제고(外知制誥)라고 불렀음.

[상-1]　晉陽古帝都, 溪山勝致爲嶺南第一. 有人作其圖獻李相國之氏, 帖諸壁以觀之. 軍府參謀榮陽與齡往謁, 相國指之日, 此圖, 是君桑梓鄕也, 宜有一句. 操筆立就云, 數點靑山枕碧湖, 公言此是晉陽圖. 水邊草屋知多少, 中有吾廬畵也無. 一座服其精敏.

진양은 옛 도읍지로[1] 산과 시내의 경치가 뛰어나 영남에서 제일이다. 어떤 사람이 그 곳 진양부의 그림을 그려 재상이었던 이지저(李之氐)[2]에게 바쳤더니, 그 것을 벽에 붙여 두고 보았다. 군부의 참모로 있던 영양(榮陽) 정여령(鄭與齡)[3]이 그를 찾아뵙자 상국이 그 그림을 가리키면서 말하기를,

이 그림은 그대의 고향[4]을 그린 것이오. 시 한 구를 지어보는 게 어떻겠소.

---

1) 진양고제도(晉陽古帝都) : 진양은 경남 진주지역의 옛 지명으로, 옛 왕도라고 한 것은 진주가 예전 가야왕국 가운데 하나인 고령가야의 수도였기 때문에 나온 말인 듯함.
2) 이지저(李之氐, 1092~1145) : 고려 전기의 문신, 이자겸이 정권을 잡자 많은 무리들이 다투어 아부하였으나, 그와 가까운 친족이면서도 상종하지 않았다고 함. 또한, 인종 때 시대개혁을 꿈꾸던 묘청(妙淸)·백수한(白壽翰) 등과는 정치적 입장을 달리 하였으며 금나라와 외교관계에 있어 신중론을 펴기도 했음. 관직은 중서시랑 평장사에 추증되었으며, 시호는 문정(文正).
3) 영양(榮陽) 정여령(鄭與齡) : 고려 중기의 문인. 정여령에 대해서는 잘 알 수 없으나, 영양은 중국 정씨의 관향으로 지금의 하남성에 위치했음. 고려시대에는 우리나라 성씨의 관향(貫鄕)을 중국의 관향을 즐겨 사용했음. 예컨대, 농서이씨(隴西李氏), 복양오씨(濮陽吳氏), 서하임씨(西河林氏), 천수조씨(天水趙氏), 청하최씨(淸河崔氏) 등임.
4) 상자향(桑梓鄕) : 『시경·소아』「소반」의 '維桑與梓, 必恭敬止'에서 유래한 말로 조상대대로 살아오던 고향을 가리킴.

라고 했다. (정여령이) 붓을 들어 곧바로 써내려갔다.

> 점점이 떠있는 청산들이 푸른 호수 베고 누워있는 그림,
> 공께서는 이것이 진양 땅을 그린 것이라고 하네.
> 물가의 초가집은 그 수가 얼마인가 헤아릴 수 있는데,
> 정작 그 가운데 있는 우리 집은 그리질 않았구나.5)

> 數點靑山枕碧湖,
> 公言此是晉陽圖.
> 水邊草屋知多少,
> 中有吾廬畵也無.

자리에 앉아있던 사람들 모두가 그의 정치(精緻)하고도 민첩한 재
주에 탄복했다.6)

상-2   讀惠弘冷齋夜話, 十七八皆其作也. 淸婉有出塵之想, 恨不得
見本集. 近有以筠溪集示之者, 大率多贈答篇, 玩味之, 皆不及前詩遠

---

5) 정여령의 이 시는 『동문선(東文選)』 권19에 「진주 산수도(晉州山水圖)」라는 제목
   으로 실려 있음.
6) 같은 일화가 조선 중기의 학자인 이수광(李睟光, 1563~1628)의 『지봉유설(芝峯類
   說)』 권13에도 실려 있음. "고려의 정여령은 진주 사람이다. 일찍이 어떤 민간집의
   벽에 진주 고을을 그려놓은 그림을 보고서는 시를 지었다. '점점이 떠있는 청산들이
   푸른 호수 베고 누워있는 그림, 공께서는 이것이 진양을 그린 것이라 하네. 물가의
   초가집은 그 수가 얼마인가 헤아릴 수 있는데, 정작 그 가운데 있는 우리 집은 그리질
   않았구나.' 세상 사람들이 모두 좋은 작품이라고 하지만, 2째 구는 그렇지 않다.(高麗
   鄭與齡晉州人. 嘗於人家壁上, 見晉州圖, 題詩曰 : '數點靑山枕碧湖, 公言此是晉陽
   圖. 水邊草屋知多少, 中有吾廬畵也無.' 世稱佳作, 而第二句不佳.)"

甚. 惠弘雖奇才, 亦未免瓦注也. 古語云, 見面不如聞名. 信矣. 因見潘
大臨寄謝臨川一句, 今爲補之. 滿城風雨近重陽, 霜葉交飛菊半黃. 爲
有俗霧來敗矣, 惟將一句寄秋光.

혜홍(惠弘)7)의 『냉재야화(冷齋夜話)』를 읽어보니 열에 일고여덟은
자신이 지은 작품에 대한 얘기였다.8) (그의 작품은) 맑고 아름다워서
속세를 벗어난 생각을 담고 있지만 막상 그의 문집을 볼 수 없는 것이
한스러웠는데 근래에 나에게 『균계집(筠溪集)』9)을 보여주는 사람이
있었다. 그 문집을 살펴보니 대부분의 시가 다른 이들과 서로 주고받
은 작품들이었다. 그것들을 이리저리 음미해보니 모두가 전에 『냉재
야화』에서 소개됐던 시에는 크게 미치지 못했다. 혜홍이 비록 남다른
재주를 가지고 있었다지만 그 또한 큰 욕심이 없을 때 쓴 시를 능가하
는 작품을 짓기는 어려웠을 것이다[瓦注].10) 옛말에 "실제 그 얼굴을

---

7) 혜홍(惠洪) : 여기서 '弘'은 '洪'의 오자로 볼 수 있으나 혹 통가자(通假字)일 수도
   있음. 혜홍(1071~1128)은 중국 송나라의 스님으로 균주(筠州) 사람이며 속성(俗姓)
   은 유(喩)라고 하나 일설에는 팽(彭)이라고도 함. 법호는 처음에 각범(覺範)이였는데
   뒤에 덕홍(德洪)으로 고쳤음. 시에 능했으며 매화와 대나무를 잘 그렸다고 함.
8) 『냉재야화』 가운데 혜홍의 위작(僞作)이 많고, 또 후인들이 내용을 고치거나 바
   꾼 것이 많다고 하였는데, 본문에서 이인로가 '열에 일고여덟은 모두 그의 작품이
   었다.(十七八皆其作也.)'라고 말한 것은 『냉재야화』의 이 같은 점을 염두에 둔 것
   으로 보임. 더욱이나 혜홍이 『임간록(林間錄)』, 『승보전(僧寶傳)』, 『냉재야화』 등
   을 저술했으나 세상 사람들이 그대로 믿지 않았음.
9) 『균계집(筠溪集)』 : 혜홍 스님의 시문집으로 모두 10권으로 되어 있음. 송나라 문
   신인 이미손(李彌孫)의 문집 『균계집(筠溪集)』(24권)과는 다른 것임.
10) 와주(瓦注) : 『장자(莊子)』 「달생(達生)」에서, "질그릇으로 내기 활을 쏘면 잘 맞
    는다. 은동(銀銅)으로 만든 띠로 내기 활을 쏘면 주저하게 되고, 황금으로 내기 활
    을 쏘면 혼란스러워진다. 그 재주는 마찬가지인데 아끼는 마음이 생겨 외물을 소
    중하게 여기기 때문이다.(以瓦注者巧. 以鉤注者憚. 以黃金注者殙. 其巧一也, 而
    有所矜, 則重外也.)"라 하였으므로 본문의 '瓦注'는 외물에 구애받지 않았을 때의

보니 들리던 명성만은 못하구나.[見面不如聞名]"¹¹⁾라고 하였는데, 이
는 믿을만 한 얘기다. 반대림(潘大臨)¹²⁾이 사림천(謝臨川)¹³⁾에게 부친
시 한 구를 보고서는 지금 여기에 보충해 놓는다.

> 성에 가득 비바람 몰아치니 중양절 가까워졌음을 알겠는데,
> 가을 단풍잎 이리저리 흩날리고 국화는 반나마 황금빛이네.
> 시속의 삿된 분위기 때문에 흥이 달아나버렸으니,
> 단지 이 시 한 구에 가을 풍광을 부쳐보네.¹⁴⁾

글쓰기를 의미함.

11) 『고금사문유취(古今事文類聚)』 권24에 따르면 『전등록(傳灯錄)』에 나오는 말임.

12) 반대림(潘大臨) : 중국 북송의 문인. 자는 빈로(邠老), 호는 가산(柯山). 어려서부터
   영민하고 관습에 얽매이지 않았으며, 동생 반대관(潘大觀)과 함께 시로써 당대를
   울렸음. 소식(蘇軾)·황정견(黃庭堅)·장뢰(張耒) 등과 교유하였으며, 저서로는 『가
   산집(柯山集)』이 있음.

13) 사림천(謝臨川, 1068~1113) : 중국 북송의 문인. 이름은 일(逸)이고, 자는 무일(無
   逸), 호는 계당(溪堂)이며, 임천(臨川) 성남(城南, 지금의 강서성 무주撫州시 소재)
   사람. 박학다식하였고 시문을 잘 지었으나, 여러 차례 과거에 낙방하고 나서는 시
   문 짓는 것으로 평생을 보냈는데 황정견의 칭찬을 받았음. 강서시파(江西詩派)의
   일원이고, 나비와 관련된 300여 수의 시를 남겼으므로 '사호접(謝胡蝶)'이라고 불
   렸음. 저서로는 『초담(樵談)』·『계당집(溪堂集)』·『계당사(溪堂詞)』 등이 있음. 중
   국 남조(南朝)시대 송(宋)나라 문인인 사령운(謝靈運, 385~433)이 임천(臨川)의
   내사를 지냈으므로 사림천(謝臨川)이라고 하였는데 이는 서로 다른 사람임.

14) 『냉재야화』 권4에는, 이 시의 첫 행인 '滿城風雨近重陽'만 인용되어 있음. 여기에
   서 이인로가 보충해 놓는다는 말은, 빠져 있는 부분을 자신이 채워서 전문을 완성
   했다는 것으로 생각됨. "황주 사람 반대림은 시작에 뛰어나 좋은 작품이 많았다.
   그러나 그는 매우 가난하였는데, 소식과 황정견은 오히려 그 때문에 그를 더욱 좋
   게 여겼다. 사무일(謝無逸)이 편지를 보내어 새로 지은 시가 있는지 물으니, 반대
   림이 이렇게 답서를 보냈다. "가을이 오니 경물마다 아름다운 시구가 되는구려. 다
   만 시속의 분위기가 그것을 막아버리는 게 안타깝다오. 어제는 한가롭게 누워 있
   다가 숲에 비바람이 몰아치는 소리를 듣고서는 기쁜 마음으로 일어나 벽에 시를
   쓰기를, '온 성에 비바람 소리 가득 하니 중양절이 가까워졌음을 알겠구나.'로 시
   작했는데 그때 갑자기 세금을 재촉하는 이가 찾아와 시흥이 달아나버렸다오. 그래

滿城風雨近重陽,

霜葉交飛菊半黃.

爲有俗霧來敗矣,

惟將一句寄秋光.

상-3　文房四寶, 皆儒者所須, 唯墨成之最艱. 然京師萬寶所聚, 求之易得, 故人人皆不以爲貴焉. 及僕出守孟城, 承都督府符, 造供御墨五千挺. 趁春月首納之, 乘遽到孔巖村, 驅民採松烟百斛, 聚良工躬自督役, 彌兩月云畢. 凡面目衣裳皆有烟煤之色, 移就他所, 洗浴良苦然後還城. 是後見墨, 雖一寸重若千金不敢忽也. 因念世人所受用, 如剡藤 蘄竹 蜀錦 吳綾, 皆類此. 古人云, 憫農詩, 誰知盤中飧, 粒粒皆辛苦. 誠仁者之語也. 僕始得孟城作一絕云, 稚川腰綬白雲邊, 手採丹砂欲學仙. 自笑驚蛇餘習在, 左符猶管碧松烟.

붓·먹·종이·벼루의 문방사보(文房四寶)는 모두 학자들에게는 필수품으로 그 네 가지 가운데 먹을 만드는 것이 가장 어렵다. 그러나 서울은 온갖 보물들이 모여드는 곳이라서 먹을 쉽게 구할 수 있기 때문에 사람들이 귀하게 여기질 않는다. 내가 외직으로 맹성(孟城)[15] 고을의 원으로 나갔는데 도독부(都督府)[16]의 주문을 받아 임금

서 이 한 그만을 보낼 수밖에 없구려." 이 말을 들은 세상 사람들이 반대림의 우활함에 크게 웃었다.(黃州潘大臨, 工詩多佳句. 然甚貧, 東坡·山谷尤喜之臨川. 謝無逸以書問有新作否. 潘答書曰: "秋來, 景物件件是佳句. 恨爲俗氛所蔽翳. 昨日閒臥, 聞撼林風雨聲. 欣然起題其壁曰: '滿城風雨近重陽.' 忽催租人至, 遂敗意. 止此一句奉寄." 聞者笑其迂濶.)"

15) 맹성(孟城): 지금의 평안남도 동쪽에 위치한 맹산군(孟山郡)을 가리킴. 맹주(孟州), 맹산이라고도 함.

께서 쓰실 먹[御墨] 오천 정(挺)[17]을 만들어 바쳐야 했다. 이듬 해 봄
이 오기 전에 정해진 양의 먹을 나라에 바쳐야 했기에 역참의 말을
타고 서둘러 공암촌(孔巖村)으로 가 백성들을 시켜 먹의 원료인 그을
린 소나무 가루 백 곡(斛)을 채취하게 했다. 솜씨 좋은 장인들을 모
아 내가 나서서 직접 먹 만드는 일을 감독하니 두 달 만에 끝났다.
얼굴이며 옷가지가 온통 시커먼 그을음 투성이므로 장소를 옮겨 애
써 검정을 다 씻어낸 뒤에 성으로 돌아왔다. 그 때부터는 먹을 보면
비록 한 치 길이의 자투리라도 마치 천금처럼 소중히 여겨 감히 소
홀히 여기지 않게 되었다. 미루어 생각건대 섬계(剡溪)에서 나는 종
이[18]와 기주(蘄州)에서 나는 대나무[19]와 촉(蜀)땅에서 나는 비단[20]과
오(吳)땅에서 나는 비단[21] 같이 세상 사람들이 즐겨 사용하는 것들

---

16) 도독부(都督府) : 본래 중국 당나라가 다른 나라를 정벌한 후에 그 곳을 다스리기
   위해 설치했던 군사행정기구를 말함. 그러나 여기서의 도독부는 원나라가 고려를
   항복시키고 고려를 다스리기 위해서 설치한 군사행정기구라기 보다는 고려의 지
   방행정기구의 하나로 볼 수 있음. 『고려사』에, 고려 초기에 도독부를 행정구역으
   로 설치했다는 기록이 있는 점과, 고려 중기의 장군인 윤관(尹瓘)이 함주(咸州) 지
   방에 대도독부(大都督府)를 설치했다는 기록이 그 증거가 될 만함.

17) 정(挺) : 수량을 세는 단위의 하나로 주로 긴 형태의 물건을 셀 때 사용하는 단위임.

18) 섬계(剡溪)에서 나는 종이[剡藤] : 중국 절강성 소흥(紹興)의 승주(嵊州, 옛 지명
   이 섬계)에서 등나무 줄기를 가공하여 만들었던 종이로 닥종이와 비슷하여 서예가
   들이 애호했음.

19) 기주(蘄州)에서 나는 대나무[蘄竹] : 중국 호북성 기주 지역에서 생산되는 대나무
   로 마디 사이가 길고 섬세하여 죽세공예품 제작에 즐겨 사용되고, 붓대롱을 만드
   는데도 최상의 자료라고 함.

20) 촉(蜀)땅에서 나는 비단[蜀錦] : 중국 사천성 성도(省都)에서 생산되는 비단을 이름.
   비단에 꽃무늬가 첨가 된 도안이 화려하여 중국에 널리 알려졌음. 남경(南京)의
   운금(雲錦), 소주(蘇州)의 송금(宋錦), 광서(廣西)의 장금(壯錦)과 함께 중국 4대
   명금(名錦) 가운 데 하나로 유명함.

21) 오(吳)땅에서 나는 비단[吳綾] : 중국 고대의 비단 이름. 강소성 오강(吳江) 지역
   에서 생산되던 비단으로 용 무늬와 천마(天馬) 무늬가 유명하며 중국의 대표적인

도 그 만드는 과정의 어려움은 먹을 만드는 경우와 마찬가지일 것이다. 옛 사람이 다음과 같이 말했다. "「민농시(憫農詩)」에 '누가 알리오, 소반에 담긴 저녁밥알 한 톨마다 모두 백성의 쓰라린 고생이 맺혀 있음을.'[22]이라고 하였는데, 참으로 어진 이의 말이로다." 내가 처음 맹성에 원으로 와서 다음과 같은 절구 한 수를 지었다.

> 치천(稚川)[23]은 흰 구름 가에서 인끈을 두른 채,
> 손수 단사(丹砂)를 캐며 신선술을 배우려 했지.
> 스스로 비웃노니, 붓을 휘두르던 버릇 남아 있어
> 수령의 명을 받아 먹 만드는 일에 힘쓴 것을.[24]

> 稚川腰綬白雲邊,
> 手採丹砂欲學仙.
> 自笑驚蛇餘習在,
> 左符猶管碧松烟.

<hr>

상-4 鷄林人金生用筆如神, 非草非行, 逈出五十七種諸家體勢. 本

명주비단이라고 할 수 있음.

22) 중국 당나라 문인인 이신(李紳, 772~846)의 「민농이수(憫農二首)」(『당문수(唐文粹)』 권16하) 제2수의 3・4행. 이 시 두 수 전문을 소개하면, '春種一粒粟, 秋收萬顆子. 四海無閑田, 農夫猶餓死.', '鋤禾日當午, 汗滴禾下土. 誰知盤中飱, 粒粒皆辛苦'

23) 치천(稚川) : 중국 동진(東晋)의 도교 신봉자이자 연단가(煉丹家)인 갈홍(葛洪, 284~364)의 자(字). 스스로 포박자(抱朴子)라고 불렀으며, 종조부 갈현(葛玄)의 제자인 정은(鄭隱)에게서 도가의 신선술을 모두 배웠다고 함. 저서로는 『포박자(抱朴子)』・『신선전(神仙傳)』・『서경잡기(西京雜記)』 등이 있음.

24) 이 시는 『동문선』 권20에 「초도 맹주(初到孟州)」라는 시제로 실려 있음.

朝華嚴大士景赫, 樞府金公立之, 以草擅名, 然未免仲翼周越之俗氣. 毅王末年. 大金使人蓋益, 筆勢奇逸, 淸河崔讜購得之, 常掛壁以賞之, 有人借觀, 留其眞迹, 而影寫還之. 學士誦東山詩, 劃地爲餅未必似, 要令痴兒出饞水. 笑而不問. 僕聞之, 戲爲絶句, 子雲春蚓謾成行, 醉素驚蛇去渺茫. 夢覺不知誰得鹿, 路多空嘆竟亡羊.

경주 사람인 김생(金生)[25]은 글씨 쓰는 법이 신묘하여, 초서체도 아니고 행서체도 아닌 독특한 글씨체는 오십칠 종이나 되는 여러 대가들의 서체[26]를 뛰어넘을 정도로 빼어났다. 본조의 화엄대사(華嚴大師) 경혁(景赫)과 추부(樞府)[27]의 김입지(金立之)[28]는 초서에 능

---

25) 김생(金生, 711~?) : 통일신라시대의 서예가. 그의 글씨는 뛰어나 예서 · 행서 · 초서가 모두 입신(入神)의 경지에 들었다는 평을 받고 있음. 이규보의 「동국제현 서결평론 서(東國諸賢書訣評論序)」(『동국이상국집』 권11)에 고려 숙종 때 송나라에 진봉사(進奉使)를 수행하여 갔던 홍관(洪灌)이 (변경汴京에 머물면서)송나라의 (한림대조 양구와 이혁) 여러 고관들에게 자신이 가지고 간 김생의 행서와 초서 한 폭을 내보이자 "뜻밖에 오늘 왕희지의 친필을 보는구나"라고 하니, 이에 홍관이 "왕우군의 글씨가 아니다, 신라사람 김생의 글씨다"라고 대답하자 그들이 놀라워하였다고 하며, 그의 글을 신품제일(神品第一)로 평하였다는 기록이 있음. "又學士洪灌齎其書入宋, 其朝諸賢見之, 嘆曰, '不意今日見王右軍眞蹟', 灌答曰, '不是右軍書, 迺我國金生書. 屢言之終不信焉, 則金生之書, 與右軍無異明矣. 然則當以金生處神品之第一.'"

26) 오십칠 종이나 되는 여러 대가들의 서체 : 중국 송나라 태종 순화(淳化) 3년(992)에 황명에 의해서 한림시서(翰林侍書) 왕저(王著)가 편찬한 '순화각첩(淳化閣帖)'에 역대 제왕과 명신(名臣)들의 서체는 물론이고 진 · 한 · 위 · 진 · 남조의 명필 57명의 필체를 수록하여 중국 역대의 독특한 필체를 충실하게 소개하고 있음. 여기에서는 이사(李斯), 왕희지(王羲之) 등 57명의 서체를 김생이 다 익혀서 자신만의 독특한 필체를 만들었다는 것임.

27) 추부(樞府) : 추밀원(樞密院)을 가리키는 말로 고려 때 왕명의 출납(出納) · 숙위(宿衛) · 군기(軍機) 등에 관한 일을 맡아보던 중앙 관청.

28) 김입지(金立之) : 입지는 고려 전기의 문신인 김돈중(金敦中, ?~1170)의 자(字). 그의 아버지는 부식(富軾). 관직은 좌승선(左承宣)에 올랐음. 그가 내시(內侍)로

하여 명성을 떨쳤으나 중익(仲翼)29)과 주월(周越)30)의 속기에서 벗어
나지는 못했다.31) 의종 말년(1170년)에 청하(淸河) 최당(崔讜)32)이 붓
을 부리는 기세가 뛰어난 금(金)나라 사신 개익(蓋益)의 글씨를 사서
항상 벽에 걸어두고 감상하였다. 어떤 사람이 그 글씨를 빌려가서
는 진본을 감추고 베껴 쓴 글씨를 돌려주었다. 학사 최당이 동파의
시구,

　　　땅바닥에 떡 그림을 그려 꼭 닮지 않더라도,33)

　　근무할 때 무인들을 얕보아 일부러 견룡대정이었던 정중부의 수염을 태워 무신난
　　을 촉발하는 도화선이 되었고, 무신난이 일어나자 곧바로 아우 돈시(敦時)와 함께
　　정중부에게 희생되었음.
29) 중익(仲翼, 1023~1063) : 중국 북송의 서법가(書法家)로 비백체(飛白體)의 글씨
　　와 초서, 예서를 잘 썼다고 함. 관직은 대부시승(太府寺丞)에 올랐음.
30) 주월(周越) : 중국 북송의 명필가로 중익과 거의 같은 시기에 활동했음. 자는 자발
　　(子發), 혹은 청신(淸臣). 관직은 주객낭중(主客郎中)에까지 이르렀고, 글씨에 뛰
　　어나 그의 문하에서 황정견(黃庭堅)·미불(米芾)·채양(蔡襄) 같은 송대의 절륜(絕
　　倫)한 서화가들이 배출되었음. 저서로는 『서원(書苑)』이 있음.
31) 속기에서 벗어나지는 못했다. : 중국 남송의 시인인 육유(陸游, 1125~1210)가 이
　　두 사람의 글에 대하여 평하기를 "중익은 서예에 이름이 있으나 앞사람들이 그의
　　글씨에는 속기가 있다고 했다. 또한 그 점에 있어서는 주월과 짝할 만하다(仲翼有
　　書名, 而前輩多以爲俗. 然亦以配周越)."(『노학암필기(老學庵筆記)』 권2)고 하여
　　두 사람의 글씨에 속기가 있다고 하였음.
32) 청하(淸河) 최당(崔讜, 1135~1211) : 청하(지금의 중국 하북성 청하현淸河縣)는 중
　　국 최씨의 관향. 남북조시대 정치가, 문인인 최호(崔浩, ?~450)가 청하 최씨의 시조
　　로 불리어짐. 최당은 고려 중기의 문신. 관직은 문하평장사(門下平章事)에 올랐음.
　　쌍명재(雙明齋)를 설치하였고, 최선(崔詵)·장자목(張自牧)·고영중(高瑩中)·백광
　　신(白光臣)·이준창(李俊昌)·이세장(李世長)·조통(趙通) 등과 함께 기로회(耆老
　　會)를 조직하여 시와 술로써 소일하니 당시에 지상선(地上仙)으로 불렸음. 시호는
　　정안(靖安).
33) 땅바닥에 …… 닮지 않더라도 : 이 말은 『삼국지(三國志)·위지(魏志)』 「노육전(盧
　　毓傳)」에 나오는 것으로 위나라 문제가 중서랑(中書郎)을 천거하고는 조서(詔書)

어리석은 아이로 하여금 군침 돌게 할 수 있다네.[34]

畫地爲餅未必似,

要令痴兒出饞水.

를 외며 웃으면서 문책하지 않았다. 나는 그 이야기를 듣고서 장난 삼아 절구 한 수를 지었다.

자운이 졸렬한 필법으로[35] 함부로 글씨를 써내니,

취한 회소(懷素)[36]의 뛰어난 필법이 아득히 사라졌다네.

에 이르기를, '사람을 천거하는 것은 그 이름 있는 자를 얻자는 것이 아니다. 이름 이란 마치 땅에다 그려놓은 떡과 같은 것으로 먹을 수 없는 것과 같다'(文帝擧中書 郎, 詔曰, '選擧莫取有名, 名如畵地作餅, 不可啖也.')

34) 이 연구는 중국 북송의 시인 소식(蘇軾, 1037~1101)의 시 「차운 미발이왕서발미 이수(次韻米黻二王書跋尾 二首)」(『동파전집(東坡全集)』 권17)라는 시제의 2수 가운 데 둘째 시의 제2연으로 그 전문을 보면, '元章作書日千紙, 平生自苦誰與美. 畵地爲 餅未必似, 要令痴兒出饞水. 錦囊玉軸來無趾, 粲然奪眞疑聖智. 忍饑看書淚如洗, 至今魯公餘乞米.'

35) 자운춘인(子雲春蚓) : 자운의 글씨체가 마치 봄 지렁이와 가을 뱀[春蚓秋蛇]과 같 이 가늘고 꼬부라져서 필세가 약한 것을 이름. 자운은 중국 전한(前漢) 말엽의 문 호인 양웅(揚雄, BC53~AD18)의 자. 그는 청년시절에 동향의 선배인 사마 상여(司 馬相如)의 작품을 통하여 배운 문장력을 인정받아, 성제(成帝) 때 궁정문인이 되 었음. 성제의 여행에 수행하며 쓴 「감천부(甘泉賦)」, 「하동부(河東賦)」, 「우렵부 (羽獵賦)」, 「장양부(長楊賦)」 등은 화려한 문장이면서도 성제의 사치를 꼬집은 풍 자가 장쾌함. 학자로서 각 지방의 언어를 집성한 『방언(方言)』, 『역경』에 기본을 둔 철학서 『태현경(太玄經)』과 『논어』의 문체를 모방한 수상록 『법언(法言)』 등을 저술하였음. 『진서(晉書)』 「왕희지전王羲之傳」에, "양자운은 근세에 강좌지방에 서 이름을 떨쳤으나, 글씨는 겨우 쓸 줄 아는 정도였다. 장부의 기운도 없고 글줄 마다 봄 지렁이가 얽힌 듯하고 글자마다 가을 뱀을 매어놓은 듯했다.(子雲近出擅 名江表, 然僅得成書. 無丈夫之氣, 行行若縈春蚓, 字字如綰秋蛇.)"고 했음.

36) 회소(懷素, 725~785) : 중국 당나라의 스님. 자는 장진(藏眞). 현장(玄奬)법사의 제자. 광초체(狂草體)를 잘 쓰는 것으로 유명했는데, 그는 머리채를 먹물에 적셔서

꿈에서 깨어도 누가 사슴을 얻었는지 모르니[37],
수많은 갈림길에서 양 잃은 것만 헛되이 탄식한다네.

子雲春蚓謾成行,
醉素驚蛇去渺茫.
夢覺不知誰得鹿,
路多空嘆竟亡羊.

상-5　恒陽子眞出倅關東. 夫人閔氏悍妬無比, 有女隷頗姿色, 勿令
近之. 子眞曰, 此甚易耳. 乃與邑人換牛蓄之. 僕聞之, 戲成一絶, 湖上
鸎飛杳不還. 江皐佩冷欲尋難. 園桃巷柳今何在, 只有欄邊黑牧丹. 然
道阻不得附郵筒. 其後二十餘年, 子眞新僦屋紅桃井里, 與僕連墻接
巷, 旦夕相從. 請觀僕詩藁, 以一通出示之, 讀之半有題云, 聞友人爲郡
君所迫以妾換牛, 子眞愕然, 徐曰, 是誰耶. 僕笑曰, 公是已. 子眞曰,
有是哉. 然閨閫間一時戲耳, 雖勿嘲評可也, 不如是何以助先生萬古
詩名. 閔氏先子眞死, 鰥居八載猶不邇色, 可謂篤行君子.

　항양(恒陽)의 자진(子眞)[38]이 관동 지방의 원으로 부임해 가게 되

글씨를 쓰는 등의 취태(醉態)를 자주 보여 세상 사람들이 머리를 가리키는 '전(顚)'자
를 붙여 장전(張顚)이라고 불렀던 당나라의 유명한 서예가 장욱(張旭, 675~750?)의
서체를 발전적으로 계승했으므로 사람들은 "狂으로 顚을 이었다.(以狂繼顚)"라고도
하였으며, "미친 장욱과 취한 회소(顚張醉素)"라고도 하였음.

37) 득록(得鹿):『열자(列子)』「주목왕(周穆王)」편에 나오는 말로 인간세상의 부귀와
영달이 덧없음을 의미함. '鄭人有薪於野者, 遇駭鹿, 御而擊之, 斃之, 恐人之見之
也, 遽而藏諸隍中, 覆之以蕉, 不勝其喜. 俄而遺其所藏之處, 遂以爲夢焉. 順塗而
詠其事, '旁人有聞者, 用其言而取之. 旣歸, 告其室人曰, 向薪者夢得鹿而不知其
處, 吾今得之, 彼直眞夢矣. 室人曰, 若將是夢見薪者之得鹿邪, 詎有薪者邪. 今眞
得鹿, 是若之夢眞邪.'

었다. 그의 부인 민씨는 어디에도 비할 수 없을 정도로 질투심이 강한 사람이었다. 자진에게 시중드는 여종 가운데 자태가 고운 아이가 있었으므로 부인이 그 아이를 투기하여 자진에게 가까이 하지 못하도록 하였다. 자진이 말하기를, "그것은 정말로 쉬운 일일세." 라고 하고서는 마을 사람에게 여종을 주고 대신 소를 데려다 길렀다. 나는 그 이야기를 듣고서 장난삼아 절구 한 수를 지었다.

> 호숫가 정자에 꾀꼬리[39] 날아가 돌아올 줄 모르고,
> 강 언덕엔 싸늘한 패옥 소리[40] 찾을 길 없네.
> 원도와 항류[41]는 지금 어디에 있는가,

---

38) 항양 자진(恒陽子眞) : 경기도 양평(楊平)은 양근(楊根)과 지평(砥平)이 합쳐져서 생긴 이름인데, 양근의 옛 이름이 항양으로 우리나라 함(咸)씨의 관향이었음. 자진은 고려 명종 때 문장가인 함순(咸淳)의 자. 문장이 뛰어나고 절행(節行)이 있었음. 무신정권에 적극적으로 가담하지 않아 크게 현달하지 못했으며, 이인로·오세재(吳世材)·임춘(林椿)·조통(趙通)·황보항(皇甫抗)·이담지(李湛之) 등과 죽림고회(竹林高會)를 맺어 유락(遊樂)했음.

39) 호숫가 정자에 꾀꼬리[湖上鶯] : 호상정(湖上亭)에 날아드는 꾀꼬리로 아름다운 계집종을 가리킴. 당나라 지덕(至德) 때의 문신인 한황(韓滉)이 절서(浙西) 지역을 다스릴 때 융욱(戎昱)이란 사람이 관내의 자사(刺史)로 있었음. 그에게 가무에 능하고 자태가 고운 관기(官妓)가 있어 서로 좋아했는데, 한황이 그녀의 명성을 듣고 기적(妓籍)에 올려버렸음. 융욱이 어쩔 수 없이 그녀를 보내며 '送客春風湖上亭, 柳條藤蔓繫人情. 黃鶯久住渾相識, 欲別頻啼四五聲.'이라는 시를 지어 주었는데 이 시를 본 한뢰가 그녀를 돌려보냈다고 함.(『사문유취』후집 권 17 거기복귀去妓復歸)

40) 강 언덕엔 싸늘한 패옥소리[江上佩玉] : 패옥을 찬 아름다운 여인을 가리킴. 정교보(鄭交甫)가 강가에서 놀고 있는 강비(江妃) 두 사람을 만났는데, 두 여인이 차고 있던 패옥을 끌러서 그에게 주었음. 그녀들과 헤어져 채 수십 보도 나아가지 않았는데 선물로 받았던 패옥이 온데간데없고, 그 두 연인도 자취를 감추었다는 고사를 묘사한 것임.(열선전列仙傳)

41) 원도·항류(園桃·巷柳) : 중국 당나라 문호였던 한유(韓愈, 768~824)의 곁에서 시중들던 어린 계집종 강도(絳桃)와 유지(柳枝)를 가리킴. 한유가 왕명을 받들어 가던 중에 수양역(壽陽驛)에 이르러 두 계집종을 그리워하며 시를 지어 이르길,

단지 난간 옆에 흑모란42)만 매어 있다네.

湖上鶯飛杳不還,

江皐佩冷欲尋難.

園桃巷柳今何在,

只有欄邊黑牧丹.

　　그러나 서로 연락할 길이 끊겨 소식을 전할 수 없었다. 그로부터
이십여 년 후에 자진이 홍도정(紅桃井)43)에 새로 집을 지어 이사하
였는데 우리 집과는 서로 담장을 사이로 하여 가까운 이웃이었으므
로 아침저녁으로 마주치게 되었다. 자진이 나의 시 원고를 보자고
하기에, 전부를 꺼내어 그에게 보여주었다. 그가 반쯤 읽어나가다
가 「벗이 군군44)의 핍박으로 인해 첩을 소와 바꿨다는 이야기를 듣
고서[聞友人爲郡君所迫以妾換牛]」라는 제목의 시를 보고서는 몹시 놀
라며 내게 말하기를,

　'風光欲動別長安, 春半邊城特地寒. 不見園花幷巷柳, 馬頭惟有月團團'이라고 했
　음(『사문유취(事文類聚)』후집 권16 강도유지絳桃柳枝).

42) 흑모란(黑牡丹) : 중국에 있는 검은 빛깔의 물소의 별칭.『사류전서(事類全書)』에
　당나라 말기의 큰 부자였던 유훈(劉訓)이 어느 봄날 장안에서 손님을 맞이하여 모
　란을 완상하는데, 앞에 무소 수백 마리를 매어놓았었다. 같이 구경하던 손님들이
　그 소떼를 가리켜 유씨의 흑모란(黑牡丹)이라고 하였음.

43) 홍도정(紅桃井) : 고려시대 개성에 있었던 마을 이름.『신증동국여지승람(新增東國
　輿地勝覽)』권4 개성부(開城府)에서 홍도정을 설명하면서 이인로가 지은「홍도정부
　(紅桃井賦)」를 소개하고 있음. 이인로가 이곳에서 끝까지 살다가 세상을 떠났음.

44) 군군(郡君) : 여자의 봉호(封號). 중국 한나라 무제의 왕태후(王太后)의 어머니인
　장아(臧兒)를 평원군(平原君)으로 봉한 것에서 시작된 명칭임. 당나라 때는 4품관
　아내의 봉호로, 명나라 때에는 황실 여성의 봉호로 쓰였음. 여기서는 관료의 아내
　로 시기심이 많고 콧대가 높은 여인을 일컫는 말임.

이게 누구 얘기요?

내가 웃으면서 답하기를,

바로 공의 얘기지요.

라고 했다. 자진이 말하기를,

예전에 그런 일이 있긴 했소만 우리 집안에서 벌어진 한 때의 우스
게일 뿐으로 비록 이 일을 두고 이렇다 저렇다 비방하지 않는 것이
좋겠지만, 이런 일이 아니라면 선생의 만고에 뛰어난 시명을 어떻게
거들겠소.

라고 했다. 부인 민 씨는 자진보다 먼저 세상을 떠났으나, 자진은
홀아비로 팔 년을 지내면서도 여색을 가까이하지 않았으니 참으로
행실이 훌륭한 군자라 할 만하다.

[상-6]　黃壯元彬然, 中秋直玉堂, 長空無雲, 月華如畫, 作詩示同局
吳公世文, 季孟中間朔, 炎涼一樣天. 春宵何闃寂, 秋夕獨喧闐. 月色
應同爾, 人心所使然. 知君能決事, 此景果誰先. 玩味之, 深有理趣,
不見和篇. 今用其意答之, 月輪當一歲, 十有二回圓. 底事秋將半, 流
天影自偏. 金風收掩翳, 玉露洗嬋姸. 故與春宵異, 憑詩子細傳.

　장원 황빈연(黃彬然)45)이 한가을에 옥당(玉堂)46)에서 숙직을 하고

있었는데, 높은 하늘에는 구름 한 점 없고, 달빛이 대낮처럼 밝았다. 시를 지어 동료 오세문[47])에게 보여주었다.

칠월과 구월 사이의 절기라,
덥고 서늘함이 하나로 어울렸네.
봄밤의 달빛은 어찌 그리 고요하고,
가을밤의 달빛 유난히도 요란스럽네.
달빛은 응당 같을 것인데도,
사람의 마음이 그렇게 느끼는 것이리라.
그대가 이 일을 풀 수 있으려니,
이러한 경물 가운데 과연 어느 것이 나은지.

季孟中間朔,
炎凉一樣天.
春宵何闃寂
秋夕獨喧闐.
月色應同爾,
人心所使然.
知君能決事,

---

45) 황빈연(黃彬然) : 고려 중기의 문신. 그의 생애를 자세히 알 수 없으나, 그가 과거 준비를 위하여 경기도 파주에 있던 감악사(紺岳寺)에서 『한서(漢書)』를 읽었다는 기록이 있고, 오세문 등과 관료로서 가까이 지냈음을 알 수 있음.

46) 옥당(玉堂) : 고려 때에 임금의 명령을 받아 문서를 꾸미는 일을 맡아보던 관청이던 한림원(翰林院)의 다른 이름으로 조선조에는 홍문관(弘文館)으로 불렸음.

47) 오세문(吳世文) : 고려 명종 때의 학자. 한림학사를 지낸 오학린(吳學麟)의 손자이자 오세재(吳世才)의 형. 명종 때 벼슬이 동각시학(東閣侍學)에 이르렀음. 문재가 있어 「역대가(歷代歌)」를 남겼음.

此景果誰先

　이 시를 음미하여 보니 깊은 이치와 아름다운 정취가 깃들어 있으나, 이 시에 화답한 시를 보지 못하였으므로 이제 그 시에 담겨 있는 뜻에 맞추어 응대해 본다.

　　　달이 한 해를 보내며,
　　　열 두 번이나 둥그네.
　　　무슨 일로 한가을이 되면,
　　　하늘에 흐르는 달빛이 저절로 밝은가.
　　　가을바람이 가리운 것 걷어내고
　　　옥 같은 이슬이 곱게 씻어내서지.
　　　때문에 봄밤과는 다르니
　　　시로써 자세히 전해보네.

　　　月輪當一歲,
　　　十有二回圓.
　　　底事秋將半,
　　　流天影自偏.
　　　金風收掩翳,
　　　玉露洗嬋研.
　　　故與春宵異,
　　　憑詩子細傳.

상-7　湍州北仰岩寺, 距皇都不遠, 山奇水異, 窅然有幽奇之致. 僕與隴西湛之, 嘗讀書於此, 每日暮憑欄縱目, 漁火明滅, 雲沉烟澹, 茅

茨聯屬, 如在武陵源上. 將還, 主老挽裾, 請留一字勤懇, 因題壁上云,
前壓滄波後翠岩, 蕭蕭蘆葦半松杉. 謝公遊興唯雙屐, 張翰歸心滿一
帆. 只要緱山鞭皓鶴, 不須盈浦泣青衫. 十洲三島遊遨遍, 自愧飄然骨
換凡. 其後二十年, 子眞出按南州, 倦行入憩於是寺, 其詩壁半毁, 塵侵
苔蝕, 幾不可讀字. 謂傍人, 雖不以紗籠護之, 不加堊焉幸矣. 卽設詩板
親自跋之, 囑三剛勿令墮失.

단주[48] 북쪽에 위치한 앙암사[49]는 서울인 개성에서 그리 멀지 않
은데, 그곳의 산수가 기이해서 운치가 그윽했다. 내가 농서(隴西)[50]
이담지(李湛之)[51]와 함께 일찍이 이곳에서 글을 읽었는데, 해질 무
렵이면 항상 난간에 의지하여 경치를 바라보았다. 고깃배의 불빛이
깜빡이고, 구름이 잠기고 이내가 담박하며, 초가지붕들이 늘어서
있어 마치 무릉도원에 와 있는 듯했다. 돌아오려 할 때 늙은 주지가
옷자락을 붙들고는 시 한 수 지어주기를 청하므로 시를 지어 벽 위
에 써서 붙였다.[52]

앞으로는 푸른 물이고 뒤로는 푸른 바위 등졌는데,
쓸쓸한 갈대밭에 소나무 삼나무가 반이나 되네.

---

48) 단주(湍州) : 경기도 북서부에 있는 장단군(長湍郡)의 옛 이름.
49) 앙암사(仰岩寺) : 경기도 장단에 있던 고려시대의 절.
50) 농서(隴西) : 중국 이 씨의 관향인 감숙성 농서현(隴西縣)을 가리킴.
51) 이담지(李湛之) : 고려 명종 때의 학자. 자는 청경(淸卿). 중앙에 기반을 둔 귀족
    출신으로, 죽림고회의 일원으로 참여하여 이인로 등과 친하게 지냈음. 시문에 능
    하여 이규보(李奎報)의 「논주필사약언(論走筆事略言)」에 보면, 이담지가 즉흥적
    으로 써내려가는 한시 창작법인 주필(走筆)의 창시자라고 소개되고 있음.
52) 이 시가 『동문선』 권13과 『신증동국여지승람』 권12에 「앙암사(仰巖寺)」라는 제목
    으로 실려 있음.

사공이 놀던 흥은 나막신 한 켤레에 부쳤고,[53)]

장한의 돌아가고픈 마음 한 돛대에 가득하네.[54)]

다만 구산에서 흰 학을 채찍질 할 것이고,[55)]

분포에서 푸른 적삼에 울 필요 없네.[56)]

십주와 삼도[57)] 두루 구경하여도,

표연히 범골을 바꾸는 일[58)] 부끄럽구나.

---

53) 사공(謝公) : 중국 남북조시대(南北朝時代)의 산수시인(山水詩人)인 사령운(謝靈
運)을 가리킴. 당시 제대로 문학적 표현의 대상이 되지 못했던 산수자연의 아름다
움을 시의 주제로 했다는 점에서 그의 산수문학은 상당한 문학사적 의의를 가짐.
뒤에 진(晉)나라에서 강락공(康樂公)이라는 작위를 받았으므로 사강락(謝康樂)이
라고도 불리어 짐. 그가 산에 오르기를 좋아하였는데, 산에 오를 때에는 나막신의
앞니를 빼고 내려올 때는 뒷니를 빼고 신었다고 함. 『송서(宋書)』「사령운전(謝靈
運傳)」에 "尋山陟嶺, 必造幽峻, 巖嶂千重, 莫不備盡. 登躡常著木履, 上山則去前
齒, 下山去其後齒."

54) 장한(張翰)의 …… 돛대에 가득하네 : 장한은 중국 진(晉)나라 사람으로 자는 계응
(季鷹). 그는 문장에 능하고 자유분방한 사람으로 동조연(東曹椽)이라는 관직에
있을 때 어느 날 가을바람이 불자 고향인 오중(吳中) 송강(松江)의 순채국과 농어
회가 생각나 벼슬을 버리고 고향으로 돌아갔다고 함. 『진서(晉書)』「장한전(張
翰傳)」에 "翰因見秋風起, 乃思吳中菰菜, 蓴羹, 鱸魚膾, 曰 : '人生貴得適志, 何能
羈宦數千里以要名爵乎!' 遂命駕而歸."

55) 다만 …… 채찍질 할 것이고 : 주(周)나라 영왕(靈王)의 태자인 진(晉)이 지금의 하
남성 언사현 남쪽에 있는 구산(緱山)에서 학을 타고 신선이 되어 올라갔다는 고사
를 인용한 것임. 『열선전(列仙傳)』에 "王子喬者, 周靈王太子晉也. 好吹笙, 作鳳凰
鳴. 遊伊洛之間, 道士浮丘公接以上嵩高山. 三十余年, 後求之于山上, 見桓良曰 :
'告我家, 七月七日待我于緱氏山巓.' 至時, 果乘白鶴駐山頭, 望之不得到, 舉手謝
時人, 數日而去."

56) 분포에서 …… 필요 없네. : 당나라 백낙천(白樂天)이 강주사마(江州司馬)로 좌천된
그 다음해 가을에 강서성에서 발원하여 양자강으로 흘러들어가는 분포(湓浦)에서
손님을 전송하는데 장안에서 온 여인의 비파 타는 소리를 듣고 지은 「비파행(琵琶行)」
에, '강주 사마의 청삼이 젖었네[江州司馬靑衫濕].'라는 구절이 있음.

57) 십주(十洲)와 삼주(三島) : 바다 가운데 신선이 산다는 곳. 십주는 조주(祖洲), 영주(瀛
洲), 현주(玄洲), 염주 (炎洲), 장주(長洲), 원주(元洲), 유주(流洲), 생주(生洲), 봉린
주(鳳麟洲), 취굴주(聚窟洲)이며, 삼도는 봉래(蓬萊), 방장(方丈), 영주(瀛洲)임.

前壓滄波後翠岩,
蕭蕭蘆葦半松杉.
謝公遊興唯雙屐,
張翰歸心滿一帆.
只要緱山鞭皓鶴,
不須湓浦泣靑衫.
十洲三島遊遨遍,
自愧飄然骨換凡.

　　그 뒤로 20년 만에 자진이 남쪽으로 부임하던 도중에 몸이 고달파서 이 절에 들어가 쉬게 되었는데, 그 시를 쓴 벽이 반쯤 허물어졌고, 시 위에 먼지가 쌓이고 이끼가 끼어 거의 글자를 알아볼 수 없을 정도로 훼손 되었다. 자진이 옆에 있던 사람에게 말하기를,

　　　비록 사롱(紗籠)[59]으로 감싸 보호하지는 못했지만 벽에다 회칠을 하지 않은 것만 해도 다행이다.

라고 했다. 바로 시판(詩板)을 만들어 직접 발문을 쓰고는 삼강[60]에

58) 범골을 바꾸는 일 : 도가(道家)에서 금단(金丹)이나 선주(仙酒)를 먹어 범골(凡骨)을 선골(仙骨)로 변화시키는 일을 말함.

59) 사롱(紗籠) : 먼지가 쌓이지 않도록 현판에 씌워놓은 사포(紗布)를 말함. 이러한 내용은 『사문유취』 전집 권35 선불부(仙佛部) 사리반후종(闍梨飯後鐘)에 나오는 것으로, 당나라 사람 왕파(王播)가 곤궁할 때 양주(揚州)에 있는 목란원(木蘭院)이라는 절에서 밥을 얻어먹었는데 훗날 절도사가 되어 그 절에 다시 놀러가 보니 이전에 쓴 시에 벽사롱(碧紗籠)을 씌워 가려 두었다는 고사를 사용하였음.

60) 삼강(三綱) : 사찰을 수호하는 삼인으로. 상좌(上座), 사주(寺主), 유나(維那)를 가리킴.

게 떨어지거나 유실되지 않도록 잘 보존할 것을 부탁하였다.

상-8 原宵黼座前, 設絳紗燈籠, 命翰林院製燈籠詩進呈, 使工人用
金薄剪字帖之, 皆賦元宵景致. 明王時, 僕入侍玉堂, 卽製進云, 風細
不敎金燼落, 更長漸見玉虫生. 須知一片丹心在, 欲助重瞳日月明. 上
大加稱賞. 是後皆詠燈, 自僕始.

　정월 보름날 밤에 임금이 앉는 보좌(黼座)[61] 앞에 붉은 비단으로
만든 등롱을 걸고 한림원에 명하여 등롱시를 지어 바치게 하였다.
공인(工)들로 하여금 금박으로 글자를 잘라 붙이게 하니 모두 정월
보름날밤의 경치를 읊은 것이었다. 명종 때에 내가 옥당에 들어가
왕을 모시는 자리에서 곧 바로 시를 지어 바쳤다.[62]

　　　바람이 가늘어 불똥을 떨어지지 않게 하고,
　　　밤이 깊어 가니 옥충(玉虫)[63]이 생기는 것을 보네.
　　　모름지기 일편단심[64] 남아 있어,
　　　해와 달처럼 밝으신 중동(重瞳)[65]을 도우려는 줄 아소서.

───────────

61) 보좌(黼座) : 임금의 자리 뒤에, 자루가 없는 도끼를 그린 빨간 비단을 바른 병풍
　　인 보의(黼扆)를 펼쳐 놓기 때문에 붙여진 이름. 이는 임금의 자리를 말함.
62) 이 시는 『동문선』 권20에 「등석(燈夕)」이라는 제목 아래에 실려 있는 두 수 가운데
　　그 중 첫째 수이며, 『동사강목(東史綱目)』에는 「원소 어좌 등롱(元宵御座灯籠)」이라
　　는 시제로 소개되고 있음. 두 번째 시는 "谷寒未放金鸎囀, 風峭難敎海燕來. 須信帝城
　　春色早, 銀花千樹徹宵開".
63) 옥충(玉虫) : 등불 심지의 끝이 타서 까맣게 맺힌 것을 가리킴.
64) 일편단심 : 여기서는 등잔불의 심지를 가리킴.
65) 중동(重瞳) : 눈동자가 둘인 것을 뜻하는 말로 순임금과 항우가 중동을 가졌다고
　　함. 여기서는 임금의 눈을 가리킴.

風細不敎金爐落,

更長漸見玉虫生.

須知一片丹心在,

欲助重瞳日月明.

이에 임금께서 크게 칭찬하였다. 이후로 모두 등롱을 시로 읊게
되었는데 이는 나로부터 시작된 것이다.

상-9　昔仁王初, 許平章洪材, 以金榜首入侍玉堂. 毅王卽祚, 劉公
義, 黃公彬然, 相繼而入. 明王在宥, 李公純祐先鳴, 僕以不才繼之於
後. 近有金公君綏, 亦踵僕而入焉, 僕以一絶賀之, 十載含毫演帝綸,
多君繼入玉堂春. 如今始識花磚貴, 共是龍門第一人.

옛날 인종조 초에 평장사(平章事) 허홍재(許洪材)66)가 금방67)의 수
석으로서 옥당에 입시하였고, 의종이 즉위하였을 때는 유희(劉義)68)
와 황빈연이 서로 이어 입시하였다. 명종이 나라를 다스리게 되자
이순우69)가 먼저 이름을 내고, 내가 재주는 없지만 그 뒤를 이었다.70)

---

66) 허홍재(許洪材, ?~1170) : 고려 전기의 문신. 관직은 지문하성사(知門下省事)에
　　올랐음. 문장을 잘하여 한뢰(韓賴) 등과 함께 의종의 총애를 얻어 왕이 베푸는 연
　　락(宴樂)의 자리에 매번 참석하여 무인(武人)들에게 미움을 샀는데, 1170년의 무
　　신난 때 살해되었음.

67) 금방(金榜) : 과거에서 최종시험인 전시(殿試)에 급제한 사람의 이름을 게시하는
　　방(榜). 또는 사람의 성명을 적은 방을 뜻하기도 함.

68) 유희(劉羲, ?~1173) : 고려 전기의 문신. 한림원에 들어가 근무하던 중에 명종 3
　　년(1173)에 무신난을 일으킨 주동자를 몰아내고 의종을 복위시키려고 김보당(金甫
　　當)이 일으켰던 계사(癸巳)의 난에 무인들에게 피살되었음.

69) 이순우(李純祐, ?~1196) : 고려 중기의 문신. 초명은 청(請), 자는 발지(拔之). 우

근래에는 김군수(金君綏)71)가 또한 내 뒤를 이어 입시하였으므로 내
가 절구 한 수를 지어 하례하였다.

십년 동안 붓을 들어 제왕의 말씀 기록하였으니,
그대들이 나를 이어 옥당에 들었네.
이제야 비로소 화전(花磚)72)의 귀함을 알겠노니,
모두가 과거장에서 장원한 인물이로다.

十載含毫演帝綸,
多君繼入玉堂春.
如今始識花磚貴,
共是龍門第一人.

상-10 樞府金立之, 詞翰外尤工墨君. 嘗以湘岸兩叢, 獻大宗伯崔相
國, 作一絶謝之. 先帝當年稱活竹, 幾回相憶謾含情. 兩叢忽向西軒立,
只恐根株發地生. 金壯元君綏, 卽其子也, 得其家法甚妙. 僕往與君綏
同在察院, 院中有素屛一張, 諸公請寫一枝, 使僕跋之, 卽題云, 雪堂居

계이씨(羽溪李氏)의 시조. 관직은 국자대사성(國子大司成)에 올랐고, 금성군(錦城
君)에 봉해졌으나 최충헌에게 죽임을 당했음. 『고려사』에는 그의 이름이 이순우
(李純佑)로 되어 있음.
70) 이인로는 명종5년(1175)에 진사에 급제하고, 동10년(1180)에 장원으로 발탁되었음.
71) 김군수(金君綏) : 고려 중기의 문신. 김부식의 손자이고, 김돈중의 아들. 1194년
4월에 과거에 장원급제하였으며, 고종 5년(1218)에 거란의 대군이 북방을 침략하
자 최충헌이 조충을 불러들이고 좌간의대부(左諫議大夫)로 있던 김군수를 서북면
병마사(西北面兵馬使)로 삼았음. 문장과 시에 능하였음.
72) 화전(花磚) : 꽃무늬를 그려놓은 벽돌. 학사들이 근무하는 곳에 이 벽돌을 깔아놓
았는데, 여기서는 옥당을 가리킴.

士以詩鳴, 墨戲風流亦寫生. 遙想江南文笑笑, 應分一派寄彭城.

추부의 김입지는 문장을 잘 하였지만 무엇보다도 묵화를 잘 쳤다. 일찍이 「상안 양총(湘岸兩叢)」⁷³⁾을 그려 대종백(大宗伯) 최상국⁷⁴⁾에게 바치니 상국이 절구 한 수를 지어 사례하였다.

> 선제께서 당시에 살아있는 대나무 같다고 칭찬하시니,
> 몇 번이나 서로 생각하며 부질없이 정을 품었던가.
> 두 떨기 대나무가 갑자기 서헌을 향해 섰으니,
> 다만 뿌리와 줄기가 땅 위로 자랄까 근심하노라.

> 先帝當年稱活竹,
> 幾回相憶謾含情.
> 兩叢忽向西軒立,
> 只恐根株發地生.

장원 김근수는 곧 그의 아들로 가법(家法)을 이어 받아 그 솜씨가 매우 절묘하였다. 내가 지난날 군유와 함께 찰원(察院)⁷⁵⁾에 있을 때

---

73) 상안 양총(湘岸兩叢) : 상(湘)은 중국 호남성 횡관호(橫貫湖) 남쪽의 강으로 상강 (湘江)을 가리킴. 상강(湘江)을 배경으로 하고 그 물가에 난 두 떨기 대의 그림. 호남성의 절경을 의미하는 소상(瀟湘)의 경관을 읊은 소상팔영(瀟湘八詠)의 여덟 수 시가 유명함.
74) 대종백(大宗伯) 최상국 : 고려 중기의 문신인 최당(崔讜, 1135~1211)을 가리킴. 여기서 대종백은 예부(禮部)의 장관으로 예부상서(禮部尙書)를 가리키는 데 대종 백은 나라의 예제(禮制)를 다스리고, 천신(天神), 인귀(人鬼), 지신(地神)을 관장 한다고 함.(『주례(周禮)·춘관(春官)』「대종백(大宗伯)」)
75) 찰원(察院) : 대궐에서 감찰, 제사, 조회(朝會) 등을 맡아보던 어사대(御史臺)를 가리킴.

거기에 아무것도 그리지 않은 병풍 한 벌이 있어서 동료들이 군유에
게 대나무 한 가지를 그리게 하고 나에게는 끝에다 시를 쓰라고 했다.
곧바로 시를 지어 이르기를,

설당거사76)가 시로써 울렸는데,
먹으로 희롱하는 풍류가 또한 베낀 것 같네.
멀리 생각하니 강남의 문소소77)가,
응당 한 유파를 나누어 팽성에 부쳤으리.78)

76) 설당거사(雪堂居士) : 설당은 중국 송나라의 문호인 소식(蘇軾, 1037~1101)의 당
호(堂號)로 그 집이 중국 호북성 황주시(黃州市) 동쪽에 있었는데, 지금도 그 고지
(故址)가 남아 있음. 소식이 왕안석의 신법에 반대하는 글을 올린 것이 빌미가 되
어 벌어진 오대시안(烏臺詩案)으로 1079년 호북성 황주로 강등(降等)되어 폄적(貶
謫되었음. 1084년에 이르기까지 황주성 밖의 적벽산(赤壁山)에서 노닐며 「전적벽
부(前赤壁賦)」와 「후적벽부」를 지었고, 이곳 동파(東坡)의 한 언덕에 가족과 함께
기거했으므로 동파라는 호를 얻기도 했음. 설당도 이때 지은 것으로 볼 수 있으며,
설당의 사방 벽에 눈이 내린 풍경을 그려놓고 항상 그 그림을 완상했다고 함. 소식
의 「후적벽부(後赤壁賦)」에도 설당이라는 말이 나옴.(是歲十月之望, 步自雪堂, 將
歸於臨皋.) 여기에서는 김군수의 할아버지인 김부식의 당호(堂號)를 의미하는 말
로도 볼 수 있음. 당시 사람들이 김부식이 소식을 흠모하여 자신의 이름을 부식이
라고 하고, 아우의 이름을 부철(1079~1156)로 불렀다고 한 것을 보면 그런 추측이
가능함.
77) 문소소(文笑笑) : 중국 북송의 유명한 화가이자 시인인 문동(文同, 1018~1079)으
로 자가 여동(與可), 호는 문소선생(文笑先生), 금강도인(錦江道人), 석실선생(石
室先生), 묵군(墨君) 등으로 불리어 졌음. 대나무를 잘 그렸고 시문에 능했으며 모
든 서체(書體)에 두루 통달하였음.
78) 응당 한 유파를 …… 부쳤으리. : 이 말은 소식의 「문여가 운당곡 언죽기(文與可篔
簹谷偃竹記)」에서 용사한 것임. 그 내용을 소개하면 다음과 같음. "여가가 대나무
를 처음 그리기 시작했을 때는 본인 스스로도 그것을 대수롭잖게 여겼다. 그러나
사방에서 사람들이 흰 비단을 가지고 그를 찾아와 그림을 부탁하느라 문전성시를
이루니, 여가는 이를 싫어하여 비단을 땅에 던지며 욕하기를. '내가 이 비단으로
버선이나 만들어야지.'라고 하여 사대부들 사이에서 이 말이 전해져 한때의 이야
기거리가 되었다. 여가가 양주에서 돌아왔을 때 나는 서주를 맡고 있었는데, 그때

　　雪堂居士以詩鳴,

　　墨戲風流亦寫生.

　　遙想江南文笑笑

　　應分一派寄彭城.

라고 했다.

상-11　碧蘿老人, 嘗以睡居士所劃墨竹小屛贈僕, 題白傳詩一句於
後云, 管領好風烟, 欺凌凡草木. 筆跡尤奇妙, 僕嘗學之, 遇紙素屛幛
無不揮灑, 自以謂得其髣髴, 故作詩云, 餘波猶及碧琅玕, 自恐前身
文笑笑. 然僕誠不工, 僅得形似耳. 堂兄千林堂頭, 以紙屛求之, 僕但
寫一枝, 橫跨四幅, 而不及葉, 有一劃史見之曰, 此枝節非庸流所能,
有東山墨戲風骨. 洒安八九葉於其間, 便有蕭然氣勢. 昔潘岳得樂廣
之旨, 緝成名筆, 鄭國之令, 東里猶潤色之, 今視竹也. 亦彫啄之餘,
盤薄之巧, 相資而成, 脗然若出於鑄錘之一手, 可謂凝神矣. 有讚之
者曰, 乾坤一氣, 胡越同心. 衆妙之極, 無跡可尋.

　벽라노인이 일찍이 수거사79)가 먹으로 대나무를 그린 작은 병풍

　여가가 나에게 보낸 편지의 내용은 이러했다. "근래 내가 사대부들에게 '나의 묵죽
한 유파가 근래 팽성(서주의 옛 이름)에 있는 소식에게 전해졌으니 그곳으로 가서
구하라.'고 하였으니 버선 재료가 되는 비단이 그대에게 모여 들 것이오." (與可畵
竹, 初不自貴重. 四方之人持縑素而請者, 足相躡於其門, 與可厭之, 投諸地而罵
曰, '吾將以爲韈' 士大夫傳之, 以爲口實. 及與可自洋州還, 而余爲徐州, 與可以書
遺余曰, 近語士大夫, 吾墨竹一派近在彭城, 可往求之.')

79) 수거사(睡居士) : 고려 중기의 은사(隱士)로 시와 그림에 능했던 안치민(安置民)
의 호. 자는 순지(淳之), 호는 기암(棄庵), 취수선생(醉睡先生). 동시대의 대부분
의 지식인들과는 달리 무인집권자들에게 기부(寄附)하지 않으며 야인으로서 지조

을 나에게 주었는데 병풍 뒤에 다음과 같은 백부(白傅)[80]의 시 한 구절을 써놓았다.

좋은 바람과 안개를 거느리고는,
범상한 초목을 조롱하고 업신여기도다.[81]

管領好風烟,
欺凌凡草木.

수거사가 그린 필적이 기묘해서 내가 일찍이 그것을 본떠 배우느라 흰 종이나 병풍이 보이면 붓을 휘둘러 마구 그려댔는데, 그림이 그와 비슷하게 되었다고 스스로 생각되었으므로 이렇게 시를 지었다.

여파가 오히려 푸른 낭간[82]에 미쳤으니,

를 지켰음.

80) 백부(白傅) : 중국 당나라의 시인 백거이(白居易, 772~846)가 문종 때 태자소부 (太子小傅)에 임명 되었으므로 붙여진 이름임. 자는 낙천(樂天). 호는 취음선생(醉 吟先生), 향산거사(香山居士). 그는 중당(中唐) 때 피폐해진 당나라의 현실을 직시 하며, 사실적이고 비판적인 내용의 작품을 남겼고, 보편적이며 유려(流麗)하고 평 이(平易)한 풍격을 지녔으므로 두드러진 개성을 형성하였음. 그러므로 그의 시는 민중 속에 파고들어 공공장소의 기둥이나 벽에 써 붙여 놓았으며, 멀리 외국에까 지 영향을 미쳤고, 우리나라에도 일찍부터 전해져 널리 애송되었음. 저서로는『백 씨장경집(白氏長慶集)』75권이 있고,「비파행(琵琶行)」,「장한가(長恨歌)」,「유 오 진사 시(遊悟眞寺詩)」등은 그의 대표적인 작품임.

81) 이 연구는 백거이의 시「제 소교전신죽 초객(題小橋前新竹招客)」가운데 6번째 연구임. 그 전문을 소개하면, '雁齒小紅橋, 垂簷低白屋. 橋前何所有, 苒苒新生竹. 皮開坼褐錦, 節露抽靑玉. 筠翠如何餐, 粉霜不忍觸. 閑吟聲未已, 幽玩心難足. 管領 好風烟, 輕欺凡草木. 誰能有月夜, 伴我林中宿. 爲君傾一杯, 狂歌竹枝曲.'

82) 벽낭간(碧琅玕) : 대나무의 푸른빛을 형용하는 말로 대나무를 가리킴. 청낭간(靑

스스로 내 전신이 문소소인가 하네.

　餘波猶及碧琅玕,
　自恐前身文笑笑.

　그러나 나는 참으로 그림에 재주가 없는 사람이라 겨우 비슷하게 모양만 흉내 냈을 뿐이었다. 사촌형인 천림(千林) 당두[83])께서 종이 병풍을 내게 보내어 그림을 부탁하였으나 내가 다만 한 가지(枝)를 네 폭의 병풍에 그려놓고 잎까지는 미처 그리지 못하였다. 한 화가가 이를 보고는 말하기를,

　　여기에 그린 가지와 마디는 범상한 재주로는 그릴 수 없는 것으로 동파께서 자유롭게 묵죽을 치시던 풍골이 엿보입니다.

하고는, 그가 거기에다 대나무 여덟아홉 잎을 그려 넣으니 자못 소슬한 기세가 살아났다. 옛날 반악[84])이 악광[85])의 생각을 터득하여

琅玕)이라고도 함.

83) 당두(堂頭) : 당상(堂上)으로 불교에서 한 절을 총괄하는 주지를 이름. 또는 주지가 머무는 장실(丈室), 방장(方丈)을 가리키기도 함.

84) 반악(潘岳, 247~300) : 중국 서진(西晉)시대의 문인. 자 안인(安仁). 문학적 재능이 뛰어나 당시의 권세가 가밀(賈謐)의 문객들 '24우(友)' 가운데의 제1인자였음. 육기(陸機, 261~303)와 함께 서진문학의 대표적인 작가로 일컬어졌는데, 육기가 논리적 표현에 탁월한 데 대하여 반악은 정서적 표현에 뛰어났으며, 철저한 기교주의자로서 감각적인 애상(哀傷)의 시와 산수시(山水詩)의 걸작을 남겼음. 애처의 죽음을 당하여 진심을 다 나타내어 지은 「도망시(悼亡詩)」 3수는 새로운 방향을 모색하던 당시의 수사주의적 문학에 하나의 전기를 마련해 주었음. 여기에서 반악이 악광의 생각을 터득하여 좋은 글을 지었다는 것은, 『진서(晉)』 「악광전(樂廣傳)」에 나오는 말로, 악광은 담론을 잘하였으나 글에는 능하지 못하였으므로 반악이 악광

훌륭한 글을 이루었고, 정(鄭)나라의 사령(辭令)은 동리 자산이 윤색
하였듯이[86] 지금 이 대나무 그림 또한 조탁하는 여유와 아무런 가
식 없는 순수함[87]이 서로 도와 하나로 이루어져 마치 한 사람의 손
에서 나온 것 같아 신운이 엉겨 있다고 하겠다. 어떤 사람이 그것을
찬하는 글을 짓기를,

> 건곤이 한 기운이 되고, 호(胡)와 월(越)이 마음을 같이 하였도
> 다.[88] 오묘함의 극치를 이루었으니, 꾸민 흔적 찾을 수 없도다.

의 생각을 글로 표현하여 명문을 이루었다고 함.(廣善淸言而不長於筆, 將讓尹, 請
潘岳爲表. 岳曰, 當得君意. 岳乃作二百句語, 述己之志. 岳因取次比, 便成名筆.
時人咸云, 若廣不假岳之筆, 岳不取廣之旨, 無以成斯美也.)

85) 악광(樂廣) : 반악과 같은 시기에 교류했던 문신으로 자는 언보(彦輔). 관직은 중
서시랑(中書侍郞), 상서령(尙書令)을 지냈음. 그는 논리정연하게 말할 줄 알고 욕
심을 부리지 않은 담백한 사람이었으므로 그의 말은 사람들을 감복시킬 수 있었
음. 괜한 일로 근심한다는 '배중영사(杯中影蛇)'라는 성어를 만들기도 했음.

86) 동리(東里) : 중국 춘추시대 정(鄭)나라 대부였던 자산(子山)이 거처하던 곳으로
지금의 하남성 신정현(新鄭縣) 성안에 위치했음. 여기서는『논어』「헌문(憲問)편」
의 내용을 인용한 것으로, "공자께서 말씀하시기를, '왕명을 글로 지을 때 비심이
글을 초안하고, 세숙이 그 글을 토론하였으며, 행인 자우가 그 글을 아로새겼으며,
동리에 사는 자산이 그 글을 다듬었다.'"(子曰, '爲命, 裨諶草創之, 世叔討論之, 行
人子羽修飾之, 東里子産潤色之.)

87) 가식 없는 순수함[盤薄] : 반박(盤礴)을 말함. 이는 '두 다리를 쭉 뻗고 앉는다.[箕
踞]'는 뜻으로 아무런 가식이 없는 순수하고 자연스런 것을 말함. 이것은 (『장자(莊
子)·외편(外篇)』의「전자방(田子方)」에 나오는 내용을 인용한 것으로 "송나라 사
람 원군이 그림을 그리려 하는데, 뭇 화공들이 모여들어 예를 올리고 둘러 서 있었
다. 그러나 늦게 온 한 화공이 태연한 모습으로 원군에게 예를 올리지도 않고 방으
로 들어가 버리자 공이 사람을 시켜 가서 보게 하니 그는 옷을 벗고 두 다리를 쭉
뻗은 채 쉬고 있었다. 원군이 말하기를 '옳도다. 그 사람이 진짜 화공이다.'라고
했다."(宋元君將畵圖, 衆史皆至, 受揖而立, 舐筆和墨, 在外者半. 有一史後至者,
儃儃然不趨, 受揖不立, 因之舍. 公使人視之, 則解衣般礴贏. 君曰, 可矣, 是眞畵
者也.)

88) 호(胡)와 월(越)이 …… 같이 하였도다. : '호'는 옛날에 중국의 북쪽과 서쪽에 살던

라고 하였다.

상-12 僕嘗於貴家壁上, 見草書二簇, 烟薰屋漏, 形色頗奇古. 其詩
云, 紅葉題詩出鳳城, 淚痕和墨尙分明, 御溝流水渾無賴, 漏洩宮娥
一片情. 座客皆聚首而觀之, 以謂唐宋時人筆, 紛然未得其實, 就問
於僕以質之, 僕徐答曰, 是僕手痕也. 客愕然曰, 殘縑敗素寒具留痕,
似非近古物. 僕曰, 此僕詠史詩中一篇也. 僕非自作, 未嘗下筆作草.

내가 일찍이 귀인의 집 벽에 초서로 쓴 족자 두 폭이 걸려 있는
것을 보았는데, 연기에 그을리고 지붕에서 샌 물에 얼룩져서, 그 형
색이 자못 기이하였지만 고풍스러웠다. 그 시는 다음과 같았다.

　　　단풍잎에 시를 써서[89] 궁궐 밖으로 내보내니,

　　소수민족을 일컫던 명칭이고, '월'은 춘추전국시대에 지금의 중국 남쪽 절강성에
　　위치했던 나라 이름으로 두 지역이 크게 동떨어진 거리에 있음을 가리킴.
89) 홍엽제시(紅葉題詩) : 단풍잎에 시를 써서 가연을 맺은 것을 뜻하는 말임. 이 이야
　　기는 『사문류찬(事文類聚)』에 소개되고 있는데, 그 내용은 이러함. "당나라 희종(재
　　위기간, 874~888) 때 우우가 대궐 안을 흐르는 고랑에서 단풍 한 잎을 주웠는데
　　거기에 이런 내용의 시가 써 있었다. '물은 왜 이다지도 급히 흐르는지, 깊은 궁중은
　　온종일 한가롭기만 하네. 은근히 붉은 잎을 부치노니, 잘 가서 인간 세상에 이르기
　　를.' 이 시를 본 우우도 단풍잎에 시를 쓰기를, '일찍이 나뭇잎 위에 홍원을 썼다는
　　얘기 들었더니, 나뭇잎 위에 시를 쓴 사람 그 누구인가?'라고 하여서는 띄워 보냈
　　다. 우우가 뒤에 궁인 한 씨에게 장가를 들었는데, 한 씨가 우우의 책 상자 속에서
　　한 단풍잎을 발견하고는 깜짝 놀라며 말하기를, '이것은 나의 작품이다. 나도 물
　　위에서 단풍잎을 하나 주웠다.'라고 하였는데 그것은 바로 우우가 지은 시였다. 이
　　에 서로 감탄하며 말하기를 '일이 어찌 이리 우연하단 말인가. 우리의 인연은 미리
　　정해진 것이구나.'라고 하였다.(唐僖宗時, 有于祐晚步禁溝, 拾一紅葉. 上有詩云,
　　'流水何太急, 深宮盡日閒, 殷勤謝紅葉, 好去到人間.' 祐復題云, '曾聞葉上題紅怨,
　　葉上題詩寄與誰.' 祐後娶一宮人韓氏, 於祐書笥中, 見一紅葉, 驚曰, '此吾所作, 吾

눈물 흔적 먹물과 뒤섞여 오히려 분명해지네.
대궐 안 도랑에 흐르는 물 온통 믿을 수 없어,
궁녀의 한 조각 정을 바깥으로 몰래 보내네.

紅葉題詩出鳳城,
淚痕和墨尙分明
御溝流水渾無賴
漏洩宮娥一片情

앉아 있던 손님들이 모두 머리를 들이밀어 살펴보고는, "이 글이 당송시대 사람의 솜씨인가"라고 하며 어지럽게 논란을 벌였으나 사실을 밝히지 못하고는 나에게 다가와 물었다. 내가 천천히 대답하기를,

이것은 나의 필적입니다.

라고 하니, 손님들이 깜짝 놀라며 말하였다.

삭은 비단과 썩은 명주에 한구(寒具)[90]의 흔적이 남아있는 것을 보

水中亦得紅葉.' 卽祐所題詩. 於是相對感歎曰, '事豈偶然, 莫非前定也.')
90) 한구(寒具)의 흔적 : 한구는 기름에 튀긴 밀가루 음식의 하나. 이 말은 중국 남조(南朝) 송(宋)나라 문신인 단도란(檀道鸞)이 편찬한 『속진양추(續晉陽秋)』에 나오는 내용을 인용한 것임. '환현(桓玄)이 법서(法書)와 명화(名畵)를 수장하는 것을 좋아해서 손님들이 오면 작품들을 내보이며 자랑했는데, 하루는 사람들과 작품을 감상하면서 기름에 튀긴 한구를 먹다가 잘못하여 한구에 남아있던 튀김기름이 작품 위에 떨어져 얼룩이 졌으므로 그 이후로는 작품을 감상하는 자리에 한구를 내오지 못하게 했다.'(桓元好畜法書名畵, 客至常出而觀, 客食寒具, 油于其畫, 後遂

면 얼가 전의 물건은 아닌 듯합니다.

라고 하자, 내가 이르기를,

　이것은 내가 지은 영사시(詠史詩) 가운데 한 편입니다. 나는 내가 지은 시가 아니면 일찍이 붓으로 써본 적이 없습니다.

라고 하였다,

상-13　天水亦樂, 將赴梁州倅, 僕與子眞, 冒曉到天壽寺門餞之. 亦樂爲友人所牽挽, 日午尙未到, 二人者緩步訪一僧舍, 闃然無人. 僕偶以淡墨題板扉云, 待客客未到, 尋僧僧亦無. 唯餘林外鳥, 款曲勸提壺. 其後二十餘年, 於子眞家見一僧, 道貌魁然不凡, 揖僕曰, 曾蒙寵示佳篇, 姑此奉謝. 僕惘然不測, 僧誦此詩云, 我是當時主院者也. 相與大噱, 遂附家集云.

　천수(天水)91) 역락(亦樂)92)이 양주(梁州)93)의 원으로 부임해 갈 때

不設寒具.) 소식(蘇軾)의 「차운 미불 이왕서발미 이수(次韻米黻二王书跋尾二首)」이라는 시에도 ‘上有桓玄寒具油, 巧偸豪奪古來有.’라는 연구가 있음.

91) 천수(天水) : 중국 조(趙)씨의 본관인 천수향(天水鄕)을 가리킴. 천수는 지금의 감숙성 동남부에 있는 도시로 옛날 실크로드의 중요 경유지였음. 조통(趙通)은 본관이 옥과(玉果 : 지금의 곡성)인데, 당시에 주로 중국의 관향을 취하는 게 유행이었으므로 천수 조씨라고 불렀음.

92) 역락(亦樂) : 고려 중기의 문신인 조통의 자. 관직은 국자감대사성(國子監大司成), 한림학사(翰林學士) 등을 지냈음. 이인로와 가까워 그의 『파한집』 편찬에 도움을 주었고, 죽림고회에 참여하여 사실상 모임을 주도했음. 뒤에 옥과의 수호신으로 그곳 사람들에게 추앙을 받았음.

93) 양주(梁州) : 경남 양산의 옛 이름. 『신증동국여지승람』 권22에 조통이 양산의 수

내가 자진[94]과 함께 새벽인데도 불구하고 천수사(天壽寺)에 이르러
그를 전송하고자 했다. 그런데 정작 역락이 친구들이 붙잡는 바람
에 대낮이 되었는데도 그곳에 아직 도착하지 않았다. 우리 두 사람
은 천천히 걸어서 한 절간을 찾았는데, 텅 비어 사람이라곤 보이지
않았다. 내가 옅은 먹물로 널빤지 문짝에 시를 쓰기를,

> 손님 기다려도 손님 오지 않고,
> 스님 찾아와도 스님은 보이지 않네.
> 오직 숲 너머에 새만이 남아,
> 술병 기울이기를[95] 간절히 권하네.

> 待客客未到,
> 尋僧僧亦無.
> 唯餘林外鳥,
> 款曲勸提壺.

라고 했다. 그리고 20여 년이 지난 뒤에 자진의 집에서 한 스님을
보았는데 그 용모가 장대하여 범상치 않아 보였다. 그 스님이 나에
게 읍하며 말하기를,

> 일찍이 훌륭한 시 한 수를 얻는 은혜를 입었사온데 여기에서 감사
> 의 인사를 올리게 됐습니다.

령을 지냈다는 기록이 있음.
94) 자진(子眞) : 고려 중기 문신인 함순(咸淳)의 자.
95) 술병 기울이기를[提壺] : 술을 권한다는 말임. 제호는 또 새 이름으로 사다새를
   이름.

라고 했다. 내가 무슨 영문인지 몰라서 멍하게 있으니 스님이 이 시를 외면서 "제가 당시 그 절간의 주지였습니다."라고 말하였으므로 서로 크게 웃었다. 마침내 그 시를 나의 문집에 덧붙였다.

상-14 智異山或名頭留. 始自北朝白頭山而起, 花峯萼谷縣縣聯聯, 至乘方郡, 蟠結數千里, 環而居者十餘州, 歷旬月可窮其際畔. 古老相傳云, 其間有靑鶴洞, 路甚狹纔通人行, 俯伏經數里許, 乃得虛曠之境, 四隅皆良田沃壤宜播植, 唯靑鶴棲息其中, 故以名焉, 蓋古之遁世者所居, 頹垣壞塹猶在荊棘之墟. 昔僕與堂兄崔相國, 有拂衣長往之意, 乃相約尋此洞, 將以竹籠盛牛犢兩三以入, 則可以與世俗不相聞矣. 遂自華嚴寺至花開縣, 便宿神興寺, 所過無非仙境, 千巖競秀, 萬壑爭流, 竹籬茅舍, 桃杏掩映, 殆非人間世也, 而所謂靑鶴洞者, 卒不得尋焉. 因留詩巖石云, 頭留山逈暮雲低, 萬壑千巖巖似會稽. 策杖欲尋靑鶴洞, 隔林空聽白猿啼. 樓臺縹緲三山遠, 苔蘚微茫四字題. 試問仙源何處是, 落花流水使人迷. 昨在書樓, 偶閱五柳先生集, 有桃源記, 反復視之, 蓋秦人厭亂, 携妻子, 覓幽深險僻之境, 山迴水複, 樵蘇所不可得到者, 以居之. 及晉太元中, 漁者幸一至, 輒忘其途, 不得復尋耳. 後世丹靑以圖之, 歌詠以傳之, 莫不以桃源爲仙界, 羽車飆輪, 長生久視者所都, 蓋讀其記未熟耳, 實與靑鶴洞無異. 安得有高尙之士如劉子驥者, 一往尋焉.

지리산은 혹 두류산이라고도 부른다. 지리산의 발단이 북쪽의 백두산에서부터 시작되는데 꽃봉오리 같은 산봉우리와 꽃받침 같이 아름다운 계곡이 끊이지 않고 이어져 내려와 대방군(乘方郡)[96]에까지 이르게 된다. 그 산이 수 천리에 이었고 십여 고을에 걸쳐 있으므로 한 달 정도를 돌아다녀야 그 끝간 데를 알 수 있다. 옛 노인들 사이에 서로 전해오는 얘기에

　　지리산 안에 청학동이 있는데 그곳으로 가는 길이 매우 좁아서 겨우 한 사람이 다닐 만하다. 머리를 숙이고 엎드려서 몇 리쯤 가다보면 이내 확 트인 넓은 땅을 만나게 되는데 사방의 땅이 모두 기름져서 곡식을 뿌리고 심어서 기르기에 알맞다. 그러나 그곳에는 오직 청학(靑鶴)만이 살고 있기 때문에 청학동이라 부르게 된 것이다. 그곳은 옛날에 속세를 등진 사람이 살았던 곳이라서 아직도 가시덤불로 덮인 빈 터에 허물어진 담장과 구덩이가 남아 있다.

라는 말이 있다. 옛날에 내가 당형(堂兄)인 최상국(崔相國)[97]과 함께 옷을 걷어 부치고 속세를 떠나 평생 은둔하려는 데 뜻을 두고 있었다. 그래서 둘이서 이 골짜기를 찾아가기로 약속 하고는 대통발에 송아지 두세 마리를 싣고 청학동으로 들어가 살며 속세와 절연하고자 했다. 드디어 화엄사에서 출발하여 화계현에 이르러 신흥사에서 묵었는데, 지나는 곳마다 선경이 아닌 곳이 없었다. 바위들이 아름다움을 자랑하고 골짜기마다 물이 다투어 흐르며 대나무 울타리와 띠로 이은 집들이 복숭아꽃과 살구꽃 사이로 어른거리니 마치 인간 세상이 아닌 듯 했다. 그러나 사람들이 말하는 청학동은 끝내 찾을 수가 없어서 다음과 같은 시를 바위에 남겨두었다.

---

96) 대방군(帶方郡) : 지금의 전북 남원지역을 가리킴.
97) 최상국(崔相國) : 고려 중기의 문신인 최당(崔讜, 1135~1211)이 문하평장사를 지냈으므로 최상국이라고 했음.

두류산은 높고 저녁 구름 나직이 드리웠는데,

수많은 골짜기와 바위가 있어 회계산[98] 같네.

지팡이 짚고 청학동을 찾으려 하였으나,

수풀 너머에서 헛되이 원숭이 울음소리만 들리네.

누대 아득히 보이고 삼신산[99]은 멀기만 한데,

이끼 끼어 써놓은 네 글자 흐릿하구나.

묻노니 무릉도원은 어디에 있는가,

낙화유수가 사람을 어지럽게 하네.

頭留山迥暮雲低,

萬壑千巖似會稽.

策杖欲尋靑鶴洞,

隔林空聽白猿啼.

樓臺縹緲三山遠,

苔蘚微茫四字題.

試問仙源何處是,

落花流水使人迷.

어제 서재에서 우연히 오류선생(五柳先生)[100]의 문집을 보게 되었

---

98) 회계(會稽) : 중국 절강성 소흥현(紹興縣)에 있는 산. BC 5세기 초 이곳에서 월왕
 (越王) 구천(勾踐)이 오왕(吳王) 부차(夫差)에 포위되어 패하였다가 20년 동안 권
 토중래를 노린 끝에 부차를 격파하여 '회계의 치욕'을 갚았던 고사로 유명한 곳
 임. 동산(棟山), 방산(防山), 모산(茅山), 형산(衡山) 등으로 불리기도 함.
99) 삼산(三山) : 신선이 산다는 세 곳의 산을 말하는 것으로, 봉래산(蓬萊山), 방장산
 (方丈山), 영주산(瀛洲山)을 가리킴.
100) 오류선생(五柳先生) : 중국 진(晉)나라의 문인이자 은일사상가인 도잠(陶潛, 365
 ~427)을 가리킴. 자신의 집 앞에 버드나무 다섯 그루를 심고서 스스로 오류선생이
 라고 하였음. 자는 연명(淵明) 또는 원량(元亮). 그의 문학은 동양의 전원문학을

는데 그 안에 「도원기(桃源記)」101)가 있기에 그것을 반복해서 읽었
다. 그 글의 내용은 대략 이러했다.

　　진(秦)나라 사람들이 전란을 싫어해서 처자식을 이끌고 지세가 깊
　　고 험준한 곳을 찾아들었다가 산이 겹겹이 쌓여있고, 시내가 어지럽
　　게 흘러 내려 나무꾼들조차도 찾을 수 없는 산골을 발견하여 거기에
　　서 살았다. 진(晉)나라 태원102) 연간에 한 어부가 요행히 그 곳에 찾
　　아들었다가 갑자기 돌아가는 길을 잊어버리고 다시는 되돌아가지 못
　　하였다.

　훗날에 그 곳의 경치를 채색으로 그리고 노래를 지어 그 곳의 아
름다움을 전하여 도원을 신선세계라 여기게 되었다. 그러므로 그곳
은 신선의 마차를 타고 다니며 장수하는 사람들이 영원히 살아갈
만한 곳이었다. 아마도 내가 도원기를 미숙하게 읽었기 때문일 것
이니 실제로는 청학동과 다름이 없는 곳이리라. 어떻게 하면 유자
기(劉子驥)103)와 같은 고상한 선비를 만나 나도 한번 그곳을 찾을 수
있을까.

　　대변하는 것으로, 그의 작품으로는 「오류선생전(五柳先生傳)」, 「도화원기(桃花源
　　記)」, 「귀거래사(歸去來辭)」 등이 있음.
101) 「도원기(桃源記)」: 도연명이 평생 지향하던 탈속적 세계인 유토피아를 형상화
　　한 작품인 「도화원기(桃花源記)」를 말함.
102) 대태(太元): 중국 동진(東晉)시대 효무제(孝武帝)의 연호(376~396).
103) 유자기(劉子驥): 중국 진(晉)나라의 은사(隱士)인 유인지(劉驎之)로 자기는 그
　　의 자. 어려서부터 성품이 소박했고 산수를 따라 놀며 항상 은일한 생활을 추구했
　　음. 도잠이 「도화원기」에 그의 일사(逸事)를 이야기하였음. 『수서(隋書)』에 그의
　　문집으로 『유유민집(劉遺民集)』 5권이 전한다고 했음.

[상-15] 門生之於宗伯也, 以文章被鑑識, 特達於靑雲, 古人所謂期牙相遇. 是以位雖至鈞衡, 猶居子姪行, 不敢與之抗禮. 昔後唐裴皥在同光中, 三知貢擧. 門生馬裔孫掌試, 引新榜諸生往謁, 作一絶云, 三主禮闈年八十, 門生門下見門生. 本朝光王時, 始以詩賦取士, 然未嘗有宗伯得見門生掌選者. 至明王初, 學士韓彦國, 率門生謁崔相國惟淸, 亦作詩云, 綴行相訪我何榮, 喜見門生門下生. 此雖據裴公舊例, 聞者皆以謂盛集. 今上踐阼八年, 趙司成沖, 亦引門生詣任相國濡第陳謝, 而公以冢宰尙在中書, 古今所未有, 奇哉. 作詩以記卓異, 十年黃閣佐昇平, 三闢春闈獨擅盟. 國士從來酬國士, 門生今復得門生. 風雲變化鯤鵬擊, 布葛繽紛鵠鷺明. 金液一盃公萬壽, 玉笙宜命喜遷鶯.

문생(門生)이 종백(宗伯)104)에게 문장을 감식 받아서 청운의 뜻을 이루는 것은 옛사람이 말한 백아와 종자기가 서로 만났다는 것105)과 마찬가지이다. 이 때문에 문생의 지위가 비록 균형(鈞衡)106)에 이르더라도 오히려 자식이나 조카의 항렬에 지나지 않으니 감히 종백과 대

---

104) 종백(宗伯) : 예부상서(禮部尙書) 또는 시랑(侍郞)을 뜻하는 말이나 여기서는 과거를 관장하던 고시관인 지공거를 이름. 종백(宗伯)과 문생(門生)의 관계는 과거제도에서 나온 것으로 과거를 관장하여 인재를 발탁하던 고시관(考試官)과 그 급제자를 이름. 고려조에 이러한 관계는 크게 중시되어 학풍의 계보 형성에도 어느 정도 기여하였음. 이제현(李齊賢)의 『역옹패설(櫟翁稗說)』 후집(後集)에 소상하게 이들의 관계를 소개하였고, 『고려사·지(志)』 28권 선거2에도 소개되어 있음. 지공거를 학사 또는 은문 또는 좌주라 하며 과거에 응시하여 합격한 사람을 문생이라 했음.

105) 백아와 종자기가 서로 만났다는 것[期牙相遇] : 중국 춘추시대 초나라 사람인 종자기(鍾子期)가 백아(伯牙)가 타는 거문고 소리의 의미를 잘 해석했는데, 그가 죽자 백아는 거문고의 줄을 끊어 버리고 종신토록 거문고를 타지 않았다고 함. 여기에서 지음(知音)이란 말이 나왔고, '백아절현(伯牙絶絃)'이라는 말이 파생됐음.

106) 균형(鈞衡) : 국정을 공평하게 운영해 나가는 사람이라는 뜻으로, 나라의 재상(宰相)을 가리킴.

등한 예(禮)를 행해서는 안 된다. 옛날 후당 때 배호(裴皥)[107]가 동광(同光)[108] 연간에 세 번이나 지공거(知貢擧)를 맡았다. 그의 문생인 마율손(馬裔孫)[109]이 과시를 관장하게 되어 새로 과거에 급제한 서생들을 데리고 배호를 찾아뵙자 배호는 시 한 절구를 지었다.

세 번 예위[110]를 주관한 지금의 내 나이 여든,
문생의 문하에서 문생을 보는구나.[111]

三主禮闈年八十,
門生門下見門生.

---

107) 배호(裴皥) : 중국 당나라 후 오대 때의 문신. 자는 사동(司東). 후당 장종(莊宗, 재위기간 923~925) 때 예부상서로 지공거가 되어 세 번 과거를 관장하여 선발한 인물 가운데 상유한(桑維翰), 보정고(寶正固), 장려(張礪), 마운손(馬胤孫) 등 네 사람의 재상이 배출됐음. 『송사(宋史)』에는 皓가 皥로 되어 있음.

108) 동광(同光) : 중국 후당(後唐) 장종(莊宗)의 연호(923~926).

109) 마율손(馬裔孫) : 중국 당나라 후 오대(五代, 907~962) 때의 문신인 마예손(?~953)을 가리킴. 자는 경선(慶先). 후당(後唐) 때 문하평장사(門下平章事)에 올랐고, 후당 폐제(廢帝) 2년(935)에 예부시랑으로 지공거가 되어 자신이 선발한 문생들을 데리고 자신의 은문인 배호를 찾아가 잔치를 베푼 일화는 유명함.(『책부원구(册部元龜)』) 그의 이름이 『오대사기(五代史記)』 목록에는 마운손(馬允孫), 그 잡전(雜傳) 본문에는 마율손(馬裔孫), 『중국인명대사전(中國人名大辭典)』에는 마윤손(馬胤孫)으로 되어 있어 서로 간에 출입이 있음.

110) 예위(禮闈) : 과거시험의 모든 업무를 관장하던 관청으로 예부(禮部)를 가리킴.

111) 문생의 …… 보는구나 : 『구오대사(舊五代史)』 권92에 보면, 마예손이 과거시험을 관장하는 지공거가 되어 자신이 발탁한 급제자들을 데리고 자신의 은문(恩門)인 배호를 찾아뵈니, 배호가 기뻐하며 축하시를 지었는데 그 시에서 문생의 문하에서 문생을 본다고 하였음.(皥累知貢擧稱得士宰相, 馬裔孫桑維翰皆其所取進士也. 後裔孫知貢擧引新進士謁皥. 皥喜 爲詩曰 : '詞場最重是持衡, 天遺愚夫受盛名, 三主禮闈年八十, 門生門下見門生.)

우리나라는 광종 때 처음으로 시부(詩賦)로 선비를 뽑았다. 그러나 일찍이 종백 중에 자신의 문생이 과거시험을 맡아보는 영예를 누린 사람은 없었다. 명종 초년(1171년)에 이르러 학사(學士) 한언국[112]이 문생을 거느리고 상국 최유청[113]을 찾아뵈었더니, 유청 또한 시를 지었다.

줄을 지어 찾아오니 나에게 어찌 이런 영광이,
문생의 문하생을 보니 기쁜 얼굴로 보네.

綴行相訪我何榮,
喜見門生門下生.

이것은 비록 배공이 옛날에 보였던 구례에 따른 것이었으나 듣는 사람들 모두가 성대한 모임이라고 하였다. 지금 임금이 즉위한 지 8년[114]이 되는 해에 사성(司成) 조충[115]이 또한 문생을 인솔하고 상

112) 한언국(韓彦國, ?~1173) : 고려 중기의 문신. 명종 3년에 동북면지병마사(東北面知兵馬使)로 있으면서 쿠데타를 일으켜 왕정을 종식시킨 정중부 등 무인들을 척결하기 위하여 김보당(金甫當)이 일으킨 '계사(癸巳, 1173)'의 난에 참여하였다가 실패하여 무인들에게 죽임을 당했음.

113) 최유청(崔惟淸, 1095~1174) : 고려 전기의 학자이자 문신. 자는 직재(直哉). 관직은 중서시랑평장사(中書侍郎平章事)에 올랐음. 1170년 무신의 난에 무인들이 그의 덕망에 감복하여 살아남을 수 있었음. 1144년에는 동지공거(同知貢擧)로서 김돈중 등 26인을 발탁했음. 저서에는 『남도집(南都集)』, 『유문사실(柳文事實)』, 『최문숙공집(崔文淑公集)』, 『이한림집주(李翰林集註)』 등이 있음. 시호는 문숙(文淑).

114) 당시의 임금이던 고려 희종 7년(1211)을 가리킴. 『고려사·지志』 권27 선거選擧, 1에 보면, 희종 7년 10월에 조충이 한림학사로서 동지공거가 되어 진사와 38명과 명경과 5명을 급제자로 발탁했다고 되어 있음.

115) 조충(趙沖, 1171~1220) : 고려 중기의 문신. 자는 담약(湛若), 관직은 동중서문하시랑평장사(同中書門下侍郎平章事)에 올랐음. 서북면병마사, 서북면원수로 있

국 임유[116]의 집에 찾아가 하례를 드렸다. 임공은 재상으로서 아직 중서성[117]에 근무하고 있으니 고금에 없는 일이었다. 기이하도다. 시를 지어서 그 특이한 일을 기록하였다.

> 십년을 황각[118]에서 태평한 세상 보좌하고,
> 세 번 춘위를 열어 주관하였네.
> 국사는 예로부터 국사를 따랐으니[119],
> 문생이 지금 다시 문생을 얻었다네.

　　으며 변방의 여진족과 거란군을 격퇴하는 데 큰 공을 세웠음. 시호는 문정(文定).

116) 임유(任濡, 1149~1212) : 고려 중기의 문신. 초명은 극인(克仁). 관직은 문하시 랑평장사 판이부사(門下侍郞平章事判吏部事)에 이르렀음. 세 차례나 지공거를 역임하여 조충(趙沖)·이규보(李奎報)·김창(金敞) 등 많은 인재들을 문생으로 두었고, 16년 동안 제고(制誥)의 일을 보면서 당시의 고문·대책(高文大冊)이 모두 그의 손에서 나왔다고 할 만큼 문장의 대수(大手)였음. 시호는 양숙(良淑).

117) 중서성(中書省) : 고려의 중앙 관제인 중서성(中書省)·문하성(門下省)·상서성(尙書省)의 하나로, 국가의 서무(庶務)와 간쟁(諫諍)을 주관했던 부서임.

118) 황각(黃閣) : 삼정승이 업무를 보던 관청을 이름.

119) 국사는 예로부터 국사를 따랐으니 : 이 말은 나를 국사로 대하였으므로 나도 국사로서 그 은혜를 갚는다는 뜻임. 『사기·자객열전』 권26 「예양전(豫讓傳)」에 보면, "조양자(趙襄子)가 지백(智伯)을 쳐서 멸하니, 지백의 신하였던 예양(豫讓)이 조양자에게 원수를 갚으려 하므로 조양자가 그를 붙잡아서는 묻기를, '네가 옛날에 범씨(范氏)와 중행씨(中行氏)의 신하로 있지 않았던가. 지백이 범씨와 중행씨를 쳐서 멸하였으나 네가 그들을 위하여 지백에게 원수를 갚지 않고 도리어 지백의 신하가 되었다. 그런데 지금 지백이 망한 뒤에는 왜 나에게 원수를 꼭 갚으려고 하는가.' 하니, 예양이 답하기를, '범씨와 중행씨는 나를 보통사람으로 대우하였으므로 나도 보통사람으로 갚았고, 지백은 나를 국사(國士)로 대우하였으므로 나도 국사의 은혜로써 갚고자 한다.'고 하였다."(既去頃之, 襄子當出, 豫讓伏於所當過之橋下. 襄子至橋, 馬驚, 襄子曰 : '此必是豫讓也.' 使人問之, 果豫讓也. 於是襄子乃數豫讓曰 : '子不嘗事范中行氏乎? 智伯盡滅之, 而子不爲報讎, 而反委質臣於智伯. 智伯亦已死矣, 而子獨何以爲之報讎之深也?' 豫讓曰 : '臣事范中行氏, 范中行氏皆衆人遇我, 我故衆人報之. 至於智伯國士遇我, 我故國士報之.)

풍운의 조화로 곤(鯤)이 붕새 되어 날개 쳐 오르고[120],

베와 칡[121]이 어지러운 속에 고니와 해오라기[122] 분명하네.

금액[123] 한 잔으로 공의 만수를 비나니,

옥피리로 희천앵[124]을 불러 마땅하리.

十年黃閣佐昇平,

三闡春闈獨擅盟.

國士從來酬國士,

門生今復得門生.

---

120) 곤(鯤)이 붕새 되어 날개 쳐 오르고[鯤鵬擊] : 이것은 물고기가 붕새가 되어 힘차
게 하늘로 날아오르는 것인데, 이는 과거에 급제한 사람을 비유한 것으로『장자
(莊子)·내편』「소요유(逍遙遊)」에 나오는 말임. "북녘 어두운 곳에 물고기가 있
으니 그 이름을 곤이라고 한다. 곤의 크기는 몇 천 리가 되는지 알 수 없다. 곤이
변하여 새가 되니 그 이름을 붕이라 한다. 이 붕새의 등 넓이 또한 몇 천 리가
되는지 알 수 없다. 온몸의 힘을 다해 날면 그 활짝 편 날개는 하늘 한쪽에 가득히
드리운 구름과 같다. 이 새는 바다가 격동하면 남쪽 어두운 곳으로 옮겨가려고
한다. 남쪽 어두운 곳이란 바로 천지이다."(北冥有魚, 其名爲鯤, 鯤之大, 不知其
幾千里也. 化而爲鳥, 其名爲鵬, 鵬之背, 不知其幾千里也. 怒而飛, 其翼若垂天之
雲, 是鳥也, 海運則將徙於南冥, 南冥者天池也.)
121) 포갈(布葛) : 포의(布衣)와 갈의(葛衣). 이는 일반 백성들이 입는 옷으로, 그 뜻
이 전하여 벼슬하기 전의 선비를 가리킴.
122) 고니와 해오라기[鵠鷺鵠鷺] : 조정의 벼슬아치들이 조회(朝會)에 참여하여 차례
대로 서있는 모습을 마치 고니와 백로가 줄을 지어 날아가는 행렬에 비유한 것임.
중국 만당시대 문인인 육구몽(陸龜蒙, ?~881)의 시「화 과 장호처사 단양고거(和
過張祜處士丹陽故居)」시서(詩序)에, '由是賢俊之士, 及高位重名者, 多與之游, 謂
有鵠鷺之野, 孔翠之鮮, 竹柏之貞, 琴磬之韻'
123) 금액(金液) : 아홉 번 단련[九丹]한 단약(丹藥)으로, 마시면 선인이 된다는 귀한
물. 뜻이 전하여 좋은 술을 가리키기도 함.
124) 희천앵(喜遷鶯) : 중국 당나라에서 시작되어 송나라에서 꽃을 피운 운문 장르인
사(詞)에 속한 여러 사패(詞牌) 가운데의 한 체. 여기에는 또 소령(小令), 장조(長
調)의 두 체가 있는데, 소령은 당나라에서, 장조는 송나라에서 일어났음. 사패는
사의 격식(格式)으로 모두 천 가지가 넘는 격식이 있어 네 가지의 격식이 있는
율시와는 다름.

風雲變化鯤鵬擊,

布葛繽紛鵠鷺明.

金液一盃公萬壽,

玉笙宜命喜遷鶯.

상-16 回文詩起齊梁, 蓋文字中戲耳. 昔竇滔妻, 織錦之後, 杼柚猶存, 而宋三賢亦皆工焉. 南徐集中所載盤中體, 雖連環讀之, 可以分四十首, 其韻尙諧, 然血脈不相聯. 本朝學士李知深, 感秋作雙韻回文詩頗工, 散暑知秋早, 悠悠稍感傷. 亂松靑蓋倒, 流水碧蘿長, 岸遠凝烟曉, 樓高散吹涼. 半天明月好, 幽室照輝光. 僕亦効其體, 獻時宰云, 早學求遊宦, 詩成謾苦辛. 老懷春絮亂, 衰鬢曉霜新. 倒甑朝炊斷, 飢腸夜吼頻, 報恩心款款, 誰是救枯鱗. 夫回文者, 順讀則和易, 而逆讀之, 亦無聱牙艱曉之態, 語意俱妙, 然後謂之工.

회문시(回文詩)는[125] 중국 제·량 시대에 시작된 것으로 대개 문자 놀이라고 할 수 있다. 옛날 두도의 아내가 비단에 회문체의 시를 새겼고,[126] 송나라 때 세 분의 현자들 역시 모두 회문시 창작에 능

---

125) 회문시(回文詩) : 시 작법의 한 형식. 돌려 읽거나 거꾸로 읽어도 형식이나 내용 구성에 결점이 없는 온전한 하나의 시가 되는 것을 말함. 중국 송나라 문신인 증조(曾慥)가 필기(筆記)를 모두 모아 선별하여 편찬한 모두 60권인 『유설(類說)』 권51에 "廻文詩, 廻復讀之, 皆類而成文."라고 하였음. 이런 형식의 시로는 중국 전진(前秦)시대 사람인 소백옥(蘇伯玉)의 아내가 지은 「반중시(盤中詩)」가 그 효시(嚆矢)임.

126) 중국 동진(東晉)의 소혜(蘇蕙)가 금슬이 좋지 못했던 남편 두도(竇滔)가 안남대장군으로 떠나자 그에게 선기도(璇璣圖)를 짜 넣은 비단을 보내어 그의 마음을 돌리게 해서 부부로 재결합하였다는 고사가 전해짐. 이 선기도를 직금시(織錦詩)라고도 하는데, 거기에는 841자로 된 회문시가 수놓아져 있다고 함. 이 선기도로

했다. 『남서집(南徐集)』가운데 실려 있는 반중체(盤中體)는[127] 비록 돌려 읽으면 사십 수로 나눌 수 있고, 그 운자도 오히려 갖추어져 있다고 할 수 있지만 내용은 서로 연결되지 않는다. 우리나라의 학사 이지심(李知深)이[128] 「가을에 느낌이 있어」라는 제목으로 쌍운회문시(雙韻回文詩)를 지었는데 썩 훌륭했다.

> 사위는 더위에 가을 온 것을 알겠노니,
> 나도 모르게 언뜻 감상에 젖어 보네.
> 소나무는 푸른 일산 거꾸로 세워 놓은 듯 어지럽고,
> 물은 푸른 댕댕이덩굴처럼 길게 뻗어 흐르네.
> 언덕 저 멀리 흰 연기 엉켜 있고,
> 높은 누대에는 서늘한 바람 부네.
> 중천에 떠있는 달 밝아서 좋으니,
> 그윽한 집에 달빛 환히 비추는구나.[129]

인해서 반중시에서 시작된 회문체의 시체가 크게 발전했음.

127) 반중체(盤中體) : 중국 전진(前秦, 334~394)의 문신인 소백옥(蘇伯玉)이 사신이 되어 촉(蜀) 땅으로 출국한 지 오래 되었으나 돌아오지 않자, 장안에 있던 그의 아내가 남편을 그리워하며 쟁반에 빙 둘러 써놓은 반중시(盤中詩)의 회문체 형식을 가리킴. 반중시의 전문은 다음과 같다. 『옥대신영(玉臺新詠)』권9와 『고시기(古詩紀)』권14에 반중시 전문(모두 167자)이 실려 있음. "山樹高, 鳥鳴悲. 泉水深, 鯉魚肥. 空倉鵠, 常苦飢. 吏人婦, 會夫希. 出門望, 見白衣. 謂當是, 而更非. 還入門, 中心悲. 北上堂, 西入階. 急機絞, 杼聲催. 長歎息, 當語誰. 君有行, 妾念之. 出有日, 還無期. 結巾乘, 長相思. 君忘妾, 未知之. 妾忘君, 罪當治. 黃者金, 白者玉. 高者山, 下者谷. 姓者蘇, 字伯玉. 人材多, 知謀足. 家居長安身在蜀, 何惜馬蹄歸不數, 羊肉千斤酒百斛, 令君馬肥麥與粟, 今時人, 知四足. 與其書, 不能讀. 當從中央周四角."

128) 이지심(李知深, ?~1170) : 고려 중기의 문신. 주로 의종시대에 간관(諫官)으로서 왕정의 모순을 비판했으며, 관직은 국자감대사성(國子監大司成)에 올랐으나 무신의 난을 만나 무인들에게 죽임을 당했음.

散暑知秋早,

悠悠稍感傷.

亂松靑蓋倒,

流水碧蘿長.

岸遠凝烟皢,

樓高散吹涼.

半天明月好,

幽室照輝光.

나도 그 시체를 본받아 지은 시를 재상에게 올렸다.

일찍이 글을 배워 벼슬자리 구했으나,

시 짓느라 부질없이 고생만 했다네.

늙은이의 생각은 봄날 어지러운 버들개지 같고,

성긴 귀밑털은 새벽에 갓 내린 서릿발 같도다.

가마솥 엎고 아침끼니도 끊겼으니,

주린 창자는 밤새도록 꼬르륵거리네.

성은에 보답하고픈 마음 간절하지만,

---

129) 이 시를 거꾸로 읽으면 [도독(倒讀)]

光輝照室幽,	달빛이 그윽한 집을 비추니,
好月明天半.	아름다운 달이 중천에 휘영청 밝네.
涼吹散高樓.	서늘한 바람은 높은 다락에서 흩어지고,
皢烟凝遠岸,	흰 연기는 먼 언덕에 잠겼네.
長蘿碧水流,	긴 맹댕이 덩굴처럼 푸른 물 길게 흘러가고,
倒蓋靑松亂,	거꾸로 선 일산처럼 푸른 소나무 어지럽네.
傷感稍悠悠.	감상에 젖어 조금 한가로워지니,
무秋知暑散,	가을 들자 더위 물러남을 알겠구나.

누가 있어 나의 어려움 구해 줄 것인가.[130]

早學求遊宦,
詩成謾苦辛.
老懷春絮亂,
衰鬢曉霜新.
倒甑朝炊斷,
饑腸夜吼頻.
報恩心款款,
誰是救枯鱗?

　회문체의 시는 원래대로 읽어서 온화하고 쉬워야 하며, 거꾸로
읽더라도 또한 평이하고 난삽하지 않아야 한다. 그러므로 말과 뜻
이 모두 절묘하게 이루어져야 만이 잘 지은 시라고 할 수 있다.

상-17　菊有品彙至多, 雖不可數, 須以黃爲正色, 故古人云, 五色中
偏貴, 千花後獨尊. 昨詣崔樞府第, 後庭黃花正盛, 金色奪目. 公指之
曰, 遲公欲煩一吟, 今已晚, 更卜他日. 酒數酌而出, 偶於馬上得長句,

---

130) 이 시를 거꾸로 읽으면 [도독(倒讀)]

鱗枯救是誰,	메마른 물고기 구해 줄 이 누구인가,
款款心恩報,	정성 기울여 성은에 보답하려 하네.
頻吼夜腸饑.	잦은 꾸르륵거리는 소리는 밤새 창자 주린 때문이요,
斷炊朝甑倒,	불씨 꺼트린 것은 아침 밥솥 엎어놓았기 때문이네.
新霜曉鬢衰,	새로 내린 서릿발처럼 구레나룻은 쇠하였고,
亂絮春懷老,	어지러운 버들개지처럼 봄 시름 깊어가네.
辛苦謾戎詩.	고생하며 부질없이 시를 지은 것은,
宦遊求學早,	벼슬 위해 일찍이 배움을 구하자는 것이었네.

將以獻之. 漢池瑞鵠翅初刷, 洛妃歸去塵生襪. 須知仙格老不枯, 肅肅
金風入花骨. 餘姸挽得三春迥, 詩人喜見一枝折. 泛泛金觴待後期, 侯
家不怕氷霜冽.

국화는 그 종류가 워낙 많아 비록 그 수를 헤아릴 수 없을 정도이
지만 모름지기 노란색을 정색(正色)이라고 할 수 있다. 그러므로 옛
사람들이

> 그 색은 오색 가운데 가장 귀한 것이요,
> 그 꽃은 모든 꽃들이 다 진 뒤에야 홀로 존귀 하네.[131]

> 五色中偏貴,
> 千花後獨尊.

라고 하였다. 어제 최추부[132]의 집에 갔었는데, 뒤뜰에 누런 국화가
만발하여 황금색깔이 눈부셨다. 최공이 그것을 가리키며 말했다.

> 공을 못 가게 붙잡고 한번 시를 읊어보고 싶지만, 오늘은 이미 해가
> 저물었으니 다음날을 기약합시다.

---

131) 이 연구는 중국 송나라 초기의 시인인 위야(魏野, 960~1019, 자는 중광仲光, 호
는 초당거사草堂居士)가 지은 「영국(咏菊)」이라는 시의 제2연임. '榮雖同雨露,
晚不怨乾坤. 五色中偏貴, 千花後獨尊. 馨非慚黍稷, 采合勝蘋蘩. 蛺蝶寒猶至,
鶬鶋靜亦存.'

132) 최추부(崔樞府) : 고려 중기의 문신인 최당(崔讜, 1135~1211)이 당시 최고위직인
문하평장사를 지냈기 때문에 붙여진 이름임.

라고 하고는, 술만 몇 잔 마시고는 그 집을 떠났다. 우연찮게 돌아가
는 말안장 위에서 장구(長句)를 얻었으므로 이 시를 드리고자 한다.

> 한지에서 상서로운 고니[133] 날개를 처음 씻은 듯 하고,
> 낙비가[134] 떠나가자 먼지가 버선에 일어나는 듯[135] 하네.
> 모름지기 알겠노니, 신선의 모습이 오래 되어도 시들지 않음은,
> 맑고 시원한 가을바람이 꽃 속에 스며들기 때문이네.
> 남은 아름다움을 부여잡아 봄을 불러 들였으니,
> 시인은 즐거이 꽃송이 한 가지 꺾는 걸 보네.
> 금술잔에 국화꽃잎 띄워 훗날을 기다리리니,
> 공의 집에서는 서릿발 같은 추위도 두렵지 않으리.

> 漢池瑞鵠翅初刷,
> 洛妃歸去塵生襪.
> 須知仙格老不枯,
> 蕭蕭金風入花骨.
> 余妍挽得三春迴,
> 詩人喜見一枝折.
> 泛泛金觴待後期,

---

133) 한지(韓池)에서 상스런 고니 : 한나라 소제(昭帝) 시원(始元) 원년(B.C 88) 2월에
건창궁(建章宮) 태액지(太液池)에 상서로운 황곡(黃鵠)이 내려앉았다는 사실을
말함. '漢昭帝始元, 元年二月, 黃鵠下建章宮太液池.'(『송서(宋書)』 권29)

134) 낙비(洛妃) : 낙수(洛水)에 빠져 죽어 여신이 된 복희(伏羲)의 딸 복비(宓妃)를
말함. 중국 삼국시대 위(魏)나라의 시인인 조식(曹植, 192~232)의 「낙신부서(洛
神賦序)」(『조자건집(曹子建集)』 권3)에, '黃初三年, 余朝京師, 還濟洛川, 古人有
言, 斯水之神, 名曰宓妃.'

135) 먼지가 버선에 일어나는 듯 : 조식(曹植)의 「낙신부」에 '가만히 걷는 비단 버선
발에 먼지가 이네'(微步羅襪生塵)라는 구절이 있음.

侯家不怕氷霜冽.

상-18 睿王天性好學, 尊尙儒雅, 特開淸宴閣, 日與學士, 討論墳典.
嘗御莎樓前有木芍藥盛開, 命禁署諸儒, 刻燭賦七言六韻詩. 東宮寮
佐安寶麟爲之魁, 隨科級恩例尤厚. 時康先生日用, 詩名動天下, 上心
佇觀其作. 燭垂盡, 纔得一聯, 袖其紙, 伏御溝中. 上命小黃門遽取之,
題云, 頭白醉翁看殿後, 眼明儒老倚欄邊. 其用事精妙如此. 上歎賞不
已曰, 此古人所謂, 臼頭花鈿滿面, 不若西施半粧. 慰諭遣之. 今擬補
亡, 一朵姚紅直萬錢, 輕陰正値養花天. 仙粧不借燕脂染, 春信先憑羯
鼓傳. 楚俗芳辰臨百五, 漢宮新寵冠三千. 朝因日照先廻醉, 夜怕風寒
不肯眠. 頭白云云, 燭華漸盡吟彌苦, 撼得餘姸入一聯.

　예종은 천성적으로 학문을 좋아하여 선비들을 높이고 숭상하였다.
특별히 청연각136)을 개설하고는 날마다 학사들과 더불어 분전(墳
典)137)을 토론하였다. 일찍이 예종이 대궐 사루(莎樓)138) 앞에 거동하
니 목작약이 활짝 피어 있었으므로 대궐의 모든 문신들에게 칠언육운
의 각촉시(刻燭詩)139)를 지으라고 명을 내렸다. 그 자리에서 동궁의

---

136) 고려 예종이 1116년에 궁궐 안에 경연(經筵)을 위해 세웠던 건물.

137) 분전(墳典) : 삼분오전 팔삭구구(三墳·五典八索九丘)를 줄여서 한 말. 여기에서
　　삼분은 복희(伏羲), 신농(神農), 황제(黃帝) 등 세 황제의 책 [삼왕지서三王之書]
　　이고, 오전은 소호(小昊), 전욱(顓頊), 고신(高辛), 당(唐), 우(虞) 등 다섯 제왕
　　[오제지서(五帝之書)]의 책이라고 하지만, 여러 설이 있음.

138) 사루(莎樓) : 『고려사』 권14에는 '사루(紗樓)'로 되어 있으며, 이는 청연각(淸宴
　　閣)을 가리키는 말인 듯함.

139) 각촉시(刻燭詩) : 초의 일정한 부분에 금을 그어 거기까지 타들어오는 동안에 사
　　운(四韻)의 시를 짓는 놀이를 이름. 이 각촉위시(刻燭爲詩)는 중국 당나라 이연수
　　(李延壽)가 남조(南朝, 宋·齊·梁·陳)의 170년간의 역사를 기술한 『남사(南史)』

안보린이 장원을 차지했는데, 매겨진 등급에 따라 상품을 매우 후하
게 내렸다.140) 그 때 강일용(姜日用)141) 선생이 시를 잘 짓는다고 세상
에 알려져 있었으므로, 왕은 마음속으로 그의 작품을 보고 싶어 했다.
강 선생은 촛불이 그어놓은 선까지 다 타들어 갈 즈음에 겨우 시 한
연(聯)을 지어 그 종이를 소매 속에 넣고 궁중의 개울가에 엎드려 있었
다. 왕은 소황문142)을 시켜 빨리 그가 지은 시구를 가져오게 하였는데
다음과 같았다.

> 백발의 취한 늙은이 궁전 뒤에서 엿보고,143)

권59 「왕승유전(王僧孺傳)」에 처음 나오는데, 이는 남조시대부터 시작된 것으로
추측됨. 竟陵王子良, 嘗夜集學士, 刻燭爲詩, 四韻者則刻一寸, 以此爲率. 文琰
曰, 頓燒一寸燭, 而成四韻詩, 何難之有. 乃與令楷·江洪等共打銅鉢立韻, 響滅
則詩成, 皆可觀覽.'

140) 이 말은 『고려사』 권14에 예종 17년(1122) 3월 정축(丁丑)일에 예종이 사루(紗樓)에
거동하여 문신 56명을 불러 초에 금을 그어 모란시를 짓게 하였는데, 이 때 첨사
안보린(安寶麟)이 장원 했다는 기록에서 확인할 수 있음. '丁丑, 御紗樓, 召文臣五十
六人, 刻燭命賦牧丹詩六韻, 詹事府注薄安寶麟爲第一.'

141) 강일용(康日用) : 고려 전기의 문신으로 그에 대한 기록은 거의 보이지 않음. 국
자좨주(國子祭酒) 임유정(林惟正)과 함께 옛사람의 시구(詩句)를 모아서 시를 짓
는 백가의(百家衣) 시체(詩體)에 능하였다고 함.

142) 소황문(小黃門) : 황문은 환관(宦官)을 이르는 말로, 중국 후한 때 황문령(黃門
令)이나 중황문(中黃門) 등에 속한 관리를 환관으로 임명한 것에서 유래한 것임.
소황문은 내시에 처음 보해진 신참을 이르는 말임.

143) 취한 늙은이[醉翁] : 취옹은 중국 북송시대의 문호인 구양수(歐陽脩, 1007~1072)
의 자호(自號)로 그의 작품인 「취옹정기(醉翁亭記)」에 '음소첩취(飮少輒醉)'와 '연우
최고(年又最高)'에서 유래한 것임. 서거정(徐居正, 1420~1488)에 의하면 이 시구의
내용이 구양수의 '자소금위백발옹(自笑今日白髮翁)'에서 용사한 것이라고 함. '康先
生日用, 只得頭白醉翁看殿後, 眼明儒老倚欄邊 一句. 先輩以謂用事精切, 余初咀
嚼, 不識其味, 後閱昌黎詠木芍藥, 有今日欄邊暫眼明, 歐陽公詠牡丹有, 自笑今日
白髮翁之句, 然後始知出處, 用事精切.' (『동인시화(東人詩話)』 권상)이 '自笑今日
白髮翁'은 구양수의 「답 서경왕상서 기 모란(答西京王尙書寄牡丹)」이라는 시제의

눈 밝아진 늙은 선비 난간 가에 기대었네.[144]

頭白醉翁看殿後,
眼明儒老倚欄邊.

   강 선생이 고사를 정묘하게 사용함이 이와 같았다. 왕은 이것을
보고 감탄하기를 마지않으며 말하기를 "이는 옛 사람들이 말하는
'추한 머리에 꽃 장식 가득해도, 서시가 반화장한 것만도 못 하구나'
라는 것과 같다"[145]라 하며 위로하여 보냈다. 내가 그의 시 한 연을
가지고 그럴 듯하게 보충하여 시 한 수를 지어봤다.

   제6행에 해당되는 것으로 그 전문을 소개하면, '新花來遠喜開封, 呼酒看花興未窮.
年少曾爲洛陽客, 眼明重見魏家紅. 却思初赴靑油幕, 自笑今日白髮翁. 西望無由陪
勝賞, 但呼佳句想芳叢.'

144) 이 시구는 위에서 서거정이 말한 것처럼 당나라의 문호인 한유(韓愈, 768~824)
의 「희제 모란(戱題牡丹)」이라는 시의 마지막 연구인 '長年是事皆抛盡, 今日欄邊
暫眼明.'에서 용사한 것임. 그 전문을 소개하면, '幸自同開俱隱約, 何須相倚斗輕
盈. 陵晨并作新妝面, 對客偏含不語情. 雙燕無機還拂掠, 游蜂多思正經營. 長年
是事皆抛盡, 今日欄邊暫眼明.'

145) 추한 머리에 …… 것만도 못하구나 : 이 말은 중국 당나라 문인 왕정보(王廷保,
870~940)가 패설을 모아 15권으로 편찬한『척언(摭言)』과 송나라 문인인 섭정규
(葉廷珪)가 편찬한『해록쇄사(海錄碎事)』권22 문학(文學)·부(賦)에 소개되고 있
음. 이 얘기는 당나라 희종 건부(乾符, 874~879)년간에 당시에 문명이 있었던 서
웅(徐凝)이 굉사과(宏辭科 : 임시로 개설했던 과거)에 응시하여 부(賦)를 짓는데,
넓은 답지에 단지 사운(四韻)의 글만을 짓고 거의 백지 상태인 답안지를 제출하고
나갔으나 뒤에 답안지에 가득 넘치게 쓴 다른 응시생들의 답안지와 비교하니 서
웅의 글이 비록 짧았지만 내용이 특별하고, 나름대로의 특색이 있어 고시관들이
놀랬다고 함. 이 말이 세상에 널리 퍼져 서웅의 글을 칭찬하여 '추한 머리에 꽃
장식 가득 해도, 서시가 반화장한 것만도 못 하구나[曰頭花鈿滿面, 不若徐妃半
裝]'라는 말이 생겼다고 함.

한 송이 아리따운 붉은 매화 만금에 값하는데,
듬성듬성 그늘지기 시작하니 꽃 가꾸기 좋은 날씨네.[146]
신선 같은 꾸밈이라 연지 빌려 물들일 필요 없고,
봄의 꽃소식은 먼저 갈고(羯鼓)[147]를 따라 전해오네.
초나라 풍속의 아름다운 때는 백오에 임해 있고,
한나라 궁궐의 새로운 총애는 삼천궁녀에 으뜸이네.[148]
아침에는 햇볕 때문에 먼저 취기가 돌고,
밤에는 찬바람 두려워 잠 못 이루네.
백발의 취한 늙은이 궁전 뒤에서 엿보고,
눈 밝은 늙은 선비 난간 가에 의지했네.
촛불은 점점 사위어져 읊는 일 괴롭기만 한데,
아름다움을 따다가 시 한 연에 새겨 넣네.

一朶姚紅直萬錢,
輕陰正值養花天.
仙粧不借燕脂染,
春信先憑羯鼓傳.
楚俗芳辰臨百五,

---

146) 꽃 가꾸기 좋은 날씨네[養花天] : 모란꽃을 피우기 가장 좋은 날씨를 말함. 『절강
통지(浙江通志)』 권104에, "가벼운 구름일고 가랑비 자주 내리니, 이때를 일러 양
화천(養花天)이라 한다.(多有輕雲微雨, 謂之養花天.)"
147) 갈고(羯鼓) : 타악기인 북의 한 종류. 이 악기의 허리는 잘록하고 양쪽 마구리를
숫양[公羊]의 가죽으로 싸기 때문에 갈고라고 하며, 또 외이(外夷)인 갈족(羯族)
이 사용하던 악기라고도 함. 당나라 현종이 갈고를 유별나게 좋아했는데, 어느 봄
날 현종이 갈고를 치며 노래 한 곡조를 연주하니 온갖 꽃이 활짝 피었다는 고사가
있음.
148) 백오(百五) : 24절기의 하나인 한식(寒食)의 다른 이름. 한식일이 동지가 지난
후 105일이 되는 날이므로 백오라 함. 또한 모란이 한식 절기에 피므로 모란의
다른 이름이기도 함. 이 시에서 삼천궁녀 역시 모란을 가리킴.

漢宮新寵冠三千.

朝因日照先廻醉,

夜怕風寒不肯眠.

頭白醉翁看殿後,

眼明儒老倚欄邊.

燭華漸盡吟弥苦,

撷得餘妍入一聯.

상-19   詩之巧拙, 不在於遲速先後. 然唱者在前, 和之者常在於後, 唱者, 優遊閑暇而無所迫, 和之者, 未免牽强險, 是以繼人之韻, 雖名才, 往往有所不及, 理固然矣. 楚老見眉山賦雪又字韻詩, 愛其能用韻也, 先作一篇和之, 其心猶未快, 復以五篇繼之. 雖用事愈奇, 吐詞愈險, 欲以奇險壓之, 然未免如前之累. 兵法曰, 寧我迫人, 無人迫我, 信哉. 今朝登書樓, 雪始霽, 因憶兩老詩, 和成二篇. 僕亦未免於牽强, 觀者宜恕之. 千林欲暝已棲鴉, 燦燦明珠尙照車. 仙骨共驚如處子, 春風無計管狂花. 聲迷細雨鳴窓紙, 寒引羈愁到酒家. 萬里都盧銀作界, 渾敎路口沒三叉. 霽色稜稜欲曉鴉, 雷聲陣陣逐香車. 寒侵綠酒難生暈, 威逼紅燈未放花. 一棹去時知客興, 孤烟起處認山家. 閉門高臥無人到, 留得銅錢任畫叉.

　훌륭한 시와 그렇지 못한 시는 느리게 짓거나 빠르게 짓거나, 먼저 짓거나 뒤에 짓는 것에서 결정되지 않는다. 그러나 시를 지을 때 선창(唱)하는 사람이 먼저 시를 짓고 화답하는 사람은 늘 뒤에 짓기 마련이므로 선창하는 사람은 생각할 시간이 넉넉하고 여유가 있어 시를 짓는데 쫓기지 않으나, 이에 화답하는 사람은 억지로 끌려들어

가 험난한 지경에서 벗어나지 못한다. 이런 까닭으로 남의 운(韻)자
를 좇아서 시를 짓는 경우 비록 뛰어난 시재(詩才)를 지닌 사람이라
할지라도 때로는 그 재주를 제대로 발휘하지 못한다. 초로(楚老)[149]
가 미산(眉山)[150]이 차(叉)자를 압운자로 하여 눈을 읊은 시를[151] 보
고 그가 운자를 잘 활용한 것을 좋아하여 먼저 한 수의 화운시를 지
었으나[152] 마음에 차지 않아 다시 연이어 다섯 수를 지었다.[153] 그

---

149) 초로(楚老) : 중국 북송시대의 정치가이자 문호인 왕안석(王安石, 1021~1086)의
자호(自號). 그의 「정림사(定林寺)」라는 시에, ‘衆木凜交覆, 孤泉靜橫分. 楚老一
枝節, 於此傲人群. 城市少美蔬, 想今困悵焚. 且憑東北風 持寄嶺頭雲.’라고 한
것에서 그가 자신을 초로(楚老)로 부른 것을 알 수 있음.

150) 미산(眉山) : 중국 사천성 중부에 있는 지명. 소식의 선조가 당나라 때 이곳에
자사(刺史)로 내려와 대대로 살았는데, 소식도 거기에서 태어났기 때문에 지금
그곳에는 소순(蘇洵), 소식, 소철(蘇轍) 세 부자를 모신 삼소사(三蘇祠)기 있음.

151) 차(叉)자를 …… 눈을 읊은 시 : 소동파가 차자(叉字)로 압운하여 눈을 읊은 시는
두 수인데, 왕안석이 차운한 시는 두 번째 작품이다. 제목이 「설후 서 북대벽 2수
(雪後書北臺壁二首)」인데, 두 번째 시 전문은, 『동파전집(東坡全集)』 권6 ‘城頭初
日始翻鴉, 陌上晴泥已沒車. 凍合玉樓寒起粟, 光搖銀海眩生花. 遺蝗入地應千尺,
宿麥連雲有几家. 老病自嗟詩力退, 空吟氷柱憶劉叉.’ 첫 번째 시 전문은, ‘黃昏猶
作雨纖纖, 夜靜無風勢轉嚴. 但覺衾裯如潑水, 不知庭院已堆鹽. 五更曉色來書
幌, 半夜寒聲落畫檐. 試掃北臺看馬耳, 未隨埋沒有雙尖.’

152) 한 수의 화운시를 지었으나 : 왕안석이 차운해서 쓴 시는 이러하다. 시의 제목은
「독 미산집 애기설시 능용운 부차운 1수(讀眉山集愛其雪詩能用韻復次韻一首)」(『임
천문집(臨川文集)』 권18)로 그 전문을 소개하면, ‘靚粧嚴飾曜金鴉, 比興難工漫百
車. 水種所傳淸有骨, 天機能識皦非花. 嬋娟一色明千里, 綽約無心熟万家. 長此賞
懷甘獨臥, 衰安交戟豈須叉.’

153) 연이어 다섯 수를 지었다. : 이 시 제목은 「독 미산집차운 설시 5수(讀眉山集次韻
雪詩五首)」(『임천문집』 권18)로 모두 다섯 수로 되어 있는데, 그 전문을 소개하면,
‘「其一」, 若木昏昏末有鴉, 凍雷深閉阿香車. 搏雲忽散從爲屑, 翦水如分綴作花.
擁彗向憐南北巷, 持杯能喜兩三家. 戲拋弄掬輪兒女, 羔袖龍鍾手獨義. 「其二」,
神女青腰寶髻鴉, 獨藏雲氣委飛車. 夜光往往多聯璧, 白小紛紛每散花. 珠網纚連
拘翼座, 瑤池森漫阿環家. 銀爲宮闕尋常見, 豈卽諸天守夜義. 「其三」, 惠施文字黑
如鴉, 於此機緘漫五車. 皭若易緇終不染, 紛然能幻本無花. 觀空自足知所處, 疑有
青腰豈作家. 慧可忍寒眞覺晚, 爲誰將手少林義. 「其四」, 寄聲三足阿環鴉, 問訊青

다섯 수에서 비록 용사를 더욱 기이하게 하고, 어렵고 궁벽진 자구
를 사용하여 미산의 작품을 압도하고자 하였으나 앞에서 말한 것처
럼 억지로 끌려들어가 험난한 지경에 빠지고 마는 [牽强墮險] 화운시
의 병폐에서 벗어나지 못했다. 병법에 이르기를,

> 차라리 내가 남을 핍박할지언정 남이 나를 핍박하는 일은 없도다.

라고 한 말은 믿을 만하다고 하겠다. 오늘 아침 서루(書樓)에 올라서
비로소 눈이 그친 것을 보고는 두 대가(大家 : 소동파와 왕안석)가 화
운한 시가 생각나서 화운시 두 수를 지어봤다. 나 또한 억지로 끌려
들어가 험난한 지경에 빠지고 마는 병폐에서 벗어나지 못했으니 이
시를 보는 이들은 너그럽게 봐주기를 바란다.

> 숲이 저무려 하니 까마귀 깃들었는데,
> 반짝이는 밝은 눈구슬 수레를 비춰 주네.
> 신선들 처자[154]의 저 아름다움에 함께 놀라고,
> 봄바람은 생각없이 어지럽게 꽃을 피우네.
> 여린 가랑비 소리 창문의 종이를 울리고,
> 한기가 수심어린 나그네를 주막으로 인도하네.

腰小駐車. 一一照肌寧有種, 紛紛迷眼爲誰花. 爭妍恐落江妃手, 耐冷疑連月姊家.
長恨玉顔春不久, 畵圖時展爲君義. 「其五」, 戲搖微縞女鬖鴉, 試咀流酥已頰車. 歷
亂稍埋冰揉粟, 消沉時點水圓花. 豈能舴艋眞尋我, 且與蝸牛獨臥家. 欲挑靑腰還
不敢, 直須詩胆付劉義.'

154) 처자(處子) : 중국의 고야산(姑射山)에 산다는 아름다운 선녀를 가리킴. 『장자·
내편』「소요유(逍遙游)」에, "고야산에 신선이 사는데, 피부는 빙설같이 희고 날렵하
기가 어린 처자 같다.(姑射之山, 有神人居焉, 肌膚若冰雪, 綽約若處子.)"고 했음.

만리길 도로[155)가 전부 은세계 되었으니,

마을 입구 세 갈래 길 다 묻혔네.

千杯欲暝已棲鴉,

燦燦明珠尙照車.

仙骨共驚如處子,

春風無計管狂花.

聲迷細雨鳴窓紙,

寒引羈愁到酒家.

萬里都盧銀作界,

渾敎路口没三叉.

새하얀 눈빛은 새벽 까마귀를 깨우려 하고,

우리 같은 소리는 아름다운 수레를 좇네.

찬 기운 푸른 술에 스며들어 낯 붉기 어렵고,

추위의 위세가 홍등을 핍박하여 불꽃도 일지 않네.

노 저어 친구 찾아갈 때의 나그네의 흥취를 알겠고,[156)

한 가닥 연기 피어오르는 곳에 산가가 있음을 알겠네.

---

155) 도로(都盧) : 옛날 서역(西域)에 있던 나라 이름. 『한서(漢書)』 「서역찬전(西域贊傳)」에, 晉灼曰, 都盧國名也.'라 하였고, 『연감류함(淵鑑類函)』 권331 「잡기(雜技)편」에 '오획강정(烏獲扛鼎 : 전국시대 진秦나라 장수 오획이 천근 무게의 솥을 들어올리는 놀이)', '도로심간(都盧尋竿 : 몸이 가벼운 도로나라 사람의 장대타기)'이라는 놀이를 소개하면서 도로심간에 주를 달기를, '李奇云, 都盧國名. 其人體輕, 善緣高間竿.'라고 했음.

156) 노 저어 …… 흥취를 알겠고 : 이 말은 중국 진(晉)나라의 문인인 왕자유(子猷, ?~308. 자유는 왕휘지王徽之의 자)가 눈이 많이 내린 밤에 흥이 도도해져 섬계(剡溪 : 지금의 절강성 승주嵊州)에 살고 있는 친구 대안도(戴安道, 326~396, 안도는 대규戴逵의 자)가 생각이 나 찾아갔다가 그의 집 앞에까지 다다랐지만 마침 그때 흥이 다 사그라져 만나지 않고 발길을 돌렸다는 고사를 용사한 것임.

문 닫고 높은 곳에 누웠으니 찾아오는 사람도 없어,
동전을 남겨두어 그대로 화차[157)에 걸어두겠네.

霽色稜稜欲曉鴉,
雷聲陣陣逐香車.
寒侵綠酒難生暈,
威逼紅燈未放花.
一棹去時知客興,
孤烟起處認山家.
閉門高臥無人到,
留得銅錢任畫叉.

상-20 毅王初, 靑郊驛吏養一靑牛, 狀貌特異, 獻諸朝. 上命近署詞臣, 賦詩占韻, 而韻險峭, 莫不有難色. 東館金孝純爲第一, 玉堂愼應龍次之. 金云, 鳳慚覽德來巢閣, 馬愧儲精上應房. 愼云, 卯角昔嗟逢寗子, 夔鍾今免過齊堂. 上讀之數四日, 使事雖工, 而語頗涉不恭. 故以爲亞, 因賜上尊酒疋帛各有差. 而西河林宗庇, 亦才士也, 聞之歎曰, 使我得預其席, 當日, 桃林春放踏紅房, 竟未得其對. 今追續之, 銀河水渚随仙女, 黑牡丹花到雪堂. 函谷曉歸浮紫氣, 桃林春放踏紅房.

　의종(毅宗) 초에 청교역[158)의 한 관리가 푸른 소[靑牛][159) 한 마리

---

157) 화차(畫叉) : 서화(書畫)를 높은 곳에 걸거나 내리는 데에 사용하는 긴 막대기.
　　막대 끝에 두 가닥으로 땋은 머리채처럼 발이 있어 화차라고 함.

158) 청교역(靑郊驛) : 고려시대 개성의 보정문(保定門) 밖 5리에 있던 역 이름.

159) 푸른 소[靑牛] : 푸른 소는 신선이나 도사가 타고 다니는 신성한 소를 이름. 중국
　　의 노자(老子)가 서쪽을 유람할 때 사람들이 그가 오는 곳을 보니 붉은 기운이
　　서려 이상하게 생각했는데, 그가 가까이 오는 것을 보니 푸른 소를 타고 있었다고

를 길렀는데 그 모습이 특이하여 조정에 바쳤다. 왕이 가까이 있는 사신(詞臣)에게 운자를 내고는 시를 지어보게 하였으나, 운자가 너무 어려워 난감한 기색을 띠지 않는 이가 없었다. 동관 김효순의 시가 으뜸을 차지하였고, 옥당 신응룡이 그 다음이었다.[160] 김효순의 시는 이러했다.

봉황은 덕을 살펴 대궐에 깃들기가 부끄러울 것이고,[161]
말은 정기를 쌓아 방성(房星)[162]에 오르는 것이 부끄럽겠지.

鳳恝覽德來巢閣,
馬愧儲精上應房.

함. 한나라 유향(劉向, BC77~BC6)의 『열선전(列仙傳)』에, '老子西游, 關令尹喜, 望見有紫氣浮, 關而老子, 果乘靑牛而過也.'

160) 왕이 가까이 있는 …… 그 다음이었다. : 이 사실은 『고려사』 권18에 소개되고 있는 것으로, "의종 8년(1154) 정월 기묘(己卯)일에 왕이 경풍전(慶豐殿)에 나아가 자신을 호종(扈從)했던 문신들에게 '청교역에서 푸른 소를 바치다.[靑郊驛獻靑牛]'라는 시를 짓게 하니, 직한림원(直翰林院) 김효순(金孝純) 등 14명이 합격하였는데, 이들에게 물품을 차등 있게 하사하고, 아울러 술과 과일을 내렸다."는 기록이 있음.

161) 봉황은 …… 부끄러울 것이고, : 봉황은 성인이 나타나지 않으면 몸을 드러내지 않는 새인데, 여기에서는 소[靑牛]가 먼저 왕이 덕이 있다는 것을 알고 궁궐에 와서 살게 되었으므로 이 사실을 알게 된 봉황이 스스로 부끄럽게 여기게 되리라는 것을 암시하고 있음. 『시경·대아(大雅)』「권아(卷阿)」에 보면, "봉황이 울도다, 저 높은 산부리에서, 오동이 자라고 있도다, 저 동쪽 언덕에서.(鳳凰鳴矣, 于彼高岡, 梧桐生矣, 于彼朝陽)"

162) 방성(房星) : 방수(房宿)로 28수(宿)중 하나. 네 개의 별로 이루어져 있기 때문에 천사(天馴)라고 함. 『진서(晋書)』·「천문지상(天文志上)」에, '房四星 …… 亦曰天馴, 爲天馬, 主車駕.' 『주례(周禮)』「하관(夏官)」「마조(馬祖)」의 주소(注疏)에 보면, '말은 그 조상을 알 수 없기 때문에 천사(天馴)에게 제사 지낸다.'고 하였음. '말은 28수 중 천사(天馴) 곧 대진(大辰), 방(房), 심(心), 미(尾)의 정기를 타고 났기 때문이다.'고 했음.

신응룡의 시구는 이러했다.

> 소야, 너는 옛날에 고각 불던 영자(甯子)를 만난 것 한탄하더니,[163]
> 이제는 흔종(釁鐘) 때문에 제당(齊堂) 지나는 것을 면했네.[164]
>
> 叩角昔嗟逢甯子,
> 釁鍾今免過齊堂.

왕이 이것을 서너 번 읽어보고는 말했다.

> 고사를 사용하는 데 비록 능숙하지만 말이 공손하지 못하다.

하고는 이등으로 매기고는 참석한 사람들에게 상존주[165]와 비단을
차등을 두어 하사하였다. 서하 임종비[166] 역시 재주 있는 선비로,
이 사실을 듣고는 탄식하며 말하기를,

---

163) 영자(甯子) : 중국 춘추시대의 영척(甯戚)을 말함. 그는 위나라 사람으로 가난하
   여 소를 몰았는데, 제나라에 가서 수레 곁에서 소에게 여물을 먹이면서 소의 뿔을
   두드리며 노래를 불렀으니, 이 노래가 바로 「소먹이 노래[飯牛歌]」로 환공이 이
   노랫소리를 듣고 관중에게 그를 맞이하게 하여 상경(上卿)으로 삼았음.
164) 흔종(釁鐘) 때문에 …… 면했네. : '흔종'은 소를 잡아 그 피로 종(鐘)의 몸에 벌어
   진 틈을 발라 균열을 막는 것을 뜻함. '제당(齊堂)'은 제나라 선왕(宣王)이 집정하
   는 궁궐을 가리킴. 『맹자(孟子)』 「양혜왕(梁惠王)」 상편에 보면, '王坐於堂上, 有
   牽牛而過堂下者, 王見之 曰, 牛何之. 對曰, 將以釁鐘'. 王曰, 舍之. 吾不忍其穀
   觫, 若無罪而就死地. 對曰, 然則廢釁鐘與歟 曰, 何可廢也. 以羊易之'라고 하여
   소가 희생을 면한 것을 알 수 있음.
165) 상존주(上尊酒) : 최상품의 술을 뜻함. 쌀 한 말로 이 술 한 말을 빚는다고 함.
166) 임종비(林宗庇) : 고려 중기의 문신으로 임춘(林椿)의 백부. 각로(覺老) 스님의
   묘지명(墓誌銘)인 「해동광지대선사묘지명(海東廣智禪師墓誌銘)」을 남겼음.

만일 내가 그 자리에 참석했더라면, 나는 이렇게 읊었을 것이다.
'도림(桃林)에서[167] 봄날 소 놓아주고 대궐을 밟아보네'

라고 하였으나 그 대구를 짓지 못하였다. 내가 지금 그 나머지 구절
을 이어 본다.

은하수 가에서 선녀를 따르더니,[168]
검은 모란꽃 설당에 이르렀네.[169]
함곡관에서 새벽에 돌아갈 때 붉은 기운 떠돌고,[170]
도림에서 봄날 소 놓아주고 대궐을 밟아보네.

銀河水渚隨仙女,
黑牛丹花到雪堂
函谷曉歸浮紫氣,

---

167) 도림(桃林) : 중국 주(周)나라 무왕(武王)이 은나라 왕 주(紂)를 치고 난 뒤 전쟁
   이 끝났다는 징표로 소를 놓아 주었던 곳으로 지금의 하남성(河南省) 화양현(華陰
   縣) 동관(潼關)임. 『서경』「무성(武成)」제5에, "厥四月哉生明, 王來自商, 至于豊,
   乃偃武修文, 歸馬于華山之陽, 放牛于桃林之野, 示天下弗服."
168) 은하수 가에서 선녀를 따르더니 : 이 말은 견우(牽牛)가 은하수 너머로 직녀(織女)
   를 따랐다는 고사를 용사한 것임.
169) 설당(雪堂) : 소식(蘇軾)이 세운 집의 당호(堂號)로. 지금의 호북성(湖北省) 황주
   시(黃州市) 동쪽으로 유배되었을 때 세웠음.(앞의 상-10 주 76)번을 참조) 흑모
   란은 검은 무소를 가리킴.(앞의 상-5 주 42)번을 참조).
170) 함곡관에서 …… 떠돌고 : 노자(老子)가 하남성 영보현(靈寶縣)에 있는 함곡관(函
   谷關)을 지나가는데 그곳의 관령(關令)인 윤희(尹喜)가 함곡관 쪽에서 자줏빛 기
   운이 떠도는 것을 바라보고는 성인이 지나가고 있다는 것을 알고 나가보니, 노자
   가 푸른 소가 끄는 박판거(薄板車)를 타고 지나가고 있었다는 고사에 기댄 것임.
   『태평어람(太平御覽)』권900에, "令尹喜, 周大夫也. 善於天文, 登樓四望, 見東
   極, 有紫氣, 喜曰:'應有聖人經過'果有老子過喜, 設坐行弟子之禮."

桃林春放踏紅房

<u>상-21</u>　琢句之法, 唯少陵獨盡其妙, 如日月籠中鳥 乾坤水上萍, 十暑
岷山葛, 三霜楚戶砧. 之類是已. 且人之才如器皿方圓, 不可以該備,
而天下奇觀異賞, 可以悅心目者甚夥, 苟能才不逮意, 則譬如駑蹄臨
燕越千里之途, 鞭策雖勤, 不可以致遠. 是以古之人, 雖有逸才, 不敢
妄下手, 必加鍊琢之工, 然後足以垂光虹蜺輝映千古. 至若句鍛季鍊,
朝吟夜諷, 撚鬚難安於一字, 彌年只賦於三篇. 手作敲推, 直犯京尹,
吟成太瘦, 行過飯山, 意盡西峰, 鍾撞半夜, 如此不可縷擧. 及至蘇黃,
則使事益精, 逸氣橫出, 琢句之妙, 可以與少陵並駕.

　시문의 자구를 다듬는 법에 있어서는 오직 소릉[171]만이 그 절묘
했으니,

　　해와 달은 새장속의 새요,
　　하늘과 땅은 물위의 부평초로다.[172]

　　日月籠中鳥,
　　乾坤水上萍.

---

171) 소릉(少陵) : 지금의 중국 섬서성 서안시 동쪽에 있던 지명으로 당나라 대시인인
　　두보(杜甫, 712~770)의 집이 소릉 서쪽에 있었기 때문에 두보가 스스로 소릉포의
　　(少陵布衣) 또는 소릉야로(少陵野老)라고 불렀고, 이로 인하여 세상 사람들이 그
　　를 두소릉(杜少陵)이라고 불렀음.
172) 이 연구는「형주 송 이대부칠장 부 광주(衡州送李大夫七丈赴廣州)」라는 제목의
　　시 제3연으로 그 전문을 소개하면, "斧鉞下靑冥, 樓船過洞庭. 北風隨爽氣, 南斗避
　　文星. 日月籠中鳥, 乾坤水上萍. 王孫丈人行, 垂老見飄零."(『두시상주(杜詩詳註)』
　　권22)

십년 동안 민산[173]에서 갈옷을 입었고,
삼년 동안 초호[174]에서 다듬이 소리 들었네.[175]

十暑岷山葛,
三霜楚戶砧.

와 같은 시구들이 그러한 경우에 해당된다. 또한 사람의 재주는 마
치 그릇의 모나고 둥근 등 여러 가지 모양을 가지고 있는 것처럼 다
양해서 두루 다 갖추기는 어렵다. 천하의 기이한 경관과 특이한 감
상은 사람의 마음과 눈을 즐겁게 하는 것이 매우 많으나 진실로 재
주가 그 마음속으로 느끼는 것을 제대로 표현하지 못한다. 이를 비
유하자면 둔한 말이 연월[176] 천리길을 향해 가는데 아무리 부지런
히 채찍질해도 목적지에 도달할 수 없는 것과 같다. 그래서 옛 사람
들은 비록 뛰어난 재주를 가졌더라도 감히 함부로 시문을 짓지 않
았다. 반드시 단련하고 탁마하는 공력을 들인 뒤에야 글이 무지개

---

173) 민산(岷山) : 중국 사천성 북부 쪽으로 감숙성과 접경지역에 위치한 산으로 양자
강이 이 산에서 발원한다고 함. 양자강과 함께 중국 2대 강인 황하(黃河)는 곤륜
산에서 발원함.

174) 초호(楚戶) : 초삼호(楚三戶)로 나라의 원수를 갚아 보답한다는 뜻임. 『사기』 「항
우본기(項羽本紀)」에 보면, '自懷王入秦不反, 楚人憐之至今, 故楚南公曰, 楚雖三
戶, 亡秦必楚也.'라고 하여 초나라가 비록 작은 나라이지만 진나라를 무너뜨릴 나
라는 초나라라고 했음.

175) 이 시 두 구는 「풍질 주중복침 서회삼십육운 봉증 호남친우(風疾舟中伏枕書懷三十
六韻奉呈湖南親友)」라는 제목의 시 제18연으로 그 일부분을 소개하면, '哀傷同庾
信, 述作異陳琳. 十暑岷山葛, 三霜楚戶砧. 叨陪錦帳坐, 久放白頭吟.'(『두시상주
(杜詩詳註)』 권23)

176) 연월(燕越) : 중국 전국시대에 있었던 두 나라로 연나라는 중국 북쪽인 지금의
북경지역이었고, 월나라는 남쪽인 지금의 강소성 지역이므로 서로의 거리가 멀었음.

처럼 아름다워져서 영원히 빛을 발하게 하였다. 심한 경우는 열흘 동안 단련하기도 하고, 한 계절에 걸쳐 연마하면서 아침저녁으로 읊어보는데, 글자 한 자를 적절하게 배치하기 위해 수염을 비비면서 고심에 고심을 거듭하느라 일 년 동안에 단 세 편만을 짓는데 그치기도 한다. 손으로 두드린다는 '고(敲)'와 민다는 '퇴(推)'자[177] 가운데 어느 것을 써야할지 고민하느라고 경윤[178]의 행차와 맞닥뜨려 부딪친 것이나, 시 읊는 데 지나치게 고심하여 태수생이 되고 반과산[179]을 지난다는 말을 듣는다거나, 마음속으로 서봉(西峰)의 아름

---

177) 고퇴(敲推) : 중국 당나라의 시인 가도(賈島)가 나귀를 타고 가다가 갑자기 시상이 떠올라 "鳥宿池邊樹, 僧推月下門."이라는 시 두 구를 지었는데 달 아래 문을 민다[推], 달 아래 문을 두드린다[敲] 가운데 어느 글자를 써야 할지 몰라 골똘히 생각하다가 그만 경조윤 한유(韓愈)의 행차 길과 맞닥뜨렸다. 가도가 한유 앞으로 나아가 사정을 얘기하자 한유는 노여워하는 기색도 없이 한참 생각하더니, "역시 민다는 퇴(推)보다는 두드린다는 고(敲)가 좋겠군." 하며 가도와 나란히 하여 길을 갔고, 그 이후로 두 사람은 가깝게 지냈다. 여기에서 퇴고(推敲)는, '반복해서 고려하고 생각한다'는 뜻으로 쓰이게 되었음. 이 시구가 들어 있는 시 제목은「題李凝幽居」로 그 전문은, '閑居少隣竝, 草徑入荒園. 鳥宿池邊樹, 僧鼓月下門. 過橋分野色, 移石動雲根. 暫去還來此, 幽期不負言'

178) 경윤(京尹) : 경조윤(京兆尹)을 가리킴. 경자와 조자는 다 사람이 많다는 뜻을 지닌 글자로 경조윤은 그 나라에서 인구가 가장 많이 모여 사는 서울의 행정을 책임지고 있는 사람을 가리킴. 이 명칭은 중국 한나라 때 처음 나온 것임.(漢代管轄京兆地區的行政長官, 職權相當于郡太守. 后因以称京都地區的行政長官.)

179) 태수생(太瘦生)과 반과산(飯顆山) : 이 두 말은 중국 당나라 때에 생긴 말로 '태수생'은 '매우 여위다'는 뜻으로, 시를 짓는데 고심하여 매우 마른 사람을 비유하는 말임. '生'은 어조사. '반과산'은 중국 섬서성 서안에 있는 산 이름. 반과는 밥알이란 뜻으로 밥알이 찰기가 있어서 붙으면 잘 떨어지지 않는 성질을 원용하여 지나치게 격식에 얽매이거나 몹시 고심하여 시문(詩文)을 짓는데 융통성이 없는 태도를 이름. 이것은 이백(李白)이 두보의 간고(艱苦)하고 난삽(難澁)한 시작태도를 비꼬아서 한 말로, 이백의「희증 두보(戱贈杜甫)」(『李太白集注』卷三十)이라는 시제의 '飯顆山頭逢杜甫, 頭戴笠子日卓午. 借問別來太瘦生, 總爲從前作詩苦.'에서 유래한 것임.

다움을 다 그리고, 한밤중의 종소리로 절간의 정취를 나타낸 것[180]
과 같이 고심한 예를 낱낱이 다 거론 할 수 없다. 소식[181]이나 황정
견[182]에 이르면 사물을 부리는 기술이 더욱 정미해 지고 빼어난 기
운이 자유자재롭게 드러나 시구를 절묘하게 다듬는 데에 있어서는
가히 두보와 어깨를 나란히 할 만하였다.

상-22 本朝學士黃元題郡齋云, 山城雨惡還成雹, 澤國陰多數放虹.
李紫薇純祐出鎮關東云, 細柳營中新上將, 紫薇花下舊中書. 吾友耆
之贈僕云, 風急溟鵬從北徙, 月明驚鵲未安枝. 滎陽補闕, 偶遊天磨山
八尺房, 竟夕苦吟未能屬思, 詰旦方迴, 緩轡行吟, 比至都門, 迺得一
聯云, 石頭松老一片月, 天末雲低千點山. 策蹇而返, 手撼門鈕, 直入

180) 서봉(西峰) : 여기서 서봉은 서산(西山)을 가리킨다. 당나라 사람으로 서산사(西山寺)를 두고 읊은 시 가운데 '영원히 초생달에 막혀[終古碍新月], 반산에는 석양이 없네[半江無夕陽]'이 절창이고, 금산사(金山寺)를 두고 지은 시로는 '절 그림자 물결 속에 아른거리고[寺影中流見], 종소리는 양쪽 언덕에 들리네[鐘聲兩岸聞].'이 빼어나다고 했음. (『시인옥설(詩人玉屑)』 권17)

181) 소식(蘇軾, 1036~1101) : 중국 북송의 대문호. 자는 자첨(子瞻), 호는 동파(東坡). 사천성 미산(眉山) 출신. 관직은 항주자사(杭州刺史), 예부상서(禮部尚書) 등을 역임했음. 왕안석의 신법에 반대하여 고난을 겪기도 했음. 시문에 능통하여 아버지 소순(蘇洵), 아우 소철(蘇轍)과 함께 당송 팔대가의 한 사람으로 불리어짐. 서예가로도 당대 제일이었는데, 고인의 모방을 배척하고 일가를 이루었음. 저서에 『동파전집』이 있음. 시호는 문충(文忠).

182) 황정견 (黃庭堅, 1045~1105) : 송(宋)나라 시인·화가. 자는 노직(魯直), 호는 산곡(山谷) 또는 부옹(涪翁)으로 스승인 소식(蘇軾)과 함께 송나라의 대표적인 시인임. 학식에 의한 전고(典故)와 수련을 거듭한 조사(措辭)를 특색으로 한 강서파(江西派)의 시조로 꼽힘. 그는 소동파보다 학구적이고 내향적인 사람이었고, 창작기법 면에서 더 신비적인 면을 보였음. 당(唐)의 승려 회소(懷素)의 맥을 잇는 자유분방한 초서체(草書體)로 유명함. 저서로는 『예장황선생문집(子章黃先生文集)』(30권)이 있음.

院中, 奮筆題于壁還. 康先生日用, 欲賦鷺鷥, 每冒雨至天壽寺南溪上
觀之, 忽得一句云, 飛割碧山腰, 乃謂人日, 今日始得到古人所不到
處, 後當有奇材能續之. 僕以爲此句誠未能卓越, 前輩而云爾者, 盖由
苦吟得就耳. 僕爲之補云, 占巢喬木頂, 飛割碧山腰. 夫如是一句置全
篇中, 其餘粗備可也, 正如珠草不枯, 玉川自美.

본조의 학사 황원[183]이 고을 관아를 두고 시를 지었다. 그 시에
이르기를

산성에 심하게 내리던 비 도리어 우박이 되고,
연못에 드리운 짙은 그늘이 자주 무지개 피우네.

山城雨惡還成雹,
澤國陰多數放虹.

라고 하였다.

자미[184] 이순우가 관동으로 출진하면서 시를 지었다. 그 시에 이
르기를,

세류영[185] 안에 새로 부임한 장군이요,

---

183) 황원(黃元) : 고려 전기의 문신인 김황원(金黃元, 1045~1117)을 말함. 자는 천민
(天民). 관직은 국자좨주(國子祭酒) · 추밀원첨서사(樞密院簽書事)를 역임했고, 고
시(古詩)로 이름을 남겼음. 요나라와의 외교에 힘썼고, 청렴 강직하여 권세에 아부
하지 않았음.

184) 자미(紫薇) : 자미는 장미(薔薇)를 가리킴. 중국에서는 예로부터 중서성(中書省)
에 장미를 많이 심었으므로 당나라 때 중서성을 자미성(紫薇省)이라고 하였는데,
이순우가 중서사인(中書舍人)을 지냈으므로 붙인 이름임.

파한집 권상 81

백일홍 아래의 옛날 중서성 사람이네.

細柳營中新上將,

紫薇花下舊中書.

라고 했다.

나의 친구 기지186)가 나에게 시를 보냈다. 그 시에 이르기를,

바람이 급하니 붕새는 북쪽에서 남쪽 큰 바다로 옮겨가고,

달이 밝아 놀란 까치187)가 가지에서 편히 잠 이루지 못하네.

風急溟鵬從北徙,

月明驚鵲未安枝.

라고 했다.

영양188, 보궐189)이 우연히 천마산 팔척방에서 놀게 되었다. 밤 내

---

185) 세류영(細柳營) : 중국 한나라 때 장군이던 주아보(周亞夫, BC199~BC143)가 함
   양(咸陽) 서남쪽에 있던 세류(細柳)라는 곳에 진을 치고 군령을 엄하게 다스렸으
   므로 엄격하고 질서정연하게 다스려진 군영을 세류영, 또는 유령(柳營)이라고 했
   음. 이로 인하여 장군의 병영을 가리키는 명칭으로 사용되었음.

186) 기지(耆之) : 고려 중기의 문인인 임춘(林椿)의 자(字). 예천 임씨의 시조. 그는
   시인·문장가로 유명했으나 고려 무신난이 일어나 떠돌다가 과거에도 오르지 못
   하였음. 이인로와 함께 죽림고회의 일원으로 활약하여 문명을 떨쳤지만 불우하게
   살다가 죽었음. 그의 사후에 절친한 친구였던 이인로에 의해서 그의 문집인『서
   하선생집(西河先生集)』 6권이 간행되어 지금 전하고 있음.

187) 달이 밝아 놀란 까치[月明驚鵲] : 이 말은 중국 위(魏)나라 무제(武帝)인 조조(曹
   操, 155~220)의 유명한「단가행(短歌行)」가운데 '月明星稀, 烏鵲南飛. 繞樹三匝,
   何枝可依.'에서 용사한 것임.

188) 영양(滎陽) : 영양은 중국 정씨의 최초의 발원지(지금의 하남성 영양시滎陽市)로

내 시를 지어보려 했지만 시상이 떠오르지 않아 괴로워하다 다음날 아침에 돌아오면서 말고삐를 느슨히 하고 시를 읊조리던 끝에 도성 문에 이르러서야 한 연구를 얻을 수 있었다.

바위 머리 위 늙은 소나무 가지에 한 조각 달 걸렸고,
하늘 끝 구름 나직이 드리운 곳에 수많은 산들이 솟아 있네.

石頭松老一片月,
天末雲低千點山.

절뚝거리는 말을 채찍질하여 천마산으로 되돌아와 손으로 문고리를 열고 곧장 절 안으로 들어가 바삐 붓을 들어 벽에다 이 시구를 써놓고 돌아갔다.

강일용 선생이 백로를 두고 시를 짓기 위해 매일 비를 무릅쓰고 천수사[190] 남쪽 시냇가에 이르러서 백로를 관찰하다가 문득 한 구를 지었다.

푸른 산허리를 가르며 날아가네.

중국 정씨의 관향임. 정지상(鄭知常, ?~1135)이 자신의 본관을 중국 본관으로 사용했다고 할 수 있음. 정지상은 고려 전기의 대표적인 시인이자 문신. 지금의 평양인 서경(西京) 출신. 초명은 지원(之元), 호는 남호(南湖). 관직은 사간(司諫)과 기거주(起居注)를 지냈음. 인종의 신임을 얻어 묘청(妙淸)과 결탁하여 고향인 서경으로 도읍을 옮겨 고려의 보수적이고 피폐한 정치를 혁신하고자 하였으나 성공하지 못하고 김부식에 의하여 죽임을 당했음.
189) 보궐(補闕) : 고려(高麗)시대 중서문하성(中書門下省)에 딸려 간쟁(諫諍)을 맡은 정6품(正六品)의 벼슬로, 사간(司諫), 헌납(獻納)의 다른 이름.
190) 천수사(天壽寺) : 고려시대에 개성에 있던 사찰로, 고려 숙종(1097) 때 지어졌음.

飛割碧山腰

라고 읊고는 다른 사람에게 말하기를,

　　이제야 옛 사람이라도 표현할 수 없는 경지에 이르렀으니, 후에 재
　주 있는 사람이 나오면 대구를 이을 수 있을 것이다.

라고 했다. 내 생각으로는 이 시구가 진실로 옛 선배들의 시에 비해
서 그리 탁월하다고는 할 수 없으나, 그가 이렇게 자부한 것은 대개
이 시구를 힘들게 얻었기 때문일 것이다. 내가 그 시구에 보충하여
이르기를,

　　높은 나무 꼭대기에 둥지 차지하고,
　　푸른 산허리를 가르며 날아가네.

　　占巢喬木頂,
　　飛割碧山腰.

라고 했다.
　전편(全篇) 중에 이 같이 훌륭한 한 시구를 둔다면 그 나머지 시구
들이 훌륭하지 않더라도 그 시가 별 문제 되지 않을 것이니, 이는
바로 '구슬이 있어 초목이 마르지 않고 옥돌이 있어 시내가 저절로
아름답다.'191)고 한 것과 같은 것이다.

---

191) 구슬이 있어 초목이 마르지 않고, 옥이 있어 시내가 저절로 아름답다.[珠草不枯,
　　玉川自美] : 이 말은 중국 전한(前漢)의 예학자(禮學者)인 대덕(戴德)이 공자의 72

상-23 牛後敎坊花原玉小字, 色藝爲一時冠. 黃壯元作牛後歌, 其略
云, 應恨蛾眉馬前死, 欲敎返是名牛後. 劉壯元義云, 牛心只合供羲
之. 吾友耆之云, 只應天上隨牽牛, 故以牛後爲名字. 請僕同賦. 君不
見石崇騎牛迅若飛, 綠珠艷質芝蘭秀, 又不見魏公騎牛行讀書, 雪兒
妙唱雲霄透. 自古綺羅人, 齷合居牛後, 持此問牛後, 得稱汝意否, 嫣
然含笑微俛首, 一曲千金爲我壽.

　　우후는 교방화[192]인 원옥의 어렸을 때 이름으로 미색과 재주가
한 때에 으뜸이었다. 황장원[193]이 「우후가」를 지었는데 대략 이러
하다.

　　　　아미가 말 앞에서 죽은 것이 한스러워,[194]
　　　　도리어 이름을 우후라 하고자 했는가.

　　제자의 예설(禮說)을 모아 엮은『대대례기(大戴禮記)』(원래 85편이었으나 현재는
　　39편만 전함) 권7에 나오는 말을 옮긴 것으로 주위에 좋은 사람이 있으면 저절로
　　그 영향을 입게 된다는 뜻임. '夫聲無細而不聞, 行無隱而不形, 玉居山而木潤, 淵
　　生珠而岸不枯. 爲善而不積乎, 豈有不聞哉.'

192) 교방화(敎坊花) : 교방은 고려 시대에 속악(俗樂)과 당악(唐樂)에 따라 음악과 춤
　　등 백희(百戱)를 하는 기녀들을 가르치던 곳으로, 왕실의 각종 연회나 팔관회·연
　　등회·제례·가례(嘉禮) 등의 행사에서 가무를 맡아 관장했던 기관임. 교방화는
　　교방에 딸려 있던 기생을 말함.

193) 황장원(黃壯元) : 황빈연(黃彬然)을 가리킴.

194) 아미(蛾眉)가 말 앞에서 죽은 것이 한스러워 : 아름다운 여인을 뜻하는 '아미'는
　　양귀비(楊貴妃)를 가리키는 것으로 당나라 현종이 안녹산의 난을 만나 서촉 땅으
　　로 피난하던 길에 주위 군사들의 강요에 못 이겨 현종이 마외역(馬嵬驛)에서 양귀
　　비를 죽인 것을 한스럽다고 한 것임. 이 말은 백거이(白居易)의 「장한가(長恨歌)」
　　에 나오는 것으로, '……. 九重城闕煙塵生, 千乘万騎西南行. 翠華搖搖行復止, 西
　　出都門百余里. 六軍不發無奈何, 宛轉蛾眉馬前死. 花鈿委地無人收, 翠翹金雀玉
　　搔頭. …….'

應恨蛾眉馬前死,

欲敎返是名牛後.

라고 하였다.

　장원 유희가 말하기를,

　　우심은 다만 희지에게 올리는 것이 합당하다.[195]

라고 하자, 나의 친구 기지[196]가 말하기를,

　　다만 하늘에 있는 견우를 따를 만하므로 그래서 이름을 우후라고
　　하였을 것이다.

라고 하였다. 기지가 나에게 시를 같이 짓자고 하길래 내가 시를 지
어 이르길,

　　그대는 보지 못했는가.
　　석숭이 소를 타고 나는 듯이 빨리 달리는 것과,[197]

195) 우심(牛心) : 여기서 우심은 우심적(牛心炙)인데 이는 소의 심장을 구워서 만든
　　귀한 음식. 중국 진(晉)나라 때 상서좌복야(尙書左僕射)를 지낸 주의(周顗)가 12세
　　의 어린 왕희지(王羲之)를 알아보고 손님 가운데 가장 먼저 희지에게 우심적을
　　잘라 먹였으므로 이로 인하여 무명이었던 희지의 이름이 알려졌음.(『진서(晉書』
　　「왕희지전(王羲之傳)」) 여기서는 우후라는 기녀가 유희 자신에게 보내져야 한다는
　　사실을 암시하고 있음.
196) 기지(耆之) : 고려 중기의 문인인 임춘(林椿)의 자(字).
197) 석숭(石崇, 249~300) : 중국 진(晉)나라의 거부(巨富)로 자(字)는 계륜(季倫), 초

녹주198)의 아름다운 자태가 지란199)보다 **빼어 난 것을.**

또한 보지 못했는가.

위공이 소를 타고 가면서 책을 읽던 것과,200)

설아의 아름다운 노래 소리가 높은 하늘에 통한 것을.201)

예로부터 아름다운 사람들은,

어김없이 우후에서 살았네.202)

이것으로 우후에게 묻노니,

이름이 너의 뜻에 맞는 지 아닌 지.

웃으면서 살포시 머리를 숙인 채,

명은 제노(齊奴). 강남의 형주자사(荊州刺史)를 지내고 이어 무역업에 종사하여 중국 최고의 갑부가 되었으나 정치적 행로가 험악하여 조왕(趙王) 윤(倫)에게 죽임을 당하였음. 어느 날 석숭이 진나라 무제의 외숙이자 석숭과 치열하게 부(富)를 다투던 왕개(王愷)와 함께 소를 타고 가다 경주를 벌여 석숭의 소가 훨씬 앞질러 가 왕개의 자존심을 건드린 일이 있었는데, 이 일 외에도 두 사람 사이에 여러 가지 사단이 벌어져 석숭이 죽음을 자초했다는 설이 있음.

198) 녹주(綠珠, ?~300) : 석숭의 애첩으로 자태가 아름답고 피리를 잘 불었다고 함. 석숭이 정치적 패배를 당하여 조왕에게 죽음을 당하기 전에 다락에서 투신하여 죽었다고 함.

199) 지란(芝蘭) : 지초(芝草)와 난초(蘭草)로 이는 모두 향기로운 풀이므로 아름답고 재주 있는 사람으로 비유됨.

200) 위공이 …… 책을 읽던 것과, : 위공(魏公)은 중국 수(隋)나라 사람인 이밀(李密, 582~618)을 가리킴. 자는 법주(法主). 그는 수나라 말에 반정부활동을 벌였고, 당나라에 기부(寄附)하였으나 다시 반역을 도모하였다가 성세언(盛世彦)에게 죽임을 당했던 풍운아였음. 고전을 독실하게 읽어 황소의 뿔에『한서(漢書)』한 질을 걸고 다니면서 읽었다고 함. 수나라 말엽에 적양(翟讓)과 낙구(洛口)에 웅거하며 스스로 위공(魏公)이라 일컬었음.

201) 설아(雪兒) : 이밀의 애첩으로 가무(歌舞)에 능했음. 중국 남송시대의 문인인 장호(張淏)가 편찬한 필기집『운곡잡기(雲谷雜記)』권3에, '雪兒, 李密之愛姬, 能歌舞. 每見賓僚文章, 有奇麗中意者, 卽付雪兒, 協音律以歌之.'

202) 기라인들이 우후에서 살았다 : 비단옷을 입은 아름다운 여인들(녹주와 설아)이 소를 타고 다니던 이들(석숭과 이밀)을 추종하여 살았다는 것을 뜻하는 말임.

천근 같은 한 곡조로 나의 장수를 노래하네.

君不見

石崇騎牛迅若飛,

綠珠艷質芝蘭秀.

又不見

魏公騎牛行讀書.

雪兒妙唱雲霄透.

自古綺羅人.

龗合居牛後,

持此罰牛後.

得稱女意否.

嫣然含笑微俛首,

一曲千金爲我壽.

라고 했다.

상-24 昔僕出佐桂陽, 承廉使符, 到龍山宿韓相國彦國書齋. 峰巒盤屈狀若蒼蛇. 而齋正據其額, 江流至其下分爲二派, 江外有遙岑, 望之如山字. 僕朗吟而起, 信筆題于壁云, 二水溶溶分燕尾, 三山杳杳駕鰲頭, 他年若許陪鳩杖, 共向蒼波狎白鷗. 天水亦樂, 卽韓相國門生也, 謁相國酒行誦此詩, 相國停杯吟諷, 乃曰, 漢陽之遊計今已五十年矣. 聞此一句, 其山光水色歷歷如在眼前, 此古人所爲詩中劃也.

예전에 내가 계양[203]의 원을 보좌하는 자리에 있었을 때에 염사의 부탁을 받아 가는 길에 용산에 이르러서 상국을 지낸 한언국의

서재에서 자게 되었다. 산봉우리가 서리듯 엎드려 있는 지세의 형
상이 시퍼런 뱀과 같았는데 서재가 바로 그 이마 부분에 자리하고
있었다. 강물이 그 아래에서 두 갈래로 나누어지고 강 밖으로 멀리
보이는 봉우리들을 바라보니 마치 산(山) 자처럼 보였다. 나는 시를
읊조리다 몸을 일으켜 붓 가는 데로 벽에 썼다.

> 넘쳐 흐르는 두 물줄기는 제비 꼬리 나누어지듯 하고,
> 아득한 세 봉우리는 자라의 머리 타고 있는 듯하네.[204]
> 다른 해에 만약 구장을 모실 수 있다면,[205]
> 함께 푸른 물결에 배 띄우고 백구와 노닐리라.

> 二水溶溶分燕尾,
> 三山杳杳駕鰲頭.
> 他年若許陪鳩杖,
> 共向蒼波狎白鷗.

---

203) 계양(桂陽) : 경기도 부천(富川) 일대의 옛 지명으로 그곳에 계양산(桂陽山)이 있음.

204) 자라의 머리[鰲頭] : 발해 동쪽에 큰 골짜기가 있고, 그 가운데에 다섯 좌(座)의
선산(仙山)이 있는데 항상 물결을 따라 표류하였음. 천제가 그 산들이 서쪽으로
흘러갈까 걱정하여 열다섯 마리의 큰 거북이로 하여금 머리를 들어 산을 이고 지탱
하게 하자 다섯 산이 그제야 치솟아 올라 움직이지 않았다고 함.(『열자(列子)』「탕
문(湯問)편」)

205) 구장(鳩杖) : 손잡이 부분에 비둘기가 새겨진 지팡이. 왕이 나이가 칠십 이상 되는
노인에게 하사했던 지팡이로, 그 끝에 비둘기를 새긴 것은 비둘기가 모이를 먹을
때 목이 메이는 일이 없으므로 노인들이 평소에 목이 메여 고생하지 않기를 바라는
마음에서 비롯된 것임. '年始七十者, 授之以玉杖 …… 長九尺, 端以鳩爲飾. 鳩者,
不噎之鳥也. 欲老人不噎. 後以鳩"指年老者所用的手杖.'(『신당서(新唐書)』「현종
기(玄宗紀)」)

  천수 역락은 곧 한상국의 문하생이다. 그가 상국을 뵙고 가진 술
자리에서 이 시를 읊으니 상국이 술잔을 멈추고 가만히 음미하고는
말하기를,

    서울에서 떠돈 지가 지금 이미 오십 년의 세월이 지났는데, 이 시
    읊는 소리를 들으니 그 산 빛과 물 색깔이 마치 눈앞에 펼쳐 있는 것처
    럼 역력하다. 이것이 옛 사람이 일컬은 '시 가운데 그림(詩中劃)'²⁰⁶⁾이
    아니겠는가.

라고 하였다.

상-25 皇統三年癸亥四月日, 承宣金奉聖旨, 令兩令公受命到日月
寺樂聖齋學堂, 與諸生講習. 至閏四月初八日聯句, 內侍崔山甫占溪
字卽云, 溪溜潺湲常學海明宗, 夢魂驚越喜瞻天 金淑淸. 又占絲字卽云,
絲直垂楊春陌上明宗 眉鮮新月暮雲端金子稱. 溪水鳴林來遠洞 上令公,
山雲觸石藹高峰金尙純. 峰巒點點森戈戟上令公 楊柳依依掛線絲. 翌日
入內御覽.

  황통 3년²⁰⁷⁾인 계해년 4월 어느날 김승선²⁰⁸⁾이 두 재상에게 일월

───────────

206) 시 가운데 그림 : 이 말은 중국 북송의 문호인 소식(蘇軾, 1037~1101)이 당나라
    의 시인인 왕유(王維, 699~759, 자는 마힐摩詰)의 시·화를 평한 유명한 말로,
    왕유의 자연시가 마치 한 폭의 그림과 같이 아름답다는 것임. '味摩詰之詩, 詩中
    有劃. 觀摩詰之畵, 畵中有詩.'(『동파제발(東坡題跋)』 권5 「서 마힐 남관연우도
    (書摩詰藍關烟雨圖)」)
207) 황통(皇統) 3년 : 황통은 중국 금(金)나라 희종(熙宗)의 연호(1141~1148). 그 3년
    은 1143년(고려 인종 21년)임.

사209)의 낙성재 학당에서 여러 유생들과 함께 강습하라는 왕명을
전달했다. 윤사월 초파일에 연구210)를 짓게 되었는데, 내시 최산보
가 '계(溪)'자를 부르니 바로 읊기를,

> 냇물은 흐르고 흘러 항상 바다를 배우고,211)(명종)
> 꿈속의 놀란 넋이 하늘 우러러 뷘 것을 기뻐하도다.(김숙청)

> 溪溜潺湲常學海(明宗),
> 夢魂驚越喜瞻天(金淑淸).

또 '사(絲)'자를 부르니 바로 읊기를,

---

208) 승선(承宣) : 고려 때 왕명의 출납을 맡아 보던 추밀원(樞密院)의 정3품 벼슬.

209) 일월사(日月寺) : 고려시대 개성 송악산에 있었던 절로 고려 태조가 922년에 창
건하였음.

210) 연구(聯句) : 몇 사람이 서로 이어서 시구를 지어 한편의 시를 완성하는 것으로
그 기원에 대해서는 세 가지 설이 있음. 중국 청나라의 문인인 염약거(閻若璩)는
순임금과 그 신하인 고요(皐陶)가 지은 「원수고굉가(元首股肱歌)」에서 비롯되었
다고 하였고, 송(宋)나라 학자인 왕응린(王應麟)이 편찬한 『곤학기문困學紀聞』
에서는 『시경』의 「식미(式微)」에서 비롯되었다고 하였으며, 육조(六朝)시대의 문
학평론가 유협(劉勰)이 편찬한『문심조룡(文心雕龍)』에서는 한나라 무제 때의 백
량체(柏梁體) 시에서 비롯되었다고 함. 매 구에 압운하는 일운도저(一韻到底)를
원칙으로 하지만, 그 형식은 한사람이 한 구를 지어 매 구에 압운하는 경우, 한
사람이 두 구를 지어 압운하는 경우, 한 사람이 4구를 지어 압운하는 경우 등이
있음.

211) 학해(學海) : 강물이 쉬지 않고 흘러 큰 바다로 들어가는 것과 같이, 사람도 꾸준
히 배워 날로 발전해야 큰 사람이 된다는 것을 비유한 말임. 중국 한나라의 유명
한 부(賦) 작가인 양웅(揚雄, BC53~AD18)이 편찬한 13권의 『법언(法言)』이라는
책의 「학행(學行)」편에 '百川學海而至于海, 丘陵學山不至于山, 是故惡夫畵也.
言百川流行不息, 所以至海, 丘陵止而不動, 所以不至于山. 謂做學問當如河川流
向大海, 日進不已.'

실처럼 곧게 뻗은 수양버들 봄 거리에 나부끼고(명종)
고운 눈썹 같은 초승달은 구름 가에 저물어 가네(김자칭)

絲直垂楊春陌上(明宗),
眉鮮新月暮雲端(金子稱).

시냇물은 숲을 울리며 먼 골짜기에서 흘러오고(상영공)
산 구름은 바위에 부딪쳐 높은 봉우리에 모였네.(김상순)

溪水鳴林來遠洞(上令公),
山雲觸石藹高峰(金尙純).

여기저기 서있는 산봉우리 빽빽이 창을 세워놓은 듯하고(상영공)
하늘거리는 수양버들은 실실이 걸어 놓은 듯하네.

峰巒點點森戈戟(上令公),
楊柳依依掛線糸.

라고 했다. 연구시를 왕이 그 다음날 궁궐에 들어가 살펴봤다.

破閑集　卷中

파한집　권중

중-1　智者見於未形, 愚者謂之無事, 泰然不以爲憂, 及乎患至然後, 雖焦神勞力, 思欲救之, 奚益於存亡成敗數哉. 此扁鵲所以不得救桓侯之疾也. 昔漢文時, 海內理安, 人民殷阜, 而賈誼爲之痛哭. 唐文皇自創業之後, 日益戒懼未嘗少怠, 而魏徵猶陳十漸. 故傳曰, 諫者救其源, 不使得開, 戒氷於霜, 杜玉盃於漆器. 昔毅王藉數十世, 豊平至理之業, 居位日久, 事無不擧, 皆以謂, 太平之業, 安於泰山, 莫敢有言之者. 正言文克謙, 直叩天扉, 上皀囊一封, 而所言皆中時病, 人謂之, 鳳鳴朝陽. 天聽未允. 公脫朝衣還家作詩云, 朱雲折檻非干譽, 袁盎當車豈爲身. 一片丹誠天未照, 强鞭羸馬退逡巡. 及明王踐阼, 擢居喉舌地. 國家安危, 人民利病, 士大夫之賢不肖, 盡達於天聰, 無一毫底滯. 至今隣邦結好, 中外晏然無患, 實公之力也. 公位塚宰, 薦僕入侍玉堂踰年, 公卒作挽云, 早從閶闔排雲叫, 晚向虞淵取日廻, 丹鳳久從池上浴, 白雞胡奈夢中催. 時人以謂, 公之立朝大節終始, 無出此二句, 雖謂之實錄可也. 昨過公舊墅, 草樹蒼然, 有泉出於石縫, 素所遊宴處也, 悵然徘徊不能去. 作詩留壁上, 巖下冷冷水, 沿洄若有思. 誰知氷雪派, 尙乘鳳凰池. 東閣重窺處, 西門欲暮時. 題詩留半壁, 略遣九泉知.

　지혜로운 자는 어떤 일이 일어나기 전에 그 조짐을 예견한다. 그러나 어리석은 자는 아무 일이 없으리라고 생각하고는 무사안일하게 지내다가 사태가 지극히 걱정스런 지경에 이른 다음에야 비로소 갖은 애를 태우고 온힘을 기울여 그 어려움에서 벗어나려고 하니, 어찌 이런 태도가 살아남거나 사라지거나, 성공하거나 실패하는 문제에 있어 도움이 될 수 있겠는가. 이것이 편작1)이 환후2)의 병을 치료하지 못한 까닭이다. 옛날 한나라 문제가 통치하던 시절에 정치를 잘 하여 국내외의 정세가 평안하고 백성들이 번성하였으나 가의³⁾는 통곡하였다. 당나라 문황⁴⁾이 나라를 창업한 이후로 늘 더욱 조심하고 두려워하며 정사를 돌보는데 조금도 게을리 하지 않았으나 위징⁵⁾은 십점소⁶⁾를 올렸다. 그러므로 그 내용을 풀이한 전(傳)에

---

1) 편작(扁鵲, BC407~BC310) : 중국 춘추시대의 명의(名醫). 막(鄚) 사람으로 이름은 월인(越人)이고 성은 진(秦). 그의 의술이 뛰어났으므로 당시 사람들이 상고시대 황제(黃帝) 때의 신의(神醫)였던 편작의 이름을 따서 불렀음. 장상군(長桑君)으로부터 의술을 전수받아 진(秦)의 태의령(太醫令)이 되었으나 그의 훌륭한 의술을 시샘하던 태의령승(太醫令丞) 이혜(李醯)에 의해 피살되었음. 저서로는 중의학(中醫學)의 전범이 된 『난경(難經)』이 있음.

2) 환후(桓侯) : 중국 춘추시대 제(齊)나라의 제후였던 환공(桓公)을 가리킴. 편작이 환공의 안색만을 보고서 몸에 병이 깊으니 빨리 치료해야 한다고 했으나 그의 의술을 믿지 못하여 말을 듣지 않았다가 치료할 수 없는 지경에 이르러 죽고 말았다는 고사가 있음. 이 말은 『한비자(韓非子)』 21편 「유로(喩老)」에 소개된 것으로, '扁鵲見蔡桓公, 立有間. 扁鵲曰, 君有疾在腠理, 不治將恐深. 桓侯曰, 寡人无疾. 扁鵲出, 桓侯曰, 醫之好治不病以爲功. 居十日, 扁鵲復見, 曰, 君之病在肌膚, 不治將益深. 桓侯不應. 扁鵲出, 桓侯又不悅. 居十日, 扁鵲復見, 曰, 君之病在肠胃, 不治將益深. 桓侯又不應. 扁鵲出, 桓侯又不悅. 居十日, 扁鵲望桓侯而還走. 桓侯故使人問之, 扁鵲曰, 疾在腠理, 湯熨之所及也 ; 在肌膚, 針石之所及也, 在肠胃, 火齊之所及也, 在骨髓, 司命之所屬, 無奈何也. 今在骨髓, 臣是以無請也.' 居五日, 桓侯體痛, 使人索扁鵲, 已逃秦矣, 桓侯遂死.'

3) 가의(賈誼, BC200~BC168) : 중국 한나라의 문신. 어려서부터 영특하여 문제의 총애를 받아 약관의 나이에 최연소 박사가 되었으나 주발(周勃) 등 당시 고관들의 시기를 받아 변방인 호남성 장사(長沙)의 양왕(梁王)의 태부(太傅)로 좌천되어, 자신의 불우한 운명을 굴원(屈原)에 비유한 「복조부(鵩鳥賦)」와 「조굴원부(弔屈原賦)」를 지었음. 저서에 『신서(新書)』 10권과 『가장사집(賈長沙集)』이 있으며, 진(秦)의 멸망 원인을 발명한 「과진론(過秦論)」은 유명함. 가의가 한나라 문제 6년(184)에 황제에게 올린 상소문에서 문제 때의 사세(事勢)에 있어 통곡할 만한 일이 하나요, 눈물을 흘릴 만한 일이 둘이요, 한숨지을 만한 일이 여섯 가지라고 했음.

4) 문황(文皇) : 중국 당나라 태종(太宗) 이세민(李世民, 598~649)을 가리킴. 태종의 시호가 문무대성황제(文武大聖皇帝)이기 때문에 붙여진 이름임. 만당시대의 시인인 나은(羅隱)의 「문 대가 순행(聞大駕巡幸)」이라는 시에, '靜思貴族謀身易, 危覺文皇創業難.'

5) 위징(魏徵, 580~643) : 중국 당나라 태종 때의 간신(諫臣). 자는 현성(玄成). 수(隋)

이렇게 적혀 있다.

간언하는 자는 그 근본을 따져 물어 미리 나쁜 일이 일어나지 못하
게 한다. 이는 서리가 내릴 때에 얼음이 어는 때를 미리 경계하며[7]
칠기를 만들 때에 미리 옥배를 탐하는 마음이 생기는 것을 경계하는
것과 같다.[8]

나라 말 흔란기에 당고조(唐高祖)에게 귀순하여 고조의 장자인 이건성(李建成)의
유력한 측근이 되었다가 건성이 아우 세민과의 경쟁에서 패하였으나 위징의 인격에
끌린 태종의 부름을 받아 간의대부(諫議大夫)를 거쳐 재상(宰相)에 중용되었음. 특
히 굽힐 줄 모르는 직간(直諫)이 유명하며, 주(周) · 수 · 오대(五代) 등의 정사편찬(正
史編纂) 사업과 『유례(類禮)』, 『군서치요(群書治要)』 등의 편찬에도 큰 공헌을 하였
음. 시호는 문정(文貞).

6) 십점소(十漸疏) : 당나라 태종 13(639)년에 위징이 태종에게 올린 유명한 상소문
인 「불극종십점소(不克終十漸疏)」를 이름. 중국 최고의 태평성세라고 하던 정관지
치(貞觀之治) 후기에 태종이 유종의 미를 거두지 못하고 사치와 방종에 빠져 겸허
와 검약을 소홀히 여기는 조짐이 보이자 검소한 생활을 실천하고 덕음(德音)을 달
갑게 받아들이며, 소인을 멀리 하고 군자를 가까이 하라는 등의 열 가지 내용을
적어 올린 상소문을 이름. 태종도 그 소본(疏本)으로 병풍을 만들어 좌우에 두고
몸가짐을 바로 했다고 함.

7) 서리가 내릴 때에 …… 경계하라. : 이 말은 일의 전조(前兆)를 잘 살펴서 더 큰
재앙으로 번지지 않도록 경계하라는 말임. '不戒履之漸, 而毒流天下, 貽禍邦家.',
'履霜得永忽深戒, 禍始邦陵帝私言.'(『당서(唐書)』 「고종기찬(高宗紀贊)」)

8) 칠기를 만들 때에 …… 경계하는 것 : 지나치게 사치를 추구하다보면 회복할 수 없는
결과를 초래한다는 것으로, 중국 은(殷)나라 마지막 왕인 주왕(紂王)과 명신(名臣)
인 기자(箕子)와의 사이에서 생긴 고사에 근거하고 있음. '주왕이 상아로 젓가락을
만들자 신하인 기자가 탄식하며 말하기를, "그가 상아로 젓가락을 만들었으니, 다음
에는 옥으로 반드시 술잔을 만들려고 할 것이다. 그렇게 되면 반드시 먼 지방의
진귀한 물자를 욕심낼 것이다. 그리하여 수레 · 말 · 궁실도 점차로 사치해져 그 폐해
는 구제할 수 없는 지경에 이를 것이다.' (紂始爲象箸, 箕子歎日 : 彼爲象箸, 必爲玉
杯, 爲栖. 則必思遠方珍怪之物, 而御之矣. 興馬宮室之漸自此始, 不可振也.)(『사
기(史記)』 「송미자세가(宋微子世家)」)

　전에 의왕은 수십 대에 걸쳐 풍년이 들고 태평성세를 누릴 정도로 잘 다스려지던 왕통을 이어받아 오랜 기간 동안 왕위에 군림하여 나라를 잘 다스렸으므로 모든 사람들이 "태평성세의 정치력은 태산보다 더 위대하다."라 하여 감히 의왕의 정치에 대해서 간섭하는 사람이 없었다. 그런데 정언 문극겸9)만이 직접 대궐문을 두드려 조낭10)에서 한 통의 상소문을 꺼내어 왕에게 올렸는데 거기에 쓰여 있는 내용이 모두 그 당시 정치가 빚고 있던 폐단을 정확하게 지적하고 있었다. 사람들이 이 상소문의 내용을 듣고 "봉새가 산의 동편에서 운다."11)고 하였으나 임금께서는 그 말을 받아들이지 않았다. 문극겸이 관복을 벗고 집으로 돌아와서는 시를 지었다.

　　주운12)이 난간을 부러뜨린 것은 명예를 구하자는 것 아니었고,

---

9) 문극겸(文克謙, 1122~1189) : 고려 중기의 간신(諫臣)으로 자는 덕병(德柄). 본관은 남평(南平). 관직은 참지정사, 권판상서이부사(權判尙書吏部事)를 역임했음. 좌정언(左正言)이 되어 왕의 사치스럽고 문약한 정치를 비판했다가 황주판관으로 좌천되기도 했음. 1170년(의종 24) 정중부(鄭仲夫)의 난으로 왕위에서 쫓겨난 의종이 그의 말을 듣지 않은 것을 후회하였다고 함. 그때 무인들에 의해 죽을 뻔했으나 좌정언으로 왕에게 직언했던 사실이 알려져 죽음에서 벗어났음. 시호는 충숙(忠肅).

10) 조낭(皂囊) : 검은 비단을 사용하여 만든 주머니. 그 속에 왕에게 올리는 상소문을 넣었다고 함.

11) 봉새가 산의 동편에서 운다[鳳鳴朝陽] : 봉새가 이른 아침 해가 뜰 때 운다는 뜻으로, 일반적으로 태평성세가 닥치리라는 상서로운 조짐에 비유되는 말임. 아침 해를 배경으로 봉황을 그린 동양화의 화제(劃題)이기도 함. 여기에서는 진기하고 뛰어난 행위를 형용하는 뜻으로 사용된 말임. 중국 당나라 고종 때 실정(失政)을 들어 간하는 신하가 없었는데, 오직 이선감(李善感)만이 극렬하게 비판하는 말을 하자 당시 사람들이 리를 '鳳鳴朝陽'이라고 했음. 이 말은『시경·대아(大雅)』「권아(卷阿)」에 근거하는 것으로, '鳳凰鳴矣, 于彼高岡. 梧桐生矣, 于彼朝陽.'

12) 주운(朱雲) : 중국 한나라 성제(成帝) 때의 간신(諫臣). 정승으로서 성제의 존경을 받던 안창후(安昌侯) 장우(張禹)가 성제를 믿고 안하무인격의 행동을 서슴지 않았

원앙13)이 수레를 막은 것은 어찌 자신의 몸을 위해서겠는가.

한 조각의 진정한 속마음을 하늘이 비춰주지 않으니,

억지로 파리한 말 채찍질하여 물러나와 머뭇거릴 수밖에.

朱雲折檻非干譽,

袁盎當車豈爲身

一片丹誠天未照,

强鞭嬴馬退逡巡.

　명왕이 임금의 자리에 오르자 (극겸을) 후설지(喉舌地)14)에 발탁하
였다. 그는 국가의 편안함과 위태로움에 관한 것과, 인민에게 이롭
거나 그렇지 못한 일, 사대부 관료들의 현명함과 어리석음을 임금
에게 모두 아뢰었는데 이치에 맞지 않는 것이 터럭만큼도 없었다.
지금까지 이웃 나라와 좋은 관계를 맺어 안팎으로 편안하여 아무
근심도 없게 된 것은 실로 공의 힘이라고 하겠다. 공이 재상의 자리
에 있으면서 나를 천거하여 내가 옥당에 들어가 왕을 모셨는데 그

으므로 즈운이 장우의 목을 벨 것을 주장하자 성제가 격노하여 어사를 시켜 끌어
내려 죽이려고 하니, 주운이 난간을 붙잡고 버티자 결국 난간이 부러졌다고 함.
이 고사에서 신하의 강한 직언을 뜻하는 주운절함(朱雲折檻)이라는 말이 생겼음.
(『한서』 「주운전(朱雲傳)」)

13) 원앙(袁盎) : 한나라 문제 때 사람으로 초(楚)나라 출신. 회남왕(淮南王)의 세 아
들을 왕으로 추대하고 여러 번 직언으로 간하였음. 이 시에 인용된 '원앙당거(袁盎
當車)'는 한나라 문제 때의 고사로, 문제가 패릉(覇陵)으로 놀러갔다가 서쪽의 언
덕길을 수레를 타고 달려내려 가려고 하자 원앙이 몸으로 수레 앞을 막아 문제를
위험에서 건졌다고 함.(『사기·열전』 권41 「원앙조조전(袁盎晁錯傳)」)

14) 후설지(喉舌地) : 목구멍과 혀는 모두 말을 하는 중요한 기관으로 국가의 막중한
일인 왕경의 출납을 맡아보던 관청이나 관직을 이름. '出納王命 王之喉舌.'(『시
경·대야』 「증민(烝民)」)

한 해가 지나 마침 공이 돌아갔으므로 내가 만시(輓詩)를 지었다.

> 일찍 대궐에 나아가 간신배 밀치며 간언하였고,
> 늦게는 우연15)으로 지는 해 붙잡아서 돌려놓았네.
> 단봉16)이 오랫동안 연못가에서 노닐었는데,
> 백계17)는 어찌하여 꿈속에서 재촉했는가.

> 早從閶闔排雲叫,
> 晚向虞淵取日廻.
> 丹鳳久從池上浴,
> 白鷄胡奈夢中催.

 그때 사람들이 이 만시를 보고 이르기를,

---

15) 우연(虞淵) : 전설상의 해가 지는 곳을 이름. '日入于虞淵之汜, 是謂黃昏.'(『회남자』「천문훈(天文訓)」)

16) 단봉(丹鳳) : 머리와 깃털이 빨간 새로, 난(鸞)새의 일종임. 단봉은 대궐 안에 있는 연못인 봉황지(鳳凰池)에 서식하므로 재상을 가리키는 말로도 쓰임. 또한 봉황지 곁에 중서성(中書省)이 있었기 때문에 전의되어 중서성을 가리키기도 함. '中書省地在樞近, 多承寵任, 是以人固其位, 謂之鳳凰池也'.(『통전(通典)』「직관(職官)」)

17) 백계(白鷄) : 이 말은 『진서』 권79 「사안전(謝安傳)」에 근거한 것임. 중국 동진(東晉) 사람 사안(320~385)이 쓸쓸히 친구들에게 말하기를, "예전에 내가 꿈에 환온(桓溫)의 수레를 타고 십육 리를 가다가 백계 한 마리를 보고는 수레를 멈춘 적이 있다. 그 꿈에서 온의 수레를 탄 것은 그의 자리를 물려받게 된다는 의미이고, 십육 리를 가다가 그친 것은 그때부터 16년이 흐른 지금을 의미하는 것이고, 거기에서 본 백계는 유(酉)를 가리키므로 금년이 바로 유년이니 내가 이 병을 이겨내지 못할 것이다."라고 말하고는 바로 상소하여 벼슬자리에서 물러났다. "悵然謂所親曰:'昔桓溫在時吾常懼不全, 忽夢乘溫輿, 行十六里, 見一白鷄而止, 乘溫輿者, 代其位也. 十六里止, 今十六年矣. 白鷄主酉, 今太歲在酉, 吾病殆不起乎.'乃上疏遜位. (『진서(晉書)』 권79 「시안전(謝安傳)」.)

　　공이 조정에 나아가 벼슬하면서 보인 큰 절조의 전부는 앞의 두 구
의 내용에서 벗어나지 않는다. 비록 실록이라고 해도 좋을 것이다.

라고 하였다. 어제 공의 옛 별장을 지나가는데 풀과 나무가 무성하
였고, 돌 틈 사이로 샘물이 흘러나오고 있었다. 이곳은 원래 공이
잔치를 열고 놀던 데라 서글픈 심정으로 배회하다가 차마 그냥 그
곳을 떠날 수 없어 벽 위에 시 한 수를 남겼다.

　　　바위 아래 졸졸 흐르는 맑은 물소리,
　　　흘러가는 저 물은 마치 깊은 시름 있는 듯.
　　　그 누가 알겠는가? 빙설 같은 저 물줄기,[18]
　　　아직도 봉황지를 돌아 흐르고 있다는 것을.
　　　동각[19]에서 다시 엿보고 있는데,
　　　서문[20]에는 해 저무려 하네.
　　　시를 써서 한쪽 벽에 남긴 뜻은,
　　　그저 저승에 보내어 알리려 함이네.

---

18) 빙설(氷雪)같은 저 물줄기 : 이는 문극겸이 관료로 대궐을 드나들 때 청렴결백하
　　게 조신(操身)했던 사실을 깨끗하고 시원한 빙설에 비유하였음.

19) 동각(東閣) : 동쪽의 작은 집을 일컫는 것으로 동합(東閤)이라고도 함. 재상이 현
　　자를 초치하는 곳을 이름. 진(晉)나라 갈홍(葛洪)의 『서경잡기(西京雜記)』에, '平
　　津侯自以布衣爲宰相, 乃開東閣, 營客館, 以招天下之士.' 그러나 여기에서의 동각
　　은 태자가 머무는 곳을 뜻함.

20) 서문(西門) : 중국 동진(東晋, 317~418) 때 지금의 강소성 남경에 두었던 성문(城門)
　　인 서주문(西州門)을 이름. 진나라 양담(羊曇)이 자신을 애지중지했던 외숙 사안(謝
　　安)이 세상을 떠나자 슬퍼하며 사안이 머물던 서주를 멀리 했는데, 하루는 술에
　　취해 서주 성문에 이르렀다가 슬픔이 치밀어 말채찍으로 성문을 두드리며 위나라
　　조식(曹植, 192~232)의 시(「공후인(箜篌引)」, '生存華屋處, 零落归歸丘, 先民誰不
　　死, 知命復何憂.'를 읊고는 통곡하며 돌아갔음.(『진서』 권79 「사안전(謝安傳)」)

嚴下泠泠水,

沿洄若有思.

誰知氷雪派,

尙乘鳳凰池.

東閣重窺處,

西門欲暮時.

題詩留半壁,

略遣九泉知.

중-2　樞府金富儀, 侍中文烈公弟也, 竝以文章功業顯. 嘗杖節中朝, 眞宗愛其才, 殊以禮遇之. 忽有二客到館小飮, 令曰, 天上有三百六十度, 星有牽牛. 次日, 碁中有三百六十舍, 有馬無牛. 公卽日, 年中有三百六十日, 立春日用土牛. 合座皆服其敏. 嘗侍宴方醉, 皇帝以長句六韻示之, 遣中人敦促令和進. 公畧不構思, 援筆立就, 其畧云, 沉香亭畔聞新曲, 立禮門前賀太平. 無路小酬天地德, 唯將醉筆謝生成. 帝嗟賞不已, 賜與尤厚. 及徽宗末年, 金人陷汴京, 虜二帝北旋. 康王襲寶位, 遣使人楊應誠來聘, 請假途往問二帝行在所, 而朝議牢執不許. 命公作表以答之, 天地之仁, 各令萬物以咸遂, 帝王之德, 不責衆人之所難. 又云, 彼衆我寡, 旣難可以與爭, 脣亡齒寒, 又焉知其非福. 又云, 率諸侯而尊周王, 非敢期齊晉之古事, 任厥土而作禹貢, 庶勿失靑徐之舊儀. 文烈公先入中書, 以故在樞府十餘年, 性嗜讀書, 開別室, 常與士大夫討論文章, 雖妻妾稀見其面. 及寢疾, 有朝士夢馬糞自雲間而下, 問云, 今日金樞密賓天矣, 世以謂天星之精. 富貴家兒非生得而性好, 則罕有工文章者. 金樞密闓有蕭氏之八葉之貴, 棄紈綺舊習, 竟日危坐看書. 不好爲詞章, 及其有所作, 則必滌筆於氷甌中

然後爲之. 故篇什未得多傳於世, 而所傳者, 必警策也. 如乘軺歷鹽州
客舍題一經云, 鴛衾無夢夜厭厭, 涼月多情照畫簷, 喚作鹽州眞大誤,
一州風物摠無鹽.

추부 김부의[21]는 시중을 지낸 문열공 김부식[22]의 아우로 두 형제
가 모두 문장과 정치적 업적에서 두드러졌다. 일찍이 중국에 사신
으로 갔을 때, 송나라 진종이 그의 재주를 사랑하여 특별히 예를 갖
추어 맞이하였다. 홀연히 어떤 두 사람이 객관에 찾아와 작은 잔치
자리를 벌였는데 사령(詞令)[23]을 내걸고 한 사람이 "하늘에는 삼백
육십 도가 있고, 별에는 견우성이 있네."라고 하니, 다음 사람이 말
하기를, "바둑판에는 삼백 육십 집이 있고, 말은 있지만 소는 없도
다."라고 대구하였다. 공이 바로 말하기를 "한 해에는 삼백 육십 일
이 있고, 입춘일에는 토우(土牛)[24]를 사용한다."라고 하니, 좌중에

---

21) 김부의(金富儀, ?~1136) : 고려 전기의 문신으로 부식(富軾)의 동생. 자는 자유
   (子由), 초명은 부철(富轍). 관직은 지제고(知制誥)에 올랐음. 1117년 금나라 사신
   이 와서 형제국(兄弟國)이 되기를 청하자, 금나라를 회유하기 위하여 화의하자는
   상소문을 올리기도 했으며, 묘청이 난을 일으키자 평서십책(平西十策)을 올리고
   좌군수(左軍帥)·추밀원사가 되어 출정하였음. 시호는 문의(文懿).

22) 문열공(文烈公) 김부식(1075~1151) : 고려 전기의 문신. 자는 입지(立之), 호는 뇌천
   (雷川). 문열은 그의 시호. 신라 출신으로 신라가 망하자 경주의 주장(州長)에 취임했
   던 위영(魏英)의 증손자로 일찍부터 고려의 보수계층을 대변해 왔음. 네 형제가
   모두 과거로 진출하였으며, 개혁파인 묘청 등이 일으킨 난을 진압하는데 도원수(都元
   帥)로 참여하여 수충정난정국공신(輸忠定難靖國功臣)에 책록되었고, 관직은 문하시
   중에 올랐음. 고문에 능하여 인종의 명에 의하여『삼국사기』를 편찬하였고, 문집인
   『김문렬공집(金文烈公集)』20권을 남겼다고 하나 전하지 않음.

23) 사령(詞令) : 주령(酒令)의 한 가지로, 잔치 자리에서 술을 마셔 가며 글을 짓는
   유희인데 한 사람이 주령(酒令)을 내면 다른 한 사람이 대구(對句)로 응대함.

24) 토우(土牛) : 흙으로 만든 소. 중국 고대 풍속에 입춘일이 되면 흙으로 소를 빚어
   놓고 풍년을 기원했다고 함. '立春之月, 施土牛耕夫于門外, 以示兆民'.(『후한서

같이 앉아있던 사람들 모두가 그의 민첩한 대응에 탄복하였다.

일찍이 황제를 모신 잔치자리에서 주흥이 무르익자 황제는 장구 육운시를 보이고는 중인25)을 시켜 바삐 화답시를 지어 올리도록 했다. 공이 시상을 다듬을 겨를도 없이 붓을 들고 바삐 써 내려 갔다. 그 시는 이러하다.

> 침향정26) 가에서 새 노래를 듣고,
> 입례문27) 앞에서 태평성세를 축하하네.
> 천지의 덕을 조금이라도 갚을 길 없어
> 오직 취한 붓끝으로 생성의 은혜에 감사하네.

> 沈香亭畔聞新曲,
> 立禮門前賀太平.
> 無路小酬天地德,
> 唯將醉筆謝生成

황제가 감탄하여 크게 칭찬하고는 하사품을 후하게 내렸다.

휘종 말년에 이르렀을 때에 금나라 군사들이 변경28)을 함락하고

(後漢書)』「예의지(禮儀志)」)

25) 중인(中人) : 궁중에서 왕을 가까이에서 시중드는 환관이나 궁녀를 가리킴.『한서』「백관공경표 상(百官公卿表上)」에, '將行, 秦官, 景帝中六年更名大長秋, 或用中人, 或用士人. 顔師古 注, 中人, 奄人也.'

26) 침향정(沉香亭) : 중국 당나라 때 현종 때 양귀비의 6촌 오빠로 권신이었던 양국충(楊國忠)이 고급목재인 침향목을 목재로 사용하여 지은 누각을 이름. 현종이 양귀비와 같이 모란이 활짝 핀 달 밝은 밤에 여기에 나와 이백과 이구년(李龜年)을 불러 시를 지어 노래 부르게 했다는 고사가 있음.

27) 입례문(立禮門) : 대궐의 남쪽에 세운 문을 이름.

두 황제[29]를 사로잡아 북으로 돌아갔다. 강왕[30]이 보위를 물려받고 는 양응성을 우리나라에 사신으로 보냈다. 그는 고려 조정에 다 길 을 빌려 근나라에 잡혀간 두 황제가 머물고 있는 행재소에 가서 안 부를 물을 수 있기를 청하였다. 그러나 조정의 여론이 압도적으로 허락하지 말아야 한다는 쪽으로 모아지자 공에게 양응지의 요청에 답하는 표문을 짓도록 하였다. 그 표문 가운데,

천지의 인(仁)은 만물로 하여금 제 본성을 이루어지게 하는 것이요, 제왕의 덕은 뭇사람들이 어려워하는 바를 힐책하지 않는 것이다.

---

28) 변경(汴京) : 변량(汴梁)이라고도 하며, 양(梁)은 대량(大梁 : 개봉開封의 옛 이름) 에서 유래되었음. 지금의 중국 하남성 개봉이 변하강(汴河) 연변에 위치하고 있었 기 때문에 생긴 명칭임. 변하강은 하남성의 영양(滎陽) 부근에서 황하(黃河)로부 터 나뉘어져, 개봉을 지나 남동으로 흘러서 회하(淮河)로 흘러들어감. 현재 이 하 천로는 매몰되어졌지만, 당·송 시대에는 강남의 미곡을 서울로 수송하는 데 크게 이용되었음. 이로 인하여 당나라 중기 이후에는 이 운하 연변의 개봉이 크게 번성 하였고, 이어 후당(後唐)을 제외한 오대·북송의 도읍지가 되었음. 그러나 금(金) 나라의 공격으로 송왕조가 남천한 뒤로는 점차 쇠퇴하였음. 금나라 말기에 일시적 으로 국도가 되기도 했으나, 원(元)나라 때에 운하의 방향로가 바뀌어 지방도시에 불과한 작은 고도로 전락하였다.

29) 이제(二帝) : 중국 금나라의 포로가 되었던 송나라의 두 임금, 즉 휘종(徽宗)과 흠 종(欽宗)을 가리킴. 1127년 아버지 휘종과 아들 흠종이 정강(靖康)의 변(變)을 만 나 금나라 군사에게 잡혀서 동북지방의 오국성(五國城 : 지금의 흑룡강성 의란현 依蘭縣)이 압송되었던 일을 말함.

30) 강왕(康王, 1107~1187) : 남송(南宋)의 첫 황제인 고종(高宗)의 즉위 전의 봉호. 고종은 흠종(欽宗)의 동생으로 1127년 금나라 군사들에게 휘종·흠종이 포로로 잡 혀가자, 강왕이었던 고종이 응천부(應天府 : 지금의 하남성 상구商邱)에서 즉위하 였음. 그 후 금군을 피하여 강남으로 건너가서 1138년 항주를 임시수도로 정하고 임안부(臨安府)라 하였으며, 진회(秦檜)를 등용하고 악비(岳飛) 등 주전론자(主戰 論者)를 굴리쳤음. 1142년 금나라에 대해서 스스로를 신(臣)이라 부르고 은과 비단 을 보내는 등 굴욕적인 화약을 맺어 20년간 평화를 얻었음.

또 이르기를,

　저들 군사의 숫자는 많고 우리는 적으니 이미 그들과 싸우기는 어렵고, 입술이 없으면 치아가 차갑다고 하였으니 또한 어찌 그것이 복이 아님을 알겠는가?

라고 하였고, 또 이르기를,

　제후를 거느리고 주왕을 받들어 모시던 제·진(齊晉)의 고사31)를 따른다는 것은 감히 기약할 수 없고, 그 땅을 맡아 조공을 바치는 것[禹貢]32)은 청주와 서주의 옛 의례를 잃지 않기를 바라기 때문이었도다.33)

---

31) 제·진(齊晉)의 고사 : 중국 고대 춘추시대 춘추오패(春秋五覇 : 제齊나라 환공桓公·송宋나라 양공襄公·진晉나라 문공文公·진秦나라 목공穆公·초楚나라 장왕庄王) 가운데 제나라 환공과 진나라 문공이 주나라를 종주국으로 받들자는 존주(尊周)를 구호로 내걸고 희공(僖公) 9년 규구(葵丘 : 지금의 하남성 민권民權과 희공28년 천토(踐土 : 지금의 하남성 정주鄭州)에서 여러 제후들과 회맹(會盟)했던 고사를 가리킴. (『좌전』「희공」9년, 28년을 참조) 여기서는 고려정부가 허약한 송나라를 멀리하고 막강한 금나라를 섬길 수 없다는 뜻으로 쓰였음.
32) 우공(禹貢) : 『서경』「하서(夏書)」의 편명. 이편의 내용은 우임금이 10년에 걸쳐 중국 전국[九州]을 순회하여 국경을 정하고, 수리(水利)와 산·천·도·리(山川道里)의 근원과 지질의 상하와 물산의 다소를 살펴 이것으로 천하의 조세를 부과하는 법을 만들어 기록한 것임. 이 글에서는 조공의 뜻으로 사용되었음.
33) 이 글은 고려 인종 6년(1128)에 윤언이(尹彦頤)를 중국에 보내어 송나라 고종에게 올린 표문(表文)의 일부분임. 금나라에 쫓겨 존망의 위기에 처했던 남송의 고종이 고려에 사신을 보내 동북쪽에 있는 금나라를 공격하라고 강요하였으나 인종이 고려가 처한 여러 가지 사정을 들어 완곡하게 거부하자 남송의 사신 양응성(梁應誠) 등이 화를 내며 중국으로 돌아갔으므로 이를 무마하기 위해서 인종이 고종에게 표문을 올렸음.(『고려사』권15 참조) 중국 고대시대 구주(九州)에 속했던 먼 변방의 서주 (徐州 : 지금의 강소성 북부지역)과 청주(靑州 : 지금의 산성 산동반도 서부지역)에서도 우임금에게 세금을 바쳐 충성을 맹서했듯이 고려도 종주국인 송나라에

라고 하였다. 문열공 김부식이 먼저 중서성에 들어갔으므로 공이 추부에서 십여 년 동안 근무하였다. 성품이 독서하기를 좋아하여 별실을 열어 항상 사대부들과 문장을 토론하였으므로, 비록 공의 아내라고 할지라도 남편의 얼굴을 자주 볼 수 없을 정도였다. 공이 병이 들어 몸져누웠는데, 조정의 어떤 관리가 밤에 말똥[馬糞]이 구름 사이로부터 떨어지는 꿈을 꾸고는 이상하게 여겨 해몽하는 사람에게 물으니, "오늘 김 추밀이 세상을 떠날 것이다."고 하였다. 그래서 세상 사람들이 그를 '하늘에 떠있는 별의 정령'이라고 하였다.

부유하고 귀한 집안에서 태어난 아이라도 훌륭한 천성을 타고나지 않으면 문장을 잘하는 사람이 나오기가 어렵다. 김 추밀은 분명히 소씨의 팔엽(八葉)34) 같은 귀한 신분이었지만 호화스러운 생활에 익숙한 낡은 관습을 버리고서 하루 종일 꼿꼿이 앉아 독서에 열중하였다. 공은 시문(詩文)을 좋아하지는 않았으나 그가 시문을 짓게 되면 반드시 붓을 얼음을 담은 병에다 씻은 후에야 글을 지었다.35) 그러므

조공을 바치겠다는 뜻임.

34) 소씨팔엽(蕭氏八葉) : 중국 수·당·오대(隋唐五代)에 이르기까지 세상에 드물게 8대(八代)에 걸쳐 번성했던 난릉(蘭陵) 소씨 집안을 말함. '팔엽전방(八葉傳芳)'이라고도 함. 곧 이들은 한나라 초기의 재상을 지냈던 소하(蕭何)의 후손으로 소우(蕭瑀)로부터 소구(蕭遘)에 이르기까지 팔대에 걸쳐 재상을 비롯한 명망 있는 인사들이 줄을 이어 나왔기 때문에 이 말이 생겼음.

35) 붓을 얼음 …… 글을 지었다. : 이 말은 중국 북송 말기의 문신인 완열(阮閱)이 편찬한 『시화총구(詩話總龜)』 권3 「지우문(知遇門)」에서 스님 문영(文瑩)이 양휘지(楊徽之, 921~1000)에게 한 말에 근거한 것임. "문영이 일찍이 양휘지에게 말하기를, '반드시 천지의 이슬을 빙구설완 속에 담아 이걸로 붓을 씻어야만 바야흐로 공의 시가 신골이 서로 부합할 것이오."(楊徽之侍讀, 太宗聞其名, 索所著數百篇奏御, 獻詩云, 十年牢落今何幸, 叨遇君王問姓名. 太宗選十聯, 書于御屛間. 梁周翰詩日, 誰似金華楊學士, 十聯詩在御屛間. 僧文瑩嘗謂楊公, 必以天池浩露滌筆于冰甌雪碗中, 則方與公詩神骨相副.)

로 공의 시문이 세상에 많이 전하지는 않지만 세상에 전해지는 작품
은 반드시 경책(警策)[36]이었다. 중국에 사신으로 가는 도중에 염주의
객사를 지나가게 되었는데 거기에서 절구 시 한 수를 지었다.

　　　원앙금침에 잠들지 못하고 밤은 고요하기만 한데,
　　　서늘한 저 달은 다정하게도 아름다운 처마를 비추네.
　　　염주[37]라고 부른 것은 참으로 큰 잘못이니.
　　　온 고을의 풍물은 모두 무염[38]이네.

---

36) 경책(警策) : 달리는 말에게 더 빨리 달리게 하기 위해서 사용하는 채찍으로, 뜻이
　　전하여 문장 속에서 전편을 생동하게 하는 중요한 짧은 문구나 세상 사람들이 본
　　받을 만한 작품을 이름. '立片言, 以居要, 乃一篇之警策. (注) 善曰以文喻馬也,
　　言馬以警第而彌駿, 以喻文篇片言而益明也'(육기陸機의 「문부(文賦)」)
37) 염주(鹽州) : 중국 요동 지방에 있던 지명으로 지금의 흑룡강성 동경(東京)지역을
　　가리킴. 국내 지명으로는 황해도 연안(延安)을 이름. 원래 고구려의 동음홀(冬音
　　忽)이었다가 신라 때 해고군(海皐郡)으로 고쳤으며 고려 초기에는 염주(鹽州)라
　　불렀음. '本高句麗, 冬音忽, 新羅改海皐郡, 高麗初稱鹽州.'(『신증동국여지승람』
　　권43 「연안도호부(延安都護府)」)
38) 무염(無鹽) : 중국 산동성에 있는 지명으로, 여기에서는 무염추부(無鹽醜婦)의 뜻
　　으로 박색(薄色)의 여인을 가리킴. "제나라의 어떤 한 여인이 너무 박색이었는데,
　　사람들이 그녀를 '무염녀'라고 불렀다. 그녀의 모습은 절구 머리에 움푹 들어간 눈
　　을 가졌고, 남자 같이 장대한 골격이었으며, 들창코에다 성년 남자처럼 목젖이 나
　　와 있는 두꺼운 목에 숱이 적은 머리털, 허리는 굽고 가슴은 돌출되었으며, 피부는
　　옻칠을 한 것처럼 새까맸다. 그녀는 나이 서른이 되도록 아내로 삼으려는 사람이
　　없어 시집을 가지 못하고 혼자 살고 있었다. 그녀는 짧은 갈옷을 입고 직접 선왕
　　(宣王)이 있는 곳으로 가서 한번 만나보기를 원하여 알자(謁者)에게 이렇게 말했
　　다. '저는 제나라에서 팔리지 않는 여자입니다. 군왕의 성스러운 덕에 대해 들었습
　　니다. 원컨대 후궁으로 들어가 사마문 밖에 있도록 해주십시오. 왕께서는 허락하
　　실 것입니다.' 알자는 그녀의 이 말을 선왕에게 보고했다. 선왕은 마침 첨태에서
　　술을 마시고 있었는데, 왕의 주위에 있던 사람들 가운데 웃지 않는 자가 없었다.
　　선왕은 좌우를 둘러보며 이렇게 말했다. '이자는 천하에서 가장 뻔뻔스런 여자이
　　다.'"齊有婦人, 極醜無雙號曰, 無鹽女. 其爲人也, 臼頭深目, 長壯大節, 昂鼻, 結
　　喉肥項, 少髮, 折腰出胸, 皮膚若漆. 行年三十無所容入, 衒嫁不售, 流棄莫執, 於

鴛衾無夢夜厭厭,

涼月多情照劃簷.

喚作鹽州眞大誤,

一州風物摠無鹽.

중-3   仁王幼臨大寶, 元舅朝鮮公擅朝. 醫官崔思全, 遊談平勃間,
卒安漢祚. 由是畫形麒麟, 驟登宰輔. 其時金存中作誥云, 莽何羅之
觸寶瑟, 變起蒼黃, 夏毋且之抵藥囊, 意存忠義. 時人謂之切理, 恩顧
尤厚, 賞賜以百萬計. 有兩子曰弁, 曰烈, 公以金罍二具與之, 及公捐
館, 愛姬竊其一, 兄怒欲鞭之, 弟曰, 此先公寵妾也, 當傾倒家貲以賑
恤之宜矣, 況此物耶, 吾所得金罍尙存, 請以遺之, 毋困此妾也. 仁王
聞之曰, 可謂孝且仁矣, 卽以御筆賜名曰孝仁, 其立朝大節可見於是.
嘗辭閤門祗候應擧, 欲遂先公遺令而未果, 常以快快不已. 其友金尙
書莘尹, 作六字詩贈之, 骰子選中得失, 黃粱夢裡升沉. 汲汲百年能
幾, 如何以此傷心.

인종이 어려서 임금의 자리에 올랐으므로 장인인 조선공39)이 조
정을 마음대로 좌지우지 하였다. 의관 최사전40)이 평·발(平勃)들을

是乃扰拭短褐, 自詣宣王, 願一見, 謂謁者曰, '妾齊之不售女也. 聞君王之聖德. 願
備後宮之掃除, 頓首司馬門外. 唯王幸許之.' 謁者以聞宣王, 方置酒於瞻臺, 左右
聞之莫不揜口而大笑曰, '此天下強顏女子也.'"(『신서新序』 2권)

39) 조선공(朝鮮公) : 고려 전기의 권신인 조선국공(朝鮮國公) 이자겸(李資謙, ?~1126)
을 말함. 고려 전기에 벌열층을 이루었던 인주이씨(仁州李氏) 가문 출신으로 이자연
(李子淵)의 손자. 둘째딸을 예종의 비로, 셋째·넷째 딸을 인종의 비로 보내어 위세
를 부리다가 몰락했음.

40) 최사전(崔思全, 1067~1139) : 고려 전기의 문신으로 자는 휼세(恤世). 내의(內醫)
로서 예종대에 관계에 진출하였고, 1126년(인종4) 이자겸이 권세를 남용하고 역모

잘 설득하여 마침내 인종 임금의 자리를 안정시켰다.[41] 이로 인하여 기린각[42]에 그의 모습이 그려지고, 고속승진을 거듭 한 끝에 인종을 보좌하는 재상의 자리에 까지 올랐다. 그 때 고원[43]에 근무하던 김존중[44]이 사령장을 지었는데 거기에 이런 내용이 있었다.

> 망하라(莽何羅)[45]가 거문고에 걸려 넘어지니, 뜻하지 않은 변고가 일어났고, 의관 하무차가 약 주머니로 형가를 막은 것은[46], 뜻이 충

를 꾀하자 자겸의 심복이었던 척준경(拓俊京)을 설득하여 자겸을 제거케 하였음. 그 공으로 병부상서(兵部尙書)에 추충위사공신(推忠衛社功臣)이 되었음. 시호는 장경(莊景).

41) 평·발(平勃)들을 잘 설득하여 마침내 인종 임금의 자리를 안정시켰다.[遊談平勃間, 卒安漢祚] : 평·발은 중국 한나라의 개국 공신으로 한고조 유방의 총애를 받았던 진평(陳平, ?~BC178)과 주발(周勃, BC240~BC169)을 가리킴. 두 사람은 한고조 사후 여씨태후(呂氏太后)가 황제의 자리를 넘보자 한나라 초기 유학을 진흥시킨 육가(陸賈, BC240~BC170)의 권유로 한고조의 차남인 우항(劉恒)을 문제(文帝)로 옹립하여 여씨의 난을 평정하였음.(『사기』「진승상세가(陳丞相世家)」) 여기서는 당시 이자겸으로 인해 야기된 부당한 정치행실을 혁신하고자 했던 유위(有爲)한 인물들을 이름.

42) 기린(麒麟) : 기린각(麒麟閣)을 말함. 한나라 무제가 세운 누각으로, 선제(宣帝, 재위기간 73~49) 때 공신인 곽광(霍光), 장안세(張安世), 소무(蘇武) 등 11명의 공적을 찬양하기 위해서 그들의 모습을 그려서 거기에 걸었다고 함.

43) 고원(誥院) : 교서(敎書), 조서(詔書) 등 왕의 글을 맡아보던 관청.

44) 김존중(金存中, ?~1156) : 고려 전기의 권신. 용궁김씨(龍宮金氏)의 시조. 관직은 우승선(右承宣), 태자소부(太子少傅)를 역임했으며, 의종 때 환관이었던 정함(鄭諴)과 결탁하여 권세를 누렸음.

45) 망하라(莽何羅, ?~BC88) : 중국 전한시대 권신으로, 한무제를 시해하려고 했으나 옆에 있던 거문고가 넘어지는 바람에 김일제(金日磾)에게 발각되어 그의 동생 망통(莽通)과 함께 죽임을 당하였음.

46) 외관 하무치가 …… 형가를 막은 것은 : 연(燕)나라에서 온 자객 형가(荊軻)가 진시황(秦始皇)을 죽이려고 하자 옆에 있던 전의(典醫) 하무차(夏無且)가 엉겁결에 자신이 가지고 있던 약주머니로 형가를 제지하여 진왕을 구했다는 고사를 말하는 것임. '故荊軻乃逐秦王, 而卒惶急無以擊軻, 而以手共搏之, 是時侍醫夏無且, 以其所

직하고 의로운 데 있기 때문이었도다.

　당시 사람들이 그 말이 지극히 이치에 맞다고 하였으므로 왕이 그에게 은총을 베풀고 많은 상을 내렸다. 그에게 두 아들이 있었는데 한 아들의 이름은 '변(弁)'이었고, 다른 한 아들은 '열(烈)'이라고 하였다. 공이 금술잔 2개를 두 아들에게 주었는데, 공이 세상을 떠나자 그가 총애하던 첩이 금술잔 하나를 훔쳤다. 형이 화가 나서 그녀를 채찍으로 때리려고 하자, 동생이 말하기를,

　　이 사람은 아버님께서 총애하시던 첩입니다. 그러니 집안의 재산을 다 기울여서라도 보살피고 도와줘야 하는데, 하물며 이 하찮은 물건인들 말해 무엇 하겠습니까. 내가 얻었던 금술잔을 아직 그대로 가지고 있습니다. 이 술잔을 대신 형에게 드릴테니 이 첩에게 아무 일도 없었으면 합니다.

라고 하였다. 인종이 그 이야기를 듣고는 효성스럽고 어질다고 할 만하다라고 하고는 곧 어필로 '효인(孝仁)'이라고 이름을 써서 하사하였으니, 그가 조정에서 세운 큰 절의는 이 같은 사례에서 유추해 볼 수 있다. 일찍이 합문지후[47]의 관직을 그만두고 과거시험에 응시하여, 선공이 남긴 가르침을 따르고자 하였으나 아직 좋은 결과를 얻지 못하였으므로 항상 마음이 편하지 못하였다. 그 친구인 상서 김신윤[48]이 육자시를 지어 그에게 주었다.

　奉藥囊提荊軻也. 秦王方環柱走, 卒惶急不知所爲左右'(『사기』 권86)

47) 각문지후(閣門祗候) : 합문지후(閤門祗候)로, 합문은 고려시대에 조회(朝會)·의례(儀禮) 등 국가의 의전사무를 관장한 관청이었으며, 지후는 정7품직이었음.

주사위49)를 던지면 득실이 따르기 마련이고,

황량몽50) 속에는 승진과 추락이 엇갈렸네.

인생 백년살이 얼마나 된다고,

어찌 이 일로 마음 아파하시는지.

骰子選中得失,

黃粱夢裡升沈.

汲汲百年能幾,

如何以此傷心.

중-4   自雅缺風亡, 詩人, 皆推杜子美爲獨步, 豈唯立語精硬, 括盡

天地菁華而已. 雖在一飯, 未嘗忘君, 毅然忠義之節, 根於中而發於

外, 句句無非稷契口中流出. 讀之足以使懦夫有立志, 玲瓏其聲, 其質

玉乎, 蓋是也. 昔見金相國永夫, 有感詩云, 近聞隣國勢將危, 拓地開

---

48) 김신윤(金莘尹) : 고려 중기의 문신. 명종 때 동지공거(同知貢擧)와 좌간의대부
   (左諫議大夫)를 역임했음. 평소 간관(諫官)으로서 불의에 대해서 직언을 서슴지
   않는 강개(慷慨)한 성품을 지녔던 것으로 유명함.

49) 주사위[투자선(骰子選)] : 도박의 하나로, 승경도(陞卿圖) 놀이 등을 가리킴. 기이
   한 인연으로 벼슬을 얻는 것을 뜻하는 말로도 쓰임. 투자선격(骰子選格)은 승경도
   같은 도박 기구를 이름.

50) 황량몽(黃粱夢) : 중국 당나라 소설가 심기제(沈旣濟, ?750~800)가 쓴 소설『침
   중기(枕中記)』에 나오는 고사임. 당 개원(開元) 19년(732)에 노생(盧生)이 한단(邯
   鄲)에서 도사인 여옹(呂翁)을 만나 자신의 곤궁한 신세를 한탄하였더니, 여옹은
   주머니에서 베개 하나를 꺼내 주면서 "이것을 베고 자면 자네는 마음대로 부귀를
   누리게 될 걸세."라고 하였다. 노생이 그대로 하였더니 과연 꿈속에서 한평생 온갖
   부귀공명을 누리다 깨어나 보니, 자신이 자기 전에 앉혀놓았던 누른 기장밥이 아
   직 다 끓지도 않았다. 노생은 꿈속의 일이 하도 허무해서 이상스레 여기자 여옹은
   "세상일이 모두 이 꿈과 같다."고 했음. 이 고사에서 한단지몽(邯鄲之夢), 일취지
   몽(一炊之夢)이라는 말이 나왔음.

疆在此時. 素髮飄飄霜雪落, 丹心耿耿鬼神知. 廉頗能飯非無意, 去病
辭家亦有爲. 黙黙此懷無處說, 每逢樽酒醉如泥. 其拳拳憂國之誠, 老
而益壯, 凜然與泰華爭高, 眞可仰也. 公平生使酒狂氣, 雖王公大人,
皆憚之. 幼時, 夢遊大內出毬庭, 有酒甕數百森列, 而兩三甕始傾, 問
之, 云, 此進士金永夫所飮酒也. 張公三十六爐之錢, 信矣.

　『시경』의 「대아(大雅)」[51]와 「소아(小雅)」[52]가 이지러지고 국풍(國
風)[53]이 없어지면서 시인들이 모두 두자미(杜子美)[54]를 독보(獨步)라
고 추대하였으니, 어찌 두보가 말을 만든 것이 정밀하고 단단하며,
천지의 아름다움을 다 묘사해 낸 것만을 말하겠는가. 비록 한 끼의
밥을 먹는 동안에도 일찍이 임금을 잊은 적이 없어서 굳센 충직과

---

51) 대아(大雅) : 『시경』의 한 체(體). 풍(風)·아(雅)·송(頌)·부(賦)·비(比)·흥(興)
　　으로 이루어진 육의(六義)의 하나. 중국 고대 왕정의 치란(治亂)과 흥망(興亡)을
　　주제로 한 정악(正樂). 「문왕(文王)」편에서부터 「권아(卷阿)」편까지를 정대아(正
　　大雅), 「딘로(民勞)」편에서부터 「소민(召旻)」편까지를 변대아(變大雅)라고 함.
52) 소아(小雅) : 대아가 왕정을 노래한 것이라면, 소아는 작은 정사(政事)에 관한 일
　　을 노래한 정악(正樂). 『시경』305편 중 72편을 차지하며, 그 가운데서 연회에서
　　연주되는 음악을 정소아(正小雅), 정치의 득실을 노래한 음악을 변소아(變小雅)라
　　고 함.
53) 국풍(國風) : 『시경』 육의의 하나로 중국 고대에 각 지방의 제후들이 백성(百姓)
　　의 노래를 모아 왕에게 바쳤던 것으로 오늘날의 민요에 해당됨. 모두 135편인데,
　　주남(周南), 소남(召南) 등 25편을 정풍(正風), 패풍(邶風)에서 빈풍(豳風)까지의
　　110편을 변풍(變風)이라고 함.
54) 두자미(杜子美) : 자미는 중국 당나라의 대시인인 두보(杜甫 710~772)의 자(字).
　　효는 소릉(少陵). 두보는 중국에서 한시창작 수준이 최고조에 달했던 성당시대(盛
　　唐時代)어 그는 인간의 심리를 꿰뚫고 자연의 묘리(妙理)를 터득하였으며, 역사의
　　흐름에 민감하여 훌륭한 다회시·역사시·자연시를 남겼음. 그의 시는 안록산의
　　난을 만나 장안을 떠나 떠돌면서 지은 「춘망(春望)」, 「애강두(哀江頭)」, 「애왕손
　　(哀王孫)」 등은 우국지사로서의 애끓는 심희를 절실하게 묘사하였음. 그가 764년
　　에 공부원외랑(工部員外郎)을 지냈기 때문에 두공부(杜工部)라고도 함. 작품으로
　　는 『두공부집(杜工部集)』(20권)을 남겼는데, 거기에 1405 수의 시가 실려 있음.

의리의 절개를 마음속에 뿌리박았다가 밖으로 드러내니, 글의 구절
마다 직과 설55)의 입에서 흘러나온 말이 아닌 것이 없었다. 그러므로
이 글을 읽으면 나약한 사람이라도 자신의 뜻을 세우게 되니, '그
소리가 영롱하고 그 바탕이 옥처럼 순수하다'라는 말이56) 바로 이런
경우를 말하는 것이리라. 어제 상국 김영부57)의 「유감(有感)」이라는
제목의 시를 보았는데 그 시에 이르기를,

> 근래 이웃나라의 정세 위태로우리라는 소식 들었으니,
> 영토를 넓히고 국경을 개척할 때가 바로 지금이로다.
> 나부끼는 흰 머리털은 서리와 눈 내린 듯하고,
> 나라 생각하는 굳건한 이 마음 귀신만이 알리라.
> 염파58)가 밥을 잘 먹은 것은 뜻이 있어서고,

---

55) 직(稷)과 설(契) : 중국의 전설적 시대인 요임금, 순임금 때의 명신으로 직은 농사
를, 설은 교육을 담당했다고 함. 본문에서 언급한 말은 두보의 모든 말이 직과 설의
충심(忠心)에서 나온 말과 같다는 것임. 이 말은 소식(蘇軾)의 저서라고 하나 위작
(僞作)일 가능성이 큰『구지필기(仇池筆記)』권상「자미시외 유사재(子美詩外有事
在)」라는 글에 근거한 것으로, '子美詩, 自許稷契, 人未必許. 至於逃古詩, 言 舜擧
十六相, 身尊道何高, 秦時任商鞅, 法令如牛毛. 句法, 自是稷契輩人口中語也'

56) 그 소리가 …… 옥처럼 순수하다.[玲瓏其聲, 其質玉手] : 이 말은 중국 전한시대의
유학자이자 사부(詞賦) 작가인 양웅(揚雄, BC53~AD18)의 저서인『양자운집(揚子
雲集)』권1에 인용한 것임. 자운은 그의 자(字).

57) 김영부(金永夫, 1096~1172) : 고려 중기의 문신. 관직은 중서평장사(中書平章事)
에 올랐음. 환관 정함(鄭諴)과 권신 김존중(金存中)이 정서(鄭敍)를 모함한 것에
가담하여 정서를 동래로 귀양 보내는데 일조했음.

58) 염파(廉頗) : 중국 전국시대 조(趙)나라 혜문왕(惠文王) 때의 명장.『사기』「염파
전(廉頗傳)」에 의하면, 염파는 나이 팔십이 넘어서도 노익장을 과시하여 한 끼에
밥 한 말, 고기 열 근을 먹었으며 갑옷을 입고 말에 올랐다고 함.(一飯斗米肉十斤,
被甲上馬, 以示常可用) 본문에 쓰인 고사는 염파가 다시 조(趙)나라에 기용되기를
원해 조나라 사신이 보는 앞에서 아직 늙지 않았다는 것을 보이기 위한 행위였음.
당시 재상이었던 인상여(藺相如)와의 관계에서 문경지교(刎頸之交)라는 고사성어

곽거병[59]이 집을 사양한 것 또한 까닭이 있어서네.
묵묵히 이 속마음 이야기할 곳 없어,
만날 때마다 동이 술로 고주망태가 되네.

近聞隣國勢將危,
拓地開疆在此時.
素髮飄飄霜雪落,
丹心耿耿鬼神知.
廉頗能飯非無意,
去病辭家亦有爲.
黙黙此懷無處說,
每逢樽酒醉如泥.

라고 했다. 그가 나라를 근심하는 정성이 늙어서도 더욱 굳세었으
며, 그 늠름함은 태산, 화산과 높이를 다툴 정도로 우뚝하니, 참으로
우러러 볼만 하였다. 공이 평생 술을 마시면 광기를 부렸으므로 비
록 왕공, 대인일지라도 모두 그를 꺼렸다. 공이 어렸을 때 꿈에 대궐
안에서 놀았는데, 구정[60]으로 나가니 술독 수 백 개가 빽빽하게 늘
어서 있었고 그 가운데 두 세 개의 술독이 비워져 기울어져 있기에
물어봤다. 대답하기를, "이것은 진사 김영부가 마실 술이다."라 하

가 만들어지기도 했음.

59) 곽거병(霍去病, BC140~BC117) : 중국 한나라 때의 명장으로 흉노(匈奴)를 6차례
　　나 정벌하여 공적을 크게 세워 표기대장군(驃騎大將軍)이 되었음. 한나라 무제(武
　　帝)가 그의 공을 치하하여 그에게 집을 지어주겠노라고 하니 흉노를 다 몰아내기
　　전에는 그 말을 받아들일 수 없다고 하여 세상 사람들의 칭찬을 받았음.

60) 구정(毬庭) : 고려시대에 궁중 안에서 격구(擊毬) 시합을 위해 마련했던 경기장을
　　말함.

였다니, 장공의 삼십육로[61]의 돈을 믿을 만하다.

중-5 仁王卜得中興大華之勢於西都, 新開龍堰閣. 鳳輦西巡, 置
群臣宴, 命學士李之氐作口號. 其略云, 帝出震以乘乾 雖曰應時之數,
王在鎬而飲酒, 固當與衆而同. 又云, 室家相慶, 徯我后其來蘇. 管簫
初聞, 曰, 吾王能鼓樂. 又云, 遊豫爲諸侯度 旣符夏諺之稱, 飲食盡忠
臣心 允協周人之詠. 對偶精切, 固無斧鑿之痕. 文烈公見之嘆曰, 非
近代詞臣騈四儷六, 以組織爲工者所比也. 公侍中公壽之子, 十八擢
龍頭高選, 指日躡台鼎. 容貌如畫, 不妄顧視, 雖新學後生, 相對如大
賓. 忠言嘉謀, 足以與伊傅訓命爲表裡, 眞古所謂大臣者, 至今號其居
爲政堂里. 嘗奉使東都, 戲題詩云, 大醉惛惛曉夢顚, 不和帳下玉人
眠. 傍人莫笑風情薄, 解賦西江月一篇.

인종이 서경의 지세를 점치니 나라가 다시 일어나 크게 번창할 지
세라는 점괘를 얻고는 새로 그곳에 용언각[62]을 열었다. 임금이 서경
에 행차하여 여러 신하들에게 잔치를 베풀고는 학사 이지저에게 즉
석에서 글을 지으라고 명하였다. 그 글은 대개 이러 했다.

---

61) 삼십육로(三十六爐) : 돈과 관련되어 있는 것으로, 돈을 만드는 화로의 숫자를 의
미하는 것이 아닌가 한다. '聖主規其遠大略 其錙銖以多運 爲重微折 爲輕流通 爲
重開銷 爲輕此實 經世之良法 非蠡測管窺之見 所能仿佛規畫者也 査滇省錢局 共
三十六炉, 每年共鑄正錢 一十三萬四千七百八十四串. 內除匠役工食, 標營兵餉搭
放, 各項錢七萬一千九百九十五串, 零尙存錢六萬二千七百八十餘'(청나라 세종의
비답批答을 논한 『세종헌황제주비론지(世宗憲皇帝硃批論旨)』권125)
62) 용언각(龍堰閣) : 고구려시대 궁전의 이름인데, 우리말로 미르터 궁이라고 하며
고려 인종이 서경에다 그 궁을 다시 복원한 것으로 추측됨.

'제왕이 동방에서 나와 건도(乾道)를 탔다.'[63]는 말은 비록 때의 운수에 맞은 것이요, 임금께서 호경[64]에서 술을 마심은 참으로 민중들과 더불어 함께 즐거워함이로다.

라고 했다. 또 이르기를,

집집마다 서로 기뻐하여 '우리 임금 기다렸더니, 그가 오니 우리가 소생했다[65]'라고 하는 악기 소리 처음으로 들리니, '우리 임금님 악기 연주 잘 하도다.'[66]

라고 하였다. 또 이르기를,

---

63) 제왕이 동방에서 나와 건도(乾道)를 탔다. : 이 말은 『주역』64괘를 배열 순서대로 해설한 「설괘전(說卦傳)」에 나오는 말로 "帝出于震, 齊乎巽"에 근거한 것임. 이는 천제가 동쪽에서 나와 동남방에서 결제(潔齊)한다는 뜻인데 인종이 동방의 군주로서 군림한다는 것을 의미함.

64) 호경(鎬京) : 중국 주나라 무왕이 처음 도읍했던 곳으로 현재의 섬서성 서안 부근에 위치했음. 본문의 말은 『시경』「어조(魚藻)」편의 "王在在鎬, 豈樂飮酒."를 원용한 것임.

65) 그가 오니 우리가 소생했다. 이 말은 『서경』「중훼지고(仲虺之誥)」에 나오는 것으로서 "가는 곳의 백성들은 집집마다 경하하여 이르길, '우리 임금님을 기다렸는데, 우리 임금께서 소생하여 오셨다.'라 하였으니 백성들이 상나라를 떠받든 지가 오래 되었다."(室家相慶. 曰, 徯予后, 后來其蘇. 民之戴商, 厥惟旧哉.)라고 하였음.

66) 우리 임금님 악기 연주 잘 하도다. : 이 말은 『맹자』「양혜왕」하에 나오는 것으로, "지금 왕이 이곳에서 음악을 타시면 백성들이 왕의 종소리, 북소리, 피리소리, 젓대소리를 듣고는 모두 흔연히 기뻐하는 표정을 지으면서 서로 말하길, '우리 왕께서 행여 질병이 없으신가, 어떻게 음악을 타시는가.'(今王鼓樂於此, 百姓聞王鍾鼓之聲, 管籥之音, 擧欣欣然有喜色而相告曰 : '吾王庶幾無疾病歟? 何以能鼓樂也.')라는 내용이 있음.

　　노시고 즐겨하심이 제후의 법도에 맞으시니 이미 하나라 속담[67]에 말한 것과 일치하도다. 음식으로 충신의 마음을 다 하게 하니[68], 주나라 사람의 노래에 맞도다.

라고 하였다.

　짝을 맞추어 글을 구성한 것이 정밀하고, 다듬은 흔적이라곤 보이지 않았다. 문열공 김부식이 그 글을 보고 감탄하며 말하기를,

　　요즘 글 하는 젊은 관료들이 넉 자 여섯 자로 짝을 이루어 나가는 사륙변려문[69]체 글들도 이 글에는 비할 바가 아니다.

라고 했다.

---

67) 하(夏)나라 속담 : 이 말은 『맹자』 「양혜왕」 하에 나오는 것으로, "하나라 속담에 말하길, '우리 임금님이 유람하지 않으면 우리들이 어떻게 쉬며, 우리 임금님이 즐기지 않으시면 우리들이 어떻게 도움을 받으리오. 한번 유람하고 한번 즐김이 제후들의 법도가 된다.'라고 하였다"(夏諺曰 : '吾王不遊, 吾何以休. 吾王不豫, 吾何以助. 一遊一豫, 爲諸侯度.')라는 내용이 있음.

68) 음식으로 충신의 마음을 다하게 하니 : 이 말은 『시경 · 소아』 「녹명(鹿鳴)」에 나오는 말로, "평화로이 우는 사슴이여! 들판에서 쑥을 뜯도다."(呦呦鹿鳴 食野之苹)라는 내용이 있는데, 이는 임금이 어진 신하를 불러 주연을 베풀면서 군신 사이의 정의를 돈독히 한다는 뜻임.

69) 사륙변려문(四六騈儷文) : 네 자와 여섯 자를 기본으로 대구(對句)를 맞추어나가는 문체로 대구를 구성할 때 평측(平仄)에 어긋나지 않아야 함으로 일종의 율어문(律語文)임. 이 문체는 후한(後漢) 중기에 시작되어 당나라 중기까지 유행한 것으로, 변려문이라는 명칭은 당나라 유종원(柳宗元)의 「걸교문(乞巧文)」 중에, '騈四儷六錦心繡口'라는 구절에서 유래됐음. 변려문의 귀족적인 문체는 과도한 수사주의 경향으로 말미암아 중당(中唐) 때 한유(韓愈) 등이 일으킨 고문복고운동에 의하여 서서히 쇠퇴의 길을 걸었음. 우리나라에서는 신라 때 『문선(文選)』이 애독되면서 이 문체가 성행하였으며, 고려 때까지 공용문의 문식(文式)으로 사용되었음.

공은 시중 벼슬을 지낸 이공수[70]의 아들로 18세에 과거에 장원급
제 한 뒤에 고속승진을 거듭한 끝에 얼마 되지 않아서 재상이 되었
다. 용모가 빼어나 마치 그린 것 같았고 행동거지가 신중하여 함부로
처신하지 않았으며, 비록 신진학자인 어린 후배가 찾아와도 귀한 손
님을 대하듯 정중하게 맞이했다. 진심어린 말과 훌륭한 계책은, 이
윤(伊尹)[71]과 부열(傅說)[72]의 「훈명(訓命)」[73]과 함께 표리(表裏)가 될
만하니, 참으로 옛날 사람들이 말하던 '대신'이 바로 이런 사람이라
고 할 수 있다. 그러므로 지금 그가 살던 곳을 정당리(政堂里)라고
부르고 있다. 일찍이 왕명을 받들어 경주에 가서, 희롱하여 지은 시
한 수를 남겼다.

---

70) 이공수(즈公壽, ?~1137) : 고려전기의 문신. 자는 원로(元老), 초명은 수(壽)였으
나 재상의 직위인 문하시중에 오른 뒤에 공(公)자를 보탰음. 14년간 병부시랑(兵部
侍郎)을 달아 선군(選軍)의 일을 맡았고, 척준경(拓俊京)과 함께 6촌 형제인 이자
겸을 제거한 공으로 추충위사공신(推忠衛社功臣)의 칭호를 받았음. 시호는 문충
(文忠).
71) 이윤(伊尹) : 중국 은(殷)나라의 현명한 재상. 이윤은 자기의 재능을 숨기고 농사
를 지으며 초야에 묻혀 살았는데, 은나라 탕왕(湯王)이 그의 현명함을 알고 세 번
이나 사산을 보내어 예를 갖추어 청한 후에야 부름에 응하였음. 탕왕은 그를 높여
아형(阿衡)이라고 불렀음. 정승이 되어 무도한 하(夏)나라 걸왕(桀王)을 물리치고
은나라를 세웠음.
72) 부열(傅說) : 중국 은나라 고종(高宗) 무정(武丁)의 정치를 도왔던 어진 재상. 고
종이 꿈에 성인을 만났는데 이를 어진 신하를 만날 조짐으로 알고 여러 신하들을
시켜 사람을 찾으니 바로 부암(傅巖)에 숨어 살고 있는 부열이었음. 그때 그는 무
너진 길을 보수하고 있었는데 고종이 그에게 부(傅)로 사성(賜姓)했음.
73) 훈명(訓命) : 이훈(伊訓)과 열명(說命)을 가리키는데, 이 두 편은 모두 『상서(商
書)』중의 편명임. '이훈'은 탕왕이 죽은 뒤 그의 손자 태갑(太甲)이 뒤를 잇지 못
할까 걱정하여 이윤이 경계해서 지은 글이고, '열명'은 고종이 부열에게 명령한 말
을 기록한 글임.

크게 취해 정신없이 새벽잠에 빠져 있느라,

장막 아래에 아름다운 여인 자고 있는 줄 몰랐네.

여보게들, 나더러 낭만 없는 사람이라고 비웃지 마시구려,

나도 서강월74) 한 편 쯤은 읊을 줄 안다오.75)

大醉惛惛曉夢顚,

不知帳下玉人眠.

傍人莫笑風情薄,

解賦西江月一篇.

중-6　金侍中緣, 平章上琦子也. 少以文章顯, 年未三十乘軺出塞, 與大遼使人孟初伴行, 初見年少頗易之, 及并轡出郊, 雪始霽, 四顧茫然無所見, 惟馬蹄觸地作聲. 初垂袖微吟卽唱云, 馬蹄踏雪乾雷動. 公卽應聲曰, 旗尾飜風烈火飛. 初愕然曰, 眞天才也. 由是情好日篤, 恨相知之晚. 及返轅, 解所佩通天犀以贈之. 公在諫垣, 所陳皆經國遠猷, 初若迂疎, 利在千百載下. 仁廟時權臣擅朝, 聞童謠, 托疾引歸, 及返正, 徵爲冢宰. 其行止多神異, 世莫能測. 三子皆以文墨位宰相, 時以比江左王謝云. 嘗出鎭龍灣, 作詩示門生云, 十年臺閣掌絲綸, 此日飜爲閫外臣. 諫掖未能陳讜議, 塞垣聊欲掃胡塵. 鬢毛早白緣憂國, 涕淚難禁爲戀親. 多謝丘門諸子弟, 百壺淸酒餞行人.

---

74) 서강월(西江月) : 중국 송사(宋詞)의 사패명(詞牌名). 이 곡은 주로 남녀의 애정을 노래한 것으로, 당나라 대시인 이백(李白)의 시 「소대람고(蘇臺覽古)」에서 유래하였음. '舊苑荒臺楊柳新, 菱歌淸唱不勝春. 只今惟有西江月, 曾炤吳王宮里人.'

75) 이 시는『동문선』권19에 「동도희제(東都戲題)」란 제목으로 실려 있는데, 그 전문은 "乘醉昏昏曉夢顚, 不知帳下玉人眠. 故應解賦西江月, 莫笑風情減少年"으로 본문에서 소개된 시와는 글자의 출입이 많음

시중 김련[76]은 평장사를 지낸 김상기[77]의 아들로 어린 시절부
터 문장으로 이름이 세상에 드러났다. 나이 서른이 되기도 전에 요
나라에서 사신으로 온 맹초의 접반사가 되어 수레를 타고 국경으로
나가서 그를 맞이하게 되었는데, 맹초는 그가 나이가 어리므로 상
대하기가 만만하리라고 생각했다. 어느 날 두 사람이 함께 말고삐
를 나란히 하여 교외로 나갔을 때 마침 내리던 눈이 그쳐 날이 개었
다. 사방을 둘러보니 아득히 보이는 것이라곤 없고 오직 눈을 밟는
말발굽 소리만 들렸다. 맹초가 소매를 늘어뜨리고 나직이 읊조리다
가 소리 내어 부르기를, '눈 밟는 말발굽 소리 마른 우뢰가 치는 듯
하네.[馬蹄踏雪乾雷動]'라고 하니, 공이 곧 응대하기를, '깃발 자락이
바람에 펄럭이니 세찬 불길 이는 듯하네.[旗尾飜風烈火飛]'라고 하였
다. 맹초가 놀래어, "참으로 천재로다."라고 하였다. 이 일이 있은
뒤부터 서로 좋아하는 감정이 날로 두터워지고, 두 사람이 늦게 알
게 된 것을 크게 아쉬워했다. 맹초가 요나라로 돌아가게 되자 자신
이 차고 있던 통천서[78]로 만든 띠를 풀어서 김련에게 주었다. 공이
간원[79]에 근무할 때, 왕에게 아뢰는 것이 모두 나라를 다스리는 원

---

76) 김련(金緣, ?~1127) : 고려 전기의 문신인 김인존(金仁存)의 초명(初名). 자는 처
   후(處厚). 관직은 중서문하평장사(中書門下平章事)에 올랐음. 학문과 문장이 뛰어
   난 당대의 석학으로, 1106년 왕명으로 최선(崔璿) 등과 『해동비록(海東秘錄)』을
   산정(刪定)했으며, 박승중(朴昇中) 등과는 『시정책요(時政策要)』, 『정관정요주(貞
   觀政要註)』를 편찬하였음. 시호는 문성(文成).
77) 김상기(金上琦) : 고려 전기의 문신으로 관직은 문하시중(門下侍中)에 올랐음. 시
   호는 문정(文貞).
78) 통천서(通天犀) : 중국 고대 전설 속의 하늘에 통한다는 신령스런 무소의 일종.
   이 짐승은 풀을 먹을 때 독초만 찾아 먹고, 나뭇잎을 먹을 때도 오로지 가시가 있
   는 복숭아 잎만 먹는다고 함. 뿔 한가운데 구멍이 하나 길게 뚫려 있는데, 이 뿔을
   갈아 허리띠의 장식용으로 쓰기도 하며, 패물을 만드는데 사용하기도 함.

대한 계책들로써 처음에는 당장 쓸모가 없는 듯 하지만 그 이익은 천백년 뒤에 까지 이어질 것이다. 인종 때에 권신이 조정을 마음대로 좌지우지 하니, 공은 시대를 풍자하는 동요[80]를 듣고 병을 빙자하여 고향으로 돌아갔는데, 정치가 제자리를 찾아 바로 잡히자 왕이 그를 불러들여 재상으로 삼았다. 공의 행동거지가 기이하고 신통하여 세상 사람들이 그의 마음을 헤아릴 수 없을 정도였다. 공의 세 아들[81]이 모두 문필에 능하여 재상의 자리에 오르니, 그 때 사람들이 강좌(江左)[82]의 왕·사(王謝)[83]에 비교하기도 했다. 일찍이 용만[84]의 원으로 부임해 가면서, 시를 지어 문생들에게 보여주었는데, 그 시는 이러하다.

---

79) 간원(諫垣) : 왕에게 간언하는 일을 맡은 간관(諫官)이 속해 있는 관청을 말하는 것으로 고려시대에는 문하성(門下省)이라고 했음.

80) 시대를 풍자하는 동요 : 『고려사·열전』 권9에, 어느 날 출근하는 길에 아이들이 부르는 동요[참요(讖謠)]를 듣고는 이자겸에게 화를 입을까 두려워하여 말에서 일부러 떨어져 집으로 돌아갔다는 내용만 있을 뿐 동요에 대한 구체적인 내용은 언급되어 있지 않음. '及仁宗幼沖嗣位, 李資謙用事, 恐及禍, 懇辭乞退, 不許. 一日, 將赴衙, 聞街上童謠, 因墜馬歸臥, 求免愈切.'

81) 세 아들 : 『고려사·열전』 권9에 의하면, 김인존이 영석(永錫), 영윤(永胤), 영관(永寬) 등 세 아들을 두었는데, 이들은 모두 과거에 급제하여 벼슬이 재상의 직인 평장사에 이르렀다고 함.

82) 강좌(江左) : 중국의 강동(江東)지역을 말하는 것으로. 양자강 하류의 남쪽 지역인 강소성 지역을 가리킴. 여기에서는 동진(東晋)을 가리킴.

83) 왕·사(王謝) : 중국 육조시대 진(晉) 나라의 명문거족이던 왕도(王導, 27~339)와 사안(謝安, 320~385)의 두 집안을 이름. 왕사의 집안에는 왕도의 아들 열(悅), 흡(洽). 소(劭)와 왕도의 조카 희지(羲之), 희지의 아들 휘지(徽之) 같은 걸출한 인물들이 배출되었고, 사안의 집안에는 그의 아들 염(琰), 손자 혼(混), 사안의 조카 현(玄), 석(石), 사안의 종형 상(尙) 등의 훌륭한 인물들이 배출되어 당대를 풍미했음.

84) 용만(龍灣) : 평안북도 의주의 옛 이름.

십년을 대각에서 임금의 말씀을 맡았더니,

오늘 갑자기 대궐 밖의 신하 되었네.

간원에서 바른 의론 펴지 못했는데,

변방에서 오랑캐 먼지 쓸어내려 하네.

귀밑머리 일찍 흰 것은 나라 걱정 때문이고,

흐르는 눈물 금하지 못함은 어버이 그리워해서네.

나를 따르는 제자들에게 고마워하는 것은,

술자리 마련하여 떠나는 사람 전송해서네.[85]

十年台閣掌絲綸,

此日飜爲闕外臣.

諫掖未能陳讜議,

塞垣聊欲掃胡塵.

鬢毛早白緣憂國,

涕淚難禁爲戀親.

多謝丘門諸子弟,

百壺淸酒餞行人.

중-7 尙書金子儀, 骯髒有奇節. 嘗戰藝春官. 上夢見有人擢第, 名曰昌. 及開糊封, 公在第二人, 名晶, 上駭異之. 立朝勁諤有諍臣風, 性嗜酒, 醉則起舞, 輒唱四海之歌, 其所言皆國朝網紀也. 當時語曰, 寧逢虎兒, 不逢金公醉. 方出按江南, 上臨軒戒之曰, 卿文章志節不愧古人, 但飮酒多過差耳, 三杯之後愼勿屬口. 由是歷遍所轄州郡, 嘗惺

---

85) 이 시는 『동문선』 권12에 「출진용만 차 시문생(出鎭龍灣次示門生)」라는 시제목으로 실려 있는데, 제3행의 '掖'이 '苑'으로 달리 쓰였음. 『신증동국여지승람』 「의주목 (義州牧)」에도 이 시가 실려 있는데, 제7행의 '丘門諸'가 '一門賢'으로 달리 쓰였음.

惺然不飮. 行過山中精藍, 訪舊知老衲, 握手話懷, 及別貰酒欲餞之,
出門踞苔石上, 乃曰, 頃出都有朝旨, 禁臣飮酒不過三爵, 宜持爾應供
鐵鉢來. 三酌而去, 其鉢可受一斗餘, 豪邁皆類此. 嘗悲拓相國南遷一
絕, 龍虎雄姿鐵石腸, 欲將忠義輔君王. 只緣鳥盡弓藏耳, 不是淮陰背
漢皇.

　　상서 김자의[86]는 성품이 강직하면서도 남다른 기절(氣節)을 지녔
었다. 일찍이 과거에 응시하게 되었다. 왕이 어떤 사람이 과거에 발
탁된 꿈을 꾸었는데 그 합격자 이름이 창(昌)이었다. 실제로 합격자
의 명단을 넣어 봉해 놓은 봉투를 열어보니 공이 이등으로 합격했
고 그 이름이 정(晶)인 것을 확인하고는 왕이 해괴하게 생각했다. 공
이 조정에 나가서는 강인하면서도 직언을 서슴치 않는 충신의 풍격
을 보였다. 공은 천성적으로 술을 좋아했는데 술자리에서 취하면
자리에서 일어나 춤을 추다가 문득 사해(四海)의 노래[87]를 불렀다.
평소에 그가 입을 열어 말한 것은 모두 나라의 기강에 관계된 것이
었다. 당시 사람들이

　　　차라리 길에서 호랑이나 들소를 만날지언정 김공이 술취했을 때 맞
　　　닥뜨리지 말라.

고 할 정도였다. 강남[88]에 안찰사로 부임하게 되었을 때에 왕이 전

---

86) 김자의(金子儀) : 고려 의종 때의 문신. 1150년 예부상서(禮部尙書) 등을 역임하
　　였고, 성품이 강직하고 직언으로 이름을 떨쳤음.
87) 사해의 노래[四海之歌] : 사해지가의 구체적인 내용은 알 수 없으나, 천하의 태평
　　성세를 구가하는 노래로 볼 수 있음.

송하는 자리에서 타일러며 말하기를,

> 경의 문장과 지절은 옛사람에게 비교해도 부끄럽지 않소. 그러나
> 술을 지나치게 마시는 것이 흠이니, 앞으로 술 석 잔을 마신 뒤에 더
> 는 마시지 않도록 하시오.

라고 하였는데, 이로 말미암아 공이 관할하는 고을을 두루 돌아다
닐 때에 항상 스스로 술을 멀리하여 맑은 정신을 잃지 않았다. 어느
날 산 속의 절을 지나갈 때 전에 알고 지내던 노승을 방문하여 서로
손을 잡고 회포를 나누다가 헤어지게 되자 그 노승이 술을 사와서
이별의 아쉬움을 달래고자 했다. 공이 절문을 나와 이끼 낀 바위 위
에 걸터앉아서 말하기를,

> 지난번 서울을 떠날 때 상감께서 나에게 술 석잔 이상은 마시지 말라고
> 명령하셨으니, 부처에게 공양할 때 쓰는 쇠바릿대를 가져오시오.

라고 해서는 바릿대로 석 잔의 술을 마시고는 절을 떠났는데, 그 바
릿데의 용량이 무척 커서 한 말이 넘는 곡식이 들어갈 수 있었으니
공의 호방함이 늘 그러했다. 일찍이 척 상국[89]이 남쪽으로 귀양가

---

88) 강남(江南) : 고려시대 10도 가운데 하나로 지금의 전라북도 지역에 해당됨.
89) 척상국(拓相國) : 고려시대 무신으로 정승의 직인 참지정사(參知政事)에 올랐던
    척준경(拓俊京, ?~1144)을 이름. 곡산척씨(谷山拓氏)의 시조로 동여진(東女眞) 정
    벌에 여러 번 큰 공을 세웠음. 1126년(인종 4) 이자겸과 함께 인종을 폐위하고자
    군사를 이끌고 대궐을 침입했다가 왕의 권유로 뜻을 바꾸어, 자겸을 잡아 귀양 보
    내고 그 공으로 추충정국협모동덕위사공신(推忠靖國協謀同德衛社功臣)이 되었
    음. 이후 세도를 마구 부리다가 좌정언(左正言) 정지상(鄭知常)의 탄핵을 받고 암

게 된 것⁹⁰⁾을 슬퍼하여 시 한 수를 지었다.

> 용호같이 씩씩한 모습, 철석같은 기백으로,
> 충의를 다하여 임금님 보필하고자 했네.
> 다만 새가 다 잡혀 활이 감춰졌을⁹¹⁾ 뿐이니,
> 회음⁹²⁾이 한황⁹³⁾을 배반한 것이 아니네.⁹⁴⁾

> 龍虎雄姿鐵石腸,
> 欲將忠義輔君王.
> 只緣鳥盡弓藏耳,
> 不是淮陰背漢皇.

중-8 眞樂公資玄, 起自相門, 雖寓跡簪組, 常有紫霞逸想. 少遊金

타도(巖墮島)에 유배되었다가 복권되었으나 얼마 있지 않아 죽었음.

90) 남쪽으로 귀양가게 된 것 : 이 말은 척준경이 1127년(인종 5)에 좌정언(左正言)이 었던 정지상의 탄핵을 받아 전라남도 신안군 암태면에 딸린 섬 암태도(巖泰島, 암타도巖墮島라고도 함)에 유배간 사실을 가리킴.

91) 새가 다 잡혀 활이 감춰졌을[鳥盡弓藏] : 토사구팽(兎死狗烹)과 함께 쓰이는 말로 아무리 귀한 존재라도 소용이 없게 되면 내버려지거나 죽임을 당한다는 뜻임. 이 말은 『사기·월왕구천세가(越王勾踐世家)』의 '蜚鳥盡 良弓藏, 狡兎死, 走狗烹..'이라고 한 것에 근거하고 있음.

92) 회음(淮陰) : 중국 강소성 회음 출신으로 초왕(楚王)에서 폄직(貶職)되어 회음후(淮陰侯)에 봉해졌던 한나라의 개국공신인 한신(韓信, ?~BC196)을 가리킴. 중국 한나라 초의 무장으로 장량(張良), 소하(蕭何)와 함께 한고조 유방을 도와 한나라를 세우는데 공이 커서 제왕(齊王)에 이어 초왕이 되었으나 진희(陳豨)의 반역모의에 가담했다고 하여 참살 당하였음.

93) 한황(漢皇) : 중국 한나라를 세운 고조 유방(劉邦, 재위기간 BC202~195)을 가리킴.

94) 회음이 …… 것이 아니네 : 척준경과 한신이 다 같이 왕에게 반역하지 않았다는 사실을 강조한 것임.

閟, 從術士殷元忠, 密訪溪山勝地, 可以卜隱. 殷公云, 楊子江上有靑
山一曲, 眞避世之境. 聞之常掛於心, 年二十七, 仕至大樂署令, 忽致
叩盆之患, 拂衣長往, 入淸平山, 葺文殊院以居之. 尤嗜禪說, 學者至
則輒與之入幽室, 竟日危坐忘言, 時時擧古德宗旨商論, 由是心法流
布於海東, 惠照大鑑兩國師, 皆遊其門. 迺於洞中幽絶處, 作息庵, 團
圓如鵠卵, 只得盤兩膝, 而默坐其中, 數日猶不出. 其同年友郭璵, 持
節出關東見訪, 贈詩云, 淸平山水似湘濱, 邂逅相逢見故人. 三十年前
同得第, 一千里外各棲身. 浮雲入洞曾無事, 明月當溪不染塵. 目擊無
言良久處, 淡然相照舊精神. 公次韻云, 暖逼溪山暗換春, 忽紆仙杖訪
幽人. 夷齊遁世惟全性, 稷契勤邦不爲身. 奉詔此時鏘玉佩, 掛冠何日
拂衣塵. 何當此地同棲隱, 養得從來不死神. 睿王渴仰眞風, 累詔徵
之, 對使者曰, 臣始出都門, 有不復踐京華之誓. 不敢奉詔. 遂附表云,
唐虞之代, 堯舜之臣. 夔龍陳廓廟之謨. 巢許抗山林之志. 以鳥養鳥,
庶無鍾鼓之憂. 觀魚知魚, 俾遂江湖之性. 上知其不可屈致, 特幸南都
召見, 問以修身養性之要, 對曰, 古人云, 養性莫善於寡欲 惟陛下留意
焉. 上嗟賞不已曰, 言可聞, 而道不可傳, 身可見, 而志不可屈, 眞穎陽
之亞流也. 賜茶藥還山. 及卒謚眞樂公, 其餘事迹, 見金相國重刱記.

　진락공 이자현[95]은 재상가의 집안에서 태어나 비록 벼슬자리를
차지하고 있었으나, 항상 자하[96]에서 노닐고자 하는 탈속적인 생각

---

95) 이자현(李資玄, 1061~1125) : 고려 전기의 문신이자 은자. 자는 진정(眞靖), 호는
　　식암(息庵) · 청평거사(淸平居士) · 희이자(希夷子). 자연(子淵)의 손자이며, 의(顗)
　　의 맏아들. 관직을 버리고 춘천의 청평산(淸平山)에 들어가서 문수원(文殊院)에서
　　선(禪)을 닦으며 불제자를 양성했음. 시호는 진락(眞樂).
96) 자하(紫霞) : 자줏빛의 노을. 신선이 사는 곳에 떠돈다는 운기로 신선이 타고 다닌
　　다고 함. 당나라 시임 '至人洞玄象, 高擧凌紫霞.'(이백(李白)「고풍(古風)」)

을 가지고 있었다. 젊은 시절 금규97)에서 근무할 때에 술사 은원
충98)을 따라 다른 사람 모르게 자연경물이 빼어나 숨어살 만한 길
지를 찾아다녔다. 언젠가 은원충이, "양자강99) 위에 청산100) 한 굽
이가 있는데, 그곳이 참으로 세상을 피해 살 만한 곳이오."라고 하였
으므로 공이 그 말을 늘 마음속에 새겨두었다. 공이 스물일곱 나이
에 대악사령101)이라는 벼슬자리에 있었는데, 갑자기 아내와 사별
하게 되자102) 벼슬을 그만두고 영원히 속세에 돌아오지 않겠다는
생각으로 길을 떠나 청평산으로 들어가 그곳에 있던 문수원103)을
수리하고 살았다. 공은 더욱 선가(禪家) 가르침을 좋아하여 배우고

---

97) 금규(金閨) : 금마문(金馬門)을 가리키는 것으로 중국 한나라 때 여기에 학사들
   이 모여서 담론을 즐겼다고 함. '金閨之諸彦.' 李善注, 金閨, 金馬門也.(강엄江淹
   의 「별부(別賦)」)

98) 은원충(殷元忠) : 고려 숙종, 예종 때의 복술사(卜術士). 호는 무등산처사(無等
   山處士) 또는 원중(元中). 이자현(李資玄)과는 두터운 교우관계로 함께 도풍(道
   風)을 즐겼으며, 가야산에 은거하던 이중약(李仲若)을 월출산으로 인도하였음.
   1105년에는 지녹연(智祿延) 등과 동계산천(東界山川)을 순시하는 등 풍수지리설
   에 일가를 이루었고, 『도선밀기(道詵密記)』에 근거하여 남경(南京 : 서울)으로의
   천도를 주장하기도 했음.

99) 양자강(楊子江) : 우리나라의 북한강을 양자강(揚子江)으로 불렀음.

100) 청산(淸山) : 춘천과 가평 사이에 있는 청평산(淸平山)을 가리킴. 이자현이 여기
    에 문수원을 세우고 은거했음.

101) 대악서령(大樂署令) : 고려시대 궁중의 음율(音律)을 맡아보던 대악서(大樂署)의
    책임자로 종7품의 벼슬임.

102) 고분지환(叩盆之患) : 고분지통(叩盆之痛)이라고도 함. 장자(莊子)가 아내를 잃
    고 동이를 두드리며 노래를 불렀다는 고사에서 유래한 말로 아내를 잃은 슬픔을
    뜻하는 말임. '莊子妻死, 惠子弔之, 莊子則方箕踞, 鼓盆而歌.'(『장자』 지락至樂)

103) 문수원(文殊院) : 강원도 춘천시 북산면 청평리에 있던 고려시대의 절. 973년에
    창건되어 이후 보현원, 문수원으로 불려오다 뒤에 청평사라 개칭되었음. 절 입구
    에 이자현이 은거했던 문수원과 영지(影池), 일명 남지南池)가 있는데, 고려시대
    정원의 한 면모를 볼 수 있는 귀중한 유적으로 평가되며, 그가 바위에 새긴 글씨
    가 남아 있음.

자 하는 사람이 찾아오면 바로 그와 함께 조용한 방으로 들어가서 하루종일 꼿꼿이 앉아서 묵언정진하다가도 가끔 덕이 높은 스님의 가르침을 받들어 선가의 이치를 논하기도 하였으니 이로 말미암아 심법이 우리나라에 유포하게 되어 혜조[104], 대감[105] 두 국사가 모두 그의 문하에서 나왔다. 공이 그윽하기 이를 데 없는 골짜기 속에 식암을 지었는데, 둥글기가 마치 곡란[106]같고 그 안이 너무 좁아서 다만 두 두릎을 펼 수 있을 뿐이었지만 그 속에서 조용히 묵언 정진 하느라고 여러 날 동안 바깥에 나오지 않았다. 공과 같은 해에 과거 에 급제했던 친구 곽여[107]가 왕명을 받아 관동지방으로 부임해 가 는 길에 그곳에 들렀다가 공에게 시를 지어 주었다.

청평의 산수는 상빈[108]과 같은데,
우연히 그리운 옛 친구 만났네.

---

104) 혜조(惠照) : 고려 전기의 스님. 예종 때에 왕명으로 서방에 가서 공부하고 요본 대장경(遼本大藏經) 3부를 구해 가지고 귀국했음. 국사(國師)에 올랐음

105) 대감(大鑑) : 고려 전기의 고승인 탄연(坦然, 1070~1159)의 시호. 호는 묵암(黙 庵). 1132년에 대선사에 올랐음. 시법이 묘하고 필법이 높았는데, 글은 왕희지(王 羲之) 체를 잘 써 문수원비(文殊院碑), 삼각산 승가굴 중수비 등에 글을 남겼음.

106) 곡란(鵠卵) : 고니의 알로 보통 큰 것에 대한 비유로 쓰이나, 여기서는 방이 마치 알 모양처럼 둥글고 비좁음을 형용한 말임.

107) 곽여(郭璵, 1058~1130) : 고려 전기의 문인이자 도교 신봉자. 자는 몽득(夢得). 예부원외랑(禮部員外郎)으로 재직하다가 금주(金州 : 경남 김해의 옛 이름)의 초 당으로 돌아가 학문에 전념하며 은거하였음. 1105년 예종이 즉위하자 왕의 스승 으로 천거되어 왕의 담론(談論)에 응하였으므로 세인들이 그를 금문우객(金門羽 客)이라고 불렀고, 왕이 성동(城東)의 약두산(若頭山)에 정자를 지어 주고 허정재 (虛靜齋)라는 편액(扁額)을 하사하였음. 시호는 진정(眞靜).

108) 상빈(湘濱) : 중국 상수(湘水)의 물가. 상수는 광서성 흥안현(興安縣) 양해산(陽 海山)에서 발원하여 동정호로 흘러들어감.

삼십 년 전에 함께 급제하였고,

각기 천 리 밖에 떨어져 살아 왔네.

뜬구름이 골짜기에 드니 일찍이 일이 없고,

밝은 달 시내에 비치니 티끌에 물들지 않네.

둘이 마주보며 이윽히 말없이 앉았노니,

담담하게 서로 옛 마음을 헤아려 보네.

淸平山水似湘濱,

邂逅相逢見故人.

三十年前同得第,

一千里外各棲身.

浮雲入洞曾無事,

明月當溪不染塵.

目擊無言良久處,

淡然相照舊精神.

공이 그 시에 차운하기를,

계산에 따스한 기운 스며드니 은근히 봄이 왔는데,

갑자기 지팡이를 돌려 숨어 사는 나를 찾아왔구려.

백이·숙제[109]가 속세를 떠난 건 천성을 지키기 위함이요.

---

109) 백이·숙제(伯夷叔齊) : 중국 주(周)나라의 은사. 고죽군(孤竹君)의 두 아들로 아버지 고죽군이 차남인 숙제에게 자리를 물려주려는 마음을 가지고 있다가 세상을 떠나니 백이가 아우에게 양보하고 달아나자 숙제 또한 형을 제치고 자기가 뒤를 이을 수 없다고 생각하여 달아났음. 뒤에 주나라 무왕이 은나라 폭군인 주(紂)를 치려고 하자 신하로서 왕을 칠 수 없다는 명분을 내세우며 두 형제가 무왕의 말고삐를 잡고 만류하였으나 무왕이 주왕을 쳐 천하를 평정하자 주나라의 곡식을 먹

직설이 나라 일에 부지런한 것은 자신을 위함이 아니네.
조착을 받든 이때는 옥패 소리 쟁쟁하지만,
벼슬 물러나 언제 속세의 티끌을 떨치려는가.
어떻게 하면 이곳에 와서 함께 숨어 살면서,
종래의 죽지 않는 영생불사의 정신 길러볼까.

暖遲溪山暗換春,
忽紆仙杖訪幽人.
夷齊遁世惟全性,
稷契勤邦不爲身.
奉詔此時鏘玉佩,
掛冠何日払衣塵.
何嘗此地同棲隱,
養彼從來不死神.

예종이 공의 신선 같은 풍모를 몹시 존경하여 여러 번에 걸쳐 조칙을 내려 불렀으나 공이 심부름 온 사신에게 대답하기를,

신이 처음 도성을 떠날 때 다시는 서울 땅을 밟지 않기로 맹세했으니, 감히 부름에 응할 수 없사옵니다.

하고 드디어 표문을 지어 왕에게 보냈다. 그 표문에 이르기를,

을 수 없다고 하여 수양산에 들어가 굶어 죽었음. 그들이 지었다는 「채미가(採薇歌)」가 전하고 있음.

당우110) 시대 요순의 신하로다. 기111)와 용112)은 조정의 정책을 말
하였고, 소113)와 허114)는 산속에 숨어 지내고자 하는 뜻을 굽히지 않
았나이다. 새로서 새를 길러115) 종고에 대한 근심이 없게 하고116),
고기를 보고 고기의 마음을 알아117) 강호를 좋아하는 천성118)을 이룰

---

110) 당우(唐虞) : 당요(唐堯)와 우순(虞舜), 또는 도당(陶唐)과 유우(有虞)의 약칭. 당은
　　요(堯)의 호이고, 우는 순(舜)의 호. 요와 순임금이 다스리던 시대를 예로부터 태평성
　　세라고 여겼음. 『논어』「태백(泰伯)」에, '唐虞之際, 於斯爲盛.'이라고 하였음.

111) 기(夔) : 순임금의 신하로 음악을 관장했던 악관(樂官)이었음. 『서경』「순전(舜
　　典)」에, '帝曰, 夔, 命汝典樂, 教冑子.'

112) 용(龍) : 순임금의 신하로 임금의 말을 백성에게 전하고, 백성의 말을 임금에게
　　아뢰어 상하의 정을 소통시키던 납언(納言)의 관직을 맡았음.

113) 소(巢) : 요임금 때의 은사였던 소보(巢父). 산에서 숨어 지내다가 늙어서는 나무
　　위에 잠자리를 마련하여 생활했기 때문에 붙여진 이름임.

114) 허(許) : 요임금 때의 고사(高士)인 허유(許由). 요임금이 나라를 맡기려 하자 거
　　절하고 기산(箕山)에 숨었고, 또 천하를 맡기려 하자 거절하고는 더러운 말을 들
　　었다며 영수(潁水)에 나아가 귀를 씻자 소보는 귀를 씻은 그 물이 더럽다고 건너
　　지 않았다는 고사가 있음.

115) 새로써 새를 길러 : 이 말이 뜻하는 것은 누구에게나 가식적이지 않은 자연스런
　　삶이 좋다는 것으로, 『장자(莊子)』「지락(至樂)」편에 근거하고 있음. '옛날에 바
　　다새가 노나라 교외에 날아와 멈추었다. 노나라 왕이 이 새를 맞이하여 종묘 안에
　　다 옮겨놓고서 술을 마시게 하고 구소의 음악을 연주하며 소·돼지·양고기를 갖
　　추어 대접했다. 새는 그만 눈이 아찔해져서 걱정하고 슬퍼하며 한 조각의 고기도
　　먹지 않고 한 잔의 술도 마시지 않은 채 사흘 만에 죽어버렸다. 이는 (노나라 왕
　　이) 자기의 보양하는 방법으로 새를 보양한 것이지, 새를 키우는 방법으로 새를
　　키우지 않은 것이다. 대저 새를 키우는 방법으로 새를 키우려면, 그를 깊은 숲에
　　살게 하고 물가에 노닐게 하며, 강이나 호수 위에 떠다니다 미꾸라지나 피라미를
　　잡아먹게 하며, 제 무리를 따라 살게 하여 스스로 만족을 느끼게 해야 한다.' (昔
　　者海鳥止於魯郊, 魯侯御而觴之于廟, 奏九韶以爲樂, 具太牢以爲膳. 鳥乃眩視憂
　　悲, 不敢食一臠, 不敢飮一杯, 三日而死. 此以己養, 養鳥也, 非以鳥養, 養鳥也.
　　夫以鳥養, 養鳥者, 宜栖之深林, 遊之壇陸, 浮之江湖, 食之鰌鰷, 随行列而止.)

116) 종고(鍾鼓)에 대한 근심이 없게 하고 : 종고는 구소(九韶)의 음악을 연주하는 종
　　과 북 등의 악기를 이르는 말로, 앞의 각주에서 인용된 말처럼 새에게 장중하고
　　예를 갖춘 구소의 음악을 연주해도 좋은 줄 모르고 오히려 슬픔에 싸여 걱정한다
　　는 뜻임.

수 있게 하옵소서.

라고 하였다. 왕이 그가 뜻을 굽히지 않으리라는 사실을 알고, 특별히 남도(南都)[119]로 행차하여 그곳으로 공을 불러 접견하고는 수신과 양성의 요체를 물으니 이렇게 대답했다.

옛 성인께서 이르시기를 '천성을 기르는 것은 욕심을 적게 하는 것보다 좋은 것이 없다.[120]'고 하셨으니 폐하께서는 이 말씀에 유의하

---

117) 고기를 보고 고기의 마음을 알아 : 이 말은 『장자』「추수편(秋水篇)」에 나오는 것으로, 장자가 혜자와 함께 호수의 징검다리 근처에서 노닐고 있었다. 장자가 말하기를, '저기 피라미가 한가롭게 헤엄치고 있지요. 이게 바로 물고기의 즐거움이란거요.'라 하였다. 혜자가 말하기를 '당신은 물고기가 아닌데 어찌 물고기의 즐거움을 안단 말이요?'라 하자 장자는 '당신은 내가 아닌데 내가 어찌 물고기의 즐거움을 알지 못한다는 걸 안단 말이오?'라고 말하였다. 혜자는 말하기를 '나는 당신이 아니니까 물론 당신의 마음을 알지 못하오. 당신도 물론 물고기가 아니니까 당신이 굴고기의 즐거움을 알지 못한다는 것이 확실하단 말이오.'라고 하였다. 장자는 다시 '처음으로 돌아가서 말해봅시다. 당신은 내게 '어찌 당신이 물고기의 즐거움을 안단 말이오?'라고 했지만, 이미 그것은 내가 안다는 것을 알고서 내게 물은 거요. 나는 호숫가에서 물고기의 즐거움을 알았단 말이오.'라고 말하였다. (莊子與惠子遊於濠梁之上. 莊子曰, "儵魚出遊從容, 是魚之樂也." 惠子曰, "子非魚, 安知魚之樂". 莊子曰, "子非我, 安知我不知魚之樂". 惠子曰, "我非子, 固不知子矣. 子固非魚也, 子之不知魚之樂, 全矣.". 莊子曰, "請循其本. 子曰, '汝安知魚樂'云者, 旣已知吾知之而問我, 我知之濠上也.)

118) 강호를 좋아하는 천성 : 물고기가 냇물과 호수에서 물 걱정을 잊은 채 즐겁게 살아가는 천성을 이름. 이 말은 『장자』「태종사(太宗師)」편에 나오는 것으로, '샘물이 말라 물고기가 땅 위에 모여 있으면서 서로 물기를 끼얹고 물거품으로 축축하게 해주는 것은 넓은 강과 호수에서 노닐며 서로 잊는 것만은 못하다.' (泉涸魚相與於陸, 相呴以濕, 相濡而沫, 不如相忘於江湖.)라고 하였음.

119) 남도(南都) : 지금의 서울을 고려시대에 남경(南京), 남도라고 하였음.

120) 천성을 기르는 …… 좋은 것이 없다. : 이 말은 『맹자』「진심장(殄心章)」에 나오는 내용에 근거하고 있음. '마음을 수양함은 욕심을 적게 가지는 것보다 더 좋은 것이 없다. 그 사람됨이 욕심이 적으면 비록 보존되지 못함이 있더라도 (보존되지

옵소서.

라고 하니, 왕이 감탄하여 칭찬을 아끼지 않고는 이렇게 말했다.

말은 들을 수 있으나 도는 전할 수 없고, 몸은 볼 수 있으나 뜻은
굽힐 수 없으니, 참으로 영양121)의 아류다.

라고 했다. 왕이 공에게 차와 약을 하사하고는 산으로 돌려보냈다.
공이 죽은 후에 시호를 진락공이라 했으니, 그 나머지 공에 대한 기
록은 김상국122)이 쓴 중창기에 보인다.123)

중-9 郭處士璵, 睿王在春宮時寮佐也. 及上踐阼, 掛冠長往, 詔賜
城東若頭山一峯, 開別墅, 名曰, 東山齋. 常以烏巾鶴氅, 出入宮掖間,
時人謂之金門羽客. 嘗於內宴, 上賜戴花一枝, 卽令進詩, 云 誰剪紅
羅作牧丹, 芳心未展怯春寒. 六宮粉黛皆相道, 何事宮花上道冠. 又随
駕長源亭, 上登樓晚眺, 有野叟騎牛傍溪而歸者. 卽令口占, 太平容貌

못한 것이)적을 것이요, 사람됨이 욕심이 많으면 비록 보존됨이 있더라도 (보존된
것이)적을 것이다.'(養心莫善於寡欲. 其爲人也寡欲, 雖有不存焉者, 寡矣, 其爲人
也多欲, 雖有存焉者, 寡矣.)
121) 영양(穎陽) : 영수(穎水) 북쪽으로 곧 허유(許由)가 숨어 살던 영수 가를 가리킴.
　　　영수는 지금의 영하(穎河)로, 하남성의 양건산(陽乾山)에서 발원하여 흘러가서는
　　　안휘성 영상현(穎上縣) 동남쪽에서 회하(淮河)로 들어감.
122) 김상국(金相國) : 고려 전기의 문신인 김부의(金富儀, 1079~1136)가 재상 벼슬
　　　을 지냈으므로 붙여진 이름임.
123) 중창기(重刱記) :『동문선』권64에 고려 전기의 문신으로 김부식의 아우인 김부
　　　철(金富轍)이 쓴 「청평산 문수원기(淸平山文殊院記)」가 실려 있음.

恋騎牛, 半濕殘霏過壟頭. 知有水邊家近在, 從他落日傍溪流. 豈惟仙
風道韻, 足以傾動人主意, 至於文章亦勁敏絶倫, 上眷顧尤異, 非朝臣
所及. 上嘗從北門出, 率黃門數十人, 自稱宗室列侯, 訪東山齋, 處士
適留城中不返, 上徘徊數四, 製何處難忘酒一篇, 以宸翰題壁而還. 時
皆以謂漢帝白雲之詞, 唐皇舞鳳之筆, 實兼而有之, 古今所無也. 詞
曰, 何處難忘酒, 尋眞不遇廻. 書窓明返照, 玉篆掩殘灰. 方丈無人守,
仙扉盡日開. 園鶯啼老樹, 庭鶴睡蒼笞. 道味誰同話, 先生去不來. 深
思生感慨, 回首重徘徊. 把筆留題壁, 攀欄懶下臺. 助吟多態度, 觸處
絶塵埃. 暑氣蠲林下, 薰風入殿隈. 此時無一盞, 煩慮滌何哉. 公應
製, 何處難忘酒, 虛經寶輦廻. 朱門追小宴, 丹竈落寒灰. 鄉飮通宵罷,
天門待曉開. 仗還蓬島徑, 屐惹洛城笞. 樹下靑童語, 雲間玉帝來. 鼇
宮多寂寞, 龍馭久徘徊. 有意仍抽筆, 無人獨上臺. 未能瞻日月, 却恨
向塵埃. 搔首立階下, 含愁倚石隈. 此時無一盞, 豈慰寸心哉.

  처사 곽여는 예종이 세자로서 동궁에 있을 때 세자의 일을 돕는
관료였는데, 예종이 왕위에 오르자 관직을 그만두고 떠나갔다. 뒤
에 예종이 성 동쪽에 있는 약두산 한 봉우리를 그에게 하사하자 그
곳에 별장을 짓고 이름을 '동산재'라고 하였다. 늘 머리에 오건[124]
을 쓰고 학창의[125]를 걸쳐 입은 채 궁궐에 드나들었으므로 당시 사
람들이 그를 '금문우객[126]'이라고 불렀다. 일찍이 궁중 연회에서 왕

---

124) 오건(烏巾) : 흑두건(黑頭巾), 오각건(烏角巾)으로 불리어지던 검은 천으로 만든
    오모(烏帽)로 전통적으로 은거해 살며 벼슬하지 않는 사람이 쓰던 검은 두건을
    이름. 당나라 두보(杜甫)의 「봉배 정부마위 서곡(奉陪鄭駙馬尉書曲)」에, '何時占
    叢竹, 頭戴小烏巾'

125) 학창의(鶴氅衣) : 학의 깃털로 만든 옷. 흰 털빛에다 소매가 넓고 가장자리를 흑
    색으로 꾸민 옷으로 산속에 은거하던 도사들이 입었음.

이 꽃 한 가지를 내려주면서 즉석에서 시를 지어 올리라고 하였다.
그가 지은 시는 이렇다.

> 누가 붉은 비단을 잘라 모란을 만들었는가,
> 꽃다운 마음 활짝 펼치지 못함은 봄추위 겁내서라네.
> 육궁의 미인127)들이 모두 서로 이르기를,
> 무슨 일로 대궐의 꽃이 도사의 모자에 올랐는가.

> 誰剪紅羅作牧丹,
> 芳心未展怯春寒.
> 六宮粉黛皆相道,
> 何事宮花上道冠.

또 왕의 어가를 따라 장원정에 갔을 때에 왕이 누각에 올라 저녁

---

126) 금문우객(金門羽客) : 금문은 대궐문이고, 우객은 도사를 가리키는 말로, 곧 대궐
을 드나드는 도사를 뜻하나 일반적으로 도사를 가리키는 말로 쓰였음. 중국 송나
라 문인인 진순유(陳舜兪, ?~1074)가 편찬한 『여산기・서산남(廬山記・叙山南』
에, '保大(남당南唐, 943~957)中, 道士潭紫霄, 來自閩中, 賜號'金門羽客.'라 하였
고, 송나라 문신인 주휘(周煇, 1126~1198)가 편찬한 『청파잡지(淸波雜志)』권3에,
'宣和(1119~1125), 崇尙道敎, 黃冠出入禁闥, 號金門羽客, 氣焰赫然, 林靈素 爲之
宗主.'라고 하였음.
127) 육궁의 미인들[六宮粉黛] : 육궁(闔)은 옛날에 황후가 거처하던 여섯 곳의 궁전
을 가리키는 것으로, 하나의 정침(正寢)과 다섯의 연침(燕寢)으로 되어 있음. 분
대(粉黛)는 화장품인데 전의되어 미인을 가리킴. 백낙천(白樂天) 「장한가(長恨
歌)」에, '양씨 가문에 갓 장성한 딸이 있었으나, 깊숙한 규방에서 자라니 누구도
알지 못했네. 타고난 아름다움 그대로 묻힐 리 없어, 하루아침에 뽑혀 군왕 곁에
있었네. 눈웃음 한 번에 온갖 애교가 나오니, 육궁 미인들의 얼굴빛이 무색했다
오.'(楊家有女初長成, 養在深閨人未識, 天生麗質難自棄, 一朝選在君王側. 回眸
一笑百媚生, 六宮粉黛無顔色.)

경치를 바라보고 있는데, 한 시골 노인이 소를 타고 시내를 따라 집으로 돌아가고 있었다. 왕이 그 광경을 보고는 바로 그 자리에서 시를 지으라고 명령하였다. 그가 지은 시는 이렇다.

> 태평스런 모습에 제멋대로 소를 타고,
> 보슬비에 반쯤 젖은 채 언덕길 지나가네.
> 그의 집이 물가에 가까이 있는 줄 알겠노니,
> 저 지는 해를 따라 시냇물을 끼고 가네.

> 太平容貌恣騎牛,
> 半濕殘霏過壟頭.
> 知有水邊家近在,
> 從他落日傍溪流.

어찌 신선의 풍모와 도가의 운치만으로 왕의 마음을 혹하였겠는가. 문장에 있어서도 또한 굳세고 재치 있으며 무리에서 월등히 뛰어났기에 왕이 모척 총애하였으니 조정의 신하들이라도 여기에 미칠 바가 아니었다. 왕이 일찍이 북문으로 환관[128] 수십 명을 거느리고 나와 자신의 무리를 스스로 종실의 열후(列侯)라고 부르며 동산재를 찾아 갔는데, 다침 그때 처사는 서울에 가서 돌아오지 않았다. 왕이 서너 차례 배회하다가 「하처난망주(何處難忘酒)」란 시 한 편을 지어 어필로 벽에 써 놓고 돌아갔다. 그 때 사람들이 모두 한무제의 백운지사(白雲

---

128) 황문(黃門) : 환관의 별칭으로 황문시랑(黃門侍郞) 또는 급사황문시랑(給事黃門
侍郞)의 준말. 중국 후한 때 황제와 그 가족을 돌보는 환관을 황문령(黃門令)·소
황문(小黃門)·중황문령(中黃門令) 등에 임명했으므로 생긴 말임.

之詞)129)와 당태종의 무봉지필(舞鳳之筆)130)을 겸비한 것으로 고금에
없는 일이라고 하였다. 그 시는 이러했다.

　　　어디서 술을 잊기 어려워 오지 못하는지,

　　　진인을 찾아왔다가 만나지 못하고 돌아가네.

　　　서창엔 석양이 되비치고,

　　　피어나는 향불 연기는 남아있는 재 가리네.

　　　방장131)에는 아무도 지키는 이 없고,

　　　사립문은 온종일 열려있는 채네.

　　　동산 꾀꼬리는 늙은 나무에서 지저귀고,

　　　뜨락의 학은 푸른 이끼 위에서 졸고 있네.

　　　도의 의미를 누구와 이야기할까,

　　　선생은 떠나가 돌아올 줄 모르니,

　　　깊이 생각할수록 감개가 새록새록,

　　　머리를 돌이켜 다시 한 번 배회하네.

---

129) 백운지사(白雲之詞) : 이 말은 한나라 무제의 「추풍사(秋風辭)」에서 나온 것으로
　　보임. "천자께서 매우 기뻐하시며 「추풍사」를 지으시기를, '가을바람 일어나 흰
　　구름 날리고, 초목은 낙엽지고 기러기 남쪽으로 돌아가도다. 난초는 빼어나고 국
　　화는 향기로우니, 아름다운 님 그리워 잊을 수 없도다.…… .'"라 하였다.(上行幸河
　　東, 祠后土, 顧視帝京欣然, 中流與群臣飮燕, 上歡甚. 乃自作秋風辭曰：'秋風起
　　兮白雲飛, 草木黃落兮鷹南歸, 蘭有秀兮菊有芳, 懷佳人兮不能忘. 泛樓船兮濟汾
　　河, 橫中流兮揚素波. 簫鼓鳴兮發棹歌, 歡樂極兮哀情多.')
130) 당 태종의 무봉지필(舞鳳之筆) : 이세민(李世民, 600~649)은 중국 당(唐：618~
　　907)나라 제2대 황제(재위기간 626~649)로 실질적인 개국자임. 그는 학문에 조예가
　　깊어 직접 『남북조사(南北朝史)』를 편찬할 정도였고, 서예에도 뛰어나 비석(온탕비
　　溫湯碑, 진사비晉祠碑)에 새겨진 그의 글씨는 오랫동안 학교에서 본받을 만한 서체
　　중의 하나로 여겨져 왔음.
131) 방장(方丈) : 법력이 높은 고승대덕이 머물던 처소(處所)를 가리킴. 인도 스님인
　　유마거사(維摩居士)가 거처하던 방의 넓이가 사방 한 길이었던 데서 나온 말임.

붓을 들어 벽에 시를 써서 남기고,
난간을 붙잡은 채 대를 내려오기 싫어하네.
시흥을 북돋우는 정취가 많으니,
닿는 곳마다 티끌 한 점 없네.
더위는 숲속 아래에서 사라지고,
훈풍은 집 모퉁이에서 불어오네.
이런 때 술 한 잔 없다면,
번거로운 생각 무엇으로 씻을까.

何處難忘酒,
尋眞不遇廻.
書窓明返照,
玉篆掩殘灰.
方丈無人守,
仙扉盡日開.
園鶯啼老樹,
庭鶴睡蒼笞.
道味誰同話,
先生去不來.
深思生感慨,
回首重徘徊.
把筆留題壁,
攀欄懶下臺.
助吟多態度,
觸處絶塵埃.
暑氣鐲林下,

薰風入殿隈.
此時無一盞,
煩慮滌何哉.

라고 하였다. 공이 응제(應製)하기,

어디서 술을 잊기가 어려웠기에,
헛되이 임금님 수레 되돌리게 했네.
주문132)에서 베푼 작은 잔치 따라 놀았더니,
단조133)엔 싸늘한 재 떨어져 있네.
향음134)의 예는 밤 내내 이어졌고,
궁궐 문은 새벽을 기다렸다 열렸네.
의장은 봉도135)의 지름길로 돌아갔고,
나막신엔 낙성136)의 이끼가 묻었네.

---

132) 주문(朱門) : 붉은 칠을 한 문으로 옛날 중국의 고관대작들 집의 문에는 붉은 칠을 했기 때문에 고위관료의 집을 가리킴. 당나라 시인 두보(杜甫)의 「자경 부봉선 영회 오백자(自京赴奉先咏懷五百字)」라는 시에, '朱門酒肉臭, 路有凍死骨'라는 구절이 있음.

133) 단조(丹竈) : 단사(丹砂)를 구워서 만든 약으로 먹으면 신선이 된다고 하는 단약(丹藥)을 굽는 화덕. 또는 단약을 굽는 방법을 가리킴. 송나라 문인인 요관(姚寬)이 편찬한 『서계총어(西溪叢語)』상(上)에, '[王甫]忽遇一道人, 引至一處, 過松下, 有廢丹竈.'

134) 향음(鄕飮) : 향음주(鄕飮酒)의 준말로, 중국 주(周)나라 때에 향교의 우등생을 중앙 정부에 천거하였는데, 이때 그 고을의 대부(大夫)가 주인이 되어 송별연을 베풀던 일을 가리킴.

135) 봉도(蓬島) : 동해 가운데에 있는 신선이 산다는 산으로 여기서는 곽여가 거처하던 약두산을 거처를 가리킴.

136) 낙성(洛城) : 중국의 고도인 낙양성(洛陽城)으로, 여기서는 고려의 서울 개성을 가리킴.

나무 아래에서 청동[137]이 말하기를,

구름 사이로 옥황상제가 오셨다고 하네.

오궁[138]은 적막하기만 하고,

어가[139]는 오랫동안 배회하였구나.

뜻이 있어서 붓을 뽑으시고,

주인 없는데 홀로 대에 오르셨네.

임금님[140] 우러러 뵐 수 없었으니,

속세로 향했던 것이 한스럽기만 하네.

머리를 긁으며 계단 아래에 섰다가,

수심 띤 채 바위 모퉁이에 기대네.

이런 때 한 잔의 술이 없다면,

어떻게 마음을 위로하리오.

何處難忘酒,

虛經寶輦廻.

朱門追小宴,

丹竈落寒灰.

鄕飮通宵罷,

---

137) 청동(靑童) : 신선의 시중을 드는 아이. 선동(仙童)이라고도 함.

138) 요궁(鼇宮) : 신선이 산다는 요봉(鼇峰)과 같은 말로, 여기서는 곽여의 동산재를 가리킴.

139) 어가[옹어龍馭] : 임금이 끄는 수레. 백낙천의 「장한가」에, '밤비속에 들리는 방울소리어 애간장 끊어지고, 천하 정세 변하여 황제의 수레 돌아오네. 마외 역에 이르러는 걸음 뗄 수 없었고, 마외 고개 아래는 진흙더미였네. 고운 얼굴 볼 수 없고 죽은 자리만 남아, 임금과 신하 서로 돌아보며 눈물로 옷깃을 가득 적셨네.' (夜雨聞鈴腸斷聲, 天旋地轉回龍馭, 到此躊躇不能去, 馬嵬坡下泥土中, 不見玉顔空死處, 君臣相顧盡沾衣.)

140) 일월(日月) : 임금을 가리키는 말. 『예기』「혼의(昏義)」에, '천자와 제후는 일월과 같다.'(天子之與后, 猶日之與月.)

天門待曉開.

仗還蓬島徑,

屐惹洛城笞.

樹下靑童語,

雲間玉帝來.

鼇宮多寂寞,

龍馭久徘徊.

有意仍抽筆,

無人獨上臺.

未能瞻日月,

却恨向塵埃.

搔首立階下,

含愁倚石隈.

此時無一盞,

豈慰寸心哉.

중-10 太白山人戒膺, 大覺國師適嗣也. 幼時寓僧舍讀書, 大覺隔墻
聞其聲曰, 此眞法器也, 勸令祝髮在門下. 日夕孜孜鑽仰, 優入閫奧.
繼大覺弘揚大法四十餘年, 爲萬乘敬仰, 常不離輦轂. 累請歸太白山,
手刱覺華寺, 大開法施, 四方學者輻湊, 日不減千百人, 號爲法海龍
門. 時興王寺有智勝者, 嗜學詣帳下摳衣請益. 踰年將還山, 作詩送之
云, 好學今應少, 忘形古亦稀. 顧余何所有, 而子乃來依. 窮谷三冬共,
春風一日歸. 去留俱世外, 不用淚霑衣. 夫得道者之辭, 優游閑淡, 而
理致深遠, 雖禪月之高逸, 參寥之淸婉, 豈是過哉. 此古人所謂如風吹
水自然成文.

태백산인 계응141)은 대각국사142)의 수제자이다. 어렸을 때 절집에
더부살이하며 책을 읽었는데, 대각국사가 담 너머에서 그 소리를 듣
고서, "이 아이는 참으로 법기143)가 될 만하다."라고 말하고서는, 머
리를 깎고 문하에 남기를 권하였다. 계응이 밤낮으로 열심히 정진하
여 넉넉하게 불교의 심오한 경지에 들었다. 대각국사를 이어 40여
년 동안 불법을 크게 떨쳐오면서 임금의 섬김을 받았으므로 서울을
떠나지 못했다. 여러 차례에 걸쳐 태백산으로 돌아가기를 임금께 청
하여, 손수 그곳에다 각화사144)를 창건하고 법시145)를 크게 베푸니
사방에서 배우려는 자들이 다투어 모여들어 그 수가 날마다 천 명을
넘었으므로 사람들은 그 법좌(法座)를 '법해용문(法海龍門)'146)이라고
불렀다. 당시 흥왕사147)에 지승이라는 승려가 있었는데, 학문을 좋아

---

141) 계응(戒膺) : 고려 전기의 스님으로, 대각국시 의천의 맏상좌 제자로『고려사』에
    는 계응(繼膺)으로 기록되어 있음. 법해(法海)의 용문(龍門)이라 불리어졌음. 호
    는 태백산인(太白山人), 시호는 무애지국사(無㝵智國師)
142) 대각국사(大覺國師, 1055~1101) : 고려 문종의 넷째 아들로 이름은 후(煦), 자
    (字)는 의천(義天)으로 대각국사는 그의 시호임. 고려시대에 천태종을 중흥시켰
    음. 저서로『대각국사문집(大覺國師文集)』23권 등이 있음.
143) 법기(法器) : 부처를 배우고 불법을 넓힐 만한 자질이나 국량(局量)을 가리키는 말.
144) 각화사(覺華寺) : 경상북도 봉화군 춘양면 석현리 각화산에 있는 절로. 676년(문무
    왕 16)에 원효가 창건하였고, 1101년(숙종 6) 계응이 중건하였음. 1777년(정조 1)
    삼재불입지(三災不入地) 중의 하나인 이곳에 태백산사고(太白山史庫)를 건립하여
    왕조실록을 비장했음.
145) 법시(法施) : 3종의 보시 가운데 하나로서 불법을 대중에게 베풀어 주는 것을 가
    리킴. ㅇ밖에 다른 두 가지의 보시는 중생의 두려움을 없애주는 무외시(無畏施)
    와 여러 가지 재물을 베풀어주는 재시(財施)임.
146) 법해용문(法海龍門) : 법해는 더없이 넓은 불법의 세계를 비유하는 말이며, 용문
    은 중생들의 기대를 한 몸에 받는 사람을 가리키는 말로써 불교계의 큰 스님을
    가리키는 말임.
147) 흥왕사(興王寺) : 경기도 개풍군 덕적산(德積山)에 있었던 절. 고려시대의 대표
    적 사찰로 고려 문종의 원찰(願刹)로 창건되었음.

하여 계응의 문하에 들어와 제자가 되어 가르침을 받았다. 해를 넘겨 그가 홍왕사로 다시 돌아가려 하자 계응이 시를 지어 그를 전송했다. 그 시는 이러했다.

> 오늘날에는 당연히 배우기 좋아하는 이 적고,
> 나를 잊는 높은 경지에 이르기는 옛날에도 드물었네.
> 나에게 무슨 지혜 있다고,
> 그대는 내게 와서 의지했던가.
> 좁은 골짜기에서 한 겨울 같이 했는데,
> 봄바람 불자 그날로 돌아가려 하네.
> 가고 머무는 것 모두 속세 밖의 일이니,
> 눈물로 옷깃 적실 것 없네.[148]

> 好學今應少,
> 忘形古亦稀.
> 顧余何所有,
> 而子乃來依.
> 窮谷三冬共,
> 春風一日歸.
> 去留俱世外,
> 不用淚霑衣.

대개 도를 깨친 사람의 말은 넉넉하고 여유가 있으며 그 깨친 이치가 심원하니, 비록 선월(禪月)[149]의 고일함과 삼료(參寥)의 청완함[150]

---

148) 이 시는 『동문선』 권9에 「송 지승(送智勝)」이라는 시제로 실려 있음.

이라도 어찌 이보다 낫다고 하겠는가! 이는 바로 옛 사람이 말한 '바람이 물 위에 불면 자연스럽게 무늬가 생겨난다.'[151]는 것과 같다.

중-11 西湖僧惠素, 該內外典, 尤工於詩, 筆跡亦妙. 常師事大覺國師, 爲高弟, 國師勸令赴僧選, 對曰, 我豈天廐馬也, 試其步驟哉. 常隨國師所在, 討論文章, 國師歿, 撰行錄十卷, 金侍中撫取之以爲碑. 住西湖見佛寺, 方丈闃然, 唯蓄靑石一葉如席大, 時時揮灑以遣興. 侍中納政後, 騎驢數相訪, 竟夕談道. 上素聞其名, 邀置內道場, 講華嚴寶典, 賜白金至多. 師盡用買砂糖百餠, 列于所居內外, 人問其故, 曰, 是吾平生嗜好, 儻明春商舶不來, 則顧何以求之. 聞者皆笑其眞率.

서호의 승려 혜소[152]는 내외의 전적[153]에 두루 해박하였으며, 더욱이 시에 능한데다가 글씨도 잘 썼다. 언제나 대각국사를 스승

149) 선월(禪月) : 중국 오대(五代) 전촉(前蜀)의 스님인 관휴(貫休)의 법호. 속성은 강(姜)씨로 시·서·화에 능하였고, 특히 글씨를 잘 써서 세상에서 강체(姜體)라고 했음. 저서에 『선월집(禪月集)』이 있음. 당나라 말기 오대 때의 시승(詩僧)인 제기(齊己, 863~937)의 「화 담역상인 기증지십(和曇域上人寄贈之什)」이라는 시제의 시에, '可怜禪月子, 香火國門東.'이라는 연구가 있음.

150) 삼료(參寥, 1043~1106) : 중국 북송의 시승인 도잠(道潛)의 법호. 시를 잘 지어 소식과 가깝게 지냈음. 시호는 묘총대사(妙總大師). 저서에 『삼료자집(參寥子集)』이 있음

151) 바람이 물 위에 …… 무늬가 생겨난다.[風吹水, 自然成文] : 이 말은 중국 송나라 희종의 치세시기인 선화(宣和, 1119~1125) 2년(1120)에 중국의 서예가 및 그들의 작품을 품평하기 위해 간행된 『선화서보(宣和書譜)』(모두 20권) 권3에서 인용한 것임.

152) 혜소(惠素) : 고려 인종 때의 승려로 대각국사 의천의 제자. 시와 서에 뛰어났고, 대각국사의 『행록(行錄)』 10권을 지었으며, 김부식이 벼슬에서 물러난 뒤 혜소를 찾아와 함께 시를 지었는데, 1천여 편이나 되었다고 함.

153) 내외전(內外典) : 불경과 불경 이외의 전적을 모두 합쳐 일컫는 말.

으로 섬겨 가장 훌륭한 제자가 되었다. 대각국사가 승선과[154]에 응
시할 것을 권유하자 대답하기를,

　　제가 어찌 임금께서 부리는 말이라서[155] 그 걷고 달리는 것을 시
　　험하겠습니까.

라고 했다. 늘 국사가 머무는 곳을 따라다니며 문장을 토론하였는
데, 국사가 입적하자 행록 열권을 편찬했다. 시중 김부식이 그 행록
에 기록된 내용을 간추려서 비문을 지었다. 혜소가 서호에 있던 견
불사에 머물렀는데 거처하던 방장이 고요하여 거기에 오직 방석 크
기의 푸른 바위 하나를 갖다 놓고 때때로 거기에다 글씨 쓰는 것으
로써 마음을 달랬다. 시중이 벼슬을 그만 둔 후에는 나귀를 타고 자
주 방문하여 밤새도록 불가의 도를 이야기했다. 임금께서 평소에
그의 명성을 듣고 내도량[156]에 그를 맞아들여 화엄경을 강론케 하
고서는 많은 백금을 하사하였다. 혜소가 그 돈으로 몽땅 사탕 백 덩
이를 사서 자신이 거처하는 곳의 안팎에 늘어놓자 사람들이 그 까
닭을 묻자, 혜소가 대답하기를,

　　사탕은 내가 평생 좋아하는 것인데, 만약 내년 봄에 상선이 오지 않
　　는다면 이걸 어떻게 구하겠는가.

---

154) 승선(僧選) : 고려시대에 과거를 통해 승려를 선발했던 승선과(僧選科)를 가리킴.
155) 천구마(天廐馬) : 임금이 타는 말을 뜻함. 두보의 「총마행(驄馬行)」 시의, '天廐
　　　眞龍此其亞' 구에 대한 주에서, "천구(天廐)와 진룡(眞龍)은 모두 천자가 부리는
　　　말이다.(天廐眞龍, 則天子所御之馬也)"라고 하였음.(『두시상주』 권2)
156) 내도량(內道場) : 궁중에서 불사(佛事)를 거행하는 도량을 가리킴.

라고 했다. 이 말을 들은 사람들이 모두 그의 진솔함에 크게 웃었다.

중-12 金蘭境有寒松亭, 昔四仙所遊. 其徒三千各種一株, 至今蒼蒼然拂雲. 下有茶井, 道兄戒膺國師留詩, 在昔誰家子, 三千種碧松. 其人骨已朽, 松葉尙茸容. 和云, 千古仙遊遠, 蒼蒼獨有松. 但餘泉底月, 髣髴想形容. 論者以爲師組織雖工, 未若前篇天趣自然.

금란[157]의 경계 지점에 한송정[158]이 있는데, 옛날에 네 신선[159]이 노닐던 곳이다. 그들의 무리 삼천 명이 각자 나무를 한 그루씩 심었는데 지금은 울창하여 구름을 찌를 듯이 높이 자랐다. 그 아래에 다정이 있는데 도형[160] 계응국사가 거기에 시를 남겼다.

옛날 뉘 댁 자제들인가,

삼천 명이 푸른 소나무 심었네.

그 사람들의 유골은 이미 썩었지만,

---

157) 금란(金蘭) : 강원도 통천군에 있는 금란굴을 가리킴.
158) 한송정(寒松亭) : 강원도 강릉시 강동면 하시동리에 있었던 정자. 『동국여지승람』 권44 강원도 강릉대도호부에 보면, 한송정이 있던 자리 곁에 차우물[茶泉 또는 茶井]·돌아궁이[石鋤]·돌절구[石臼] 등이 있었는데 이를 화랑의 다도유적(茶道遺蹟)이라 하였고, 또 이 유적지를 신라의 화랑도 술랑(述郎)의 무리가 노닐던 곳이라고 하였음.
159) 사선(四仙) : 신라 시대의 네 명의 화랑을 신선에 비유해서 한 말로, 술랑·남랑(南郎)·영랑(永郎)·안상(安詳)을 가리킴. 이수광(李晬光)은 『지봉유설(芝峯類說)』 권18에서, 그들을 신선이라 부르는 것은, 당시에 화랑의 무리들을 국선(國仙)이라고 불렀기 때문이지 그들이 실제 신선은 아니었다.(謂之仙者, 蓋其時謂郎徒爲國仙 故云, 非眞仙也.)고 했음.
160) 도형(道兄) : 승려나 도사 등 도를 닦는 이들을 높여 부르는 말.

솔잎은 오히려 무성하구나.

在昔誰家子,
三千種碧松.
其人骨已朽,
松葉尙茸容.

또 이 시에 화운하기를,

천고의 신선들 노닐던 일 아득한데,
오직 소나무만 울울창창하구나.
다만 샘물 바닥에 달빛만 남아 있어,
옛 모습 비슷하게 상상해 보네.

千古仙遊遠,
蒼蒼獨有松.
但余泉底月,
髣髴想形容.

라고 했다. 시를 논하는 사람들은 국사의 화운시는 시구를 안배한
것이 비록 뛰어나긴 하지만 운취가 자연스럽게 우러나온 앞의 시만
은 못하다고 하였다.

중-13 碧蘿老人去非, 與僕云, 嘗於郵亭壁上見一絶云, 秋陽融暖
若春陽, 竹葉芭蕉映粉墻. 莫向此君誇葉大, 此君應笑近經霜. 又王
輪光闍師, 誦近詩, 春慵所失與誰云, 時或聞鶯謂誤聞. 堪笑物情如

我困, 牧丹頭重午風薰. 此二篇俱無作者之名, 然其語法與唐宋人無異. 二師相從海東名賢遊, 必有所受. 故兩錄之, 以俟知者.

벽라노인 거비¹⁶¹⁾가 나에게 이렇게 말했다.

일찍이 역관의 벽에서 시 한 수를 보았는데,

가을볕 따스하기는 봄 햇살 같은데,
댓잎과 파초 화려한 담장을 비추네.
대나무[此君]에게 잎 크다고 자랑 말게,
곧 서리가 내리면 대나무가 응당 비웃으리.

秋陽融暖若春陽,
竹葉芭蕉映粉墻.
莫向此君誇葉大,
此君應笑近經霜.

라고 했다.
그리고 왕륜사¹⁶²⁾의 광천사가 요즘에 누가 지은 시를 암송해 주었는데,

---

161) 벽라노인(碧蘿老人) 거비(去非) : 거비는 고려 후기의 문신으로 충선왕 6년(1313)에 첨의평리(僉議評理)로 관직에서 물러난 정선(鄭僐)의 자(字). 그러나 정선과 이인로(1152~1220)는 생존시기가 어긋나 두 사람이 만나서 교류할 기회가 없었으므로 만일 벽라노인 거비를 정선이라고 한다면 『파한집』 편찬 상에 오류가 있음을 알 수 있음.
162) 왕륜사(王輪寺) : 개성 송악산 죽선대(竹仙台)입구에 있었던 왕륜사로 고려 태조가 919년에 창건한 십찰(十刹) 가운데 하나임.

봄 게으름으로 잃은 것을 누구에게 말할까,
때로는 꾀꼬리 소리 듣고도 잘못 들었다고 했지.
세상물정에 어두운 나 같은 사람 비웃을 만하니
모란은 머리 숙이고 대낮의 바람 향기롭네.

春慵所失與誰云,
時或聞鶯謂誤聞.
堪笑物情如我困,
牧丹頭重午風薰.

라고 했다.

　이 두 편에는 모두 작자의 이름은 없지만 그 어법은 당송의 작가들과 견주어도 다르지 않다. 두 선사는 모두 우리나라의 명현들을 좇아 노닐었으니 반드시 얻은 것이 있을 것이다. 그래서 두 시를 모두 기록하여 훗날 잘 아는 이가 나타나기를 기다려 본다.

중-14　芬皇宗光闡師夷曠, 不護細行. 嘗赴內道場, 大醉頹然坐睡, 涕洟垂胸, 爲有司所糾, 竟斥去之. 足庵聞之, 乃曰, 千鍾斯聖, 百榼亦賢. 積麯成封, 猶不害於眞人. 況浮圖人遊戲自在, 固不可以得窮耶. 乃作偈, 貝葉飜爲竹葉盃, 天花落盡眼花開. 醉鄕廣大人間窄, 誰識佯狂老萬回.

　분황종(芬皇宗)[163]의 광천사는 성품이 호방해서 자잘한 일에 얽

---

163) 분황종(芬皇宗) : 신라와 고려시대에 있었던 불교의 한 종파로, 법성종(法性宗)의 다른 이름. 원효가 분향사에서 분황종을 전파하였음.

매이지 않았다. 일찍이 대궐의 내도량에 들어갔는데, 언젠가 크게 술 취해 쓰러질 듯이 불안하게 앉아 졸다 콧물이 가슴팍까지 흘러 내렸다. 이 때문에 유사에게 규탄을 받아 결국 내도량에서 쫓겨나고 말았다. 족암[164]이 그 이야기를 듣고서 말하기를,

> 천 잔을 마셔도 성인이고 백 잔을 마셔도 현인이다. 누룩이 흙더미 처럼 값이 쌓이더라도 진인이 되는 데에는 아무런 해가 되지 않는다. 하물며 불가의 사람들은 자유 자재롭게 살아가는 자들이니 진실로 끝난 데까지 갈 수 있지 않겠는가.

라고 하고는 게송(偈頌)[165]을 지었다.

> 패엽[166]을 뒤집어 죽엽배로 삼고,
> 천화[167]가 다 지면 안화[168]가 핀다네.
> 취중의 세계 광대하고 인간세계 좁으니,
> 미친 척 하던 늙은 중 만회[169]를 누가 아는가.

---

164) 족암(足庵) : 이인로와 가까웠던 승려 종령(宗聆)의 법호.
165) 게송(偈頌) : 불교의 가르침을 노래하는 게타(偈陀, gatha)를 가리키는 것으로 '게'는 게타를 한자로 음역한 것이고, '송'은 게타를 의역한 것임. 4개의 글자나 5개의 글자를 4개의 구가 되도록 하여 하나의 게를 이룸.
166) 패엽(貝葉) : 패다라수(貝多羅樹)의 잎 또는 패엽(貝葉)이라 불리는 잎사귀로 이 잎사귀는 크고 두꺼워서 고대 인도에서 불경을 사경하는데 사용되었음. 뜻이 전하여 불경을 가리키기도 함.
167) 천화(天花) : 불교 용어로 하늘에서 내리는 꽃. 또는 서방극락정토에 피어 있는 천계선화(天界仙花)를 가리키기도 함. 천화(天華)라고도 씀.
168) 안화(眼花) : 얼굴에 술기가 벌겋게 오른 것을 비유적으로 쓰는 말. 중국 남송의 시인 방옹(放翁) 육유(陸游, 1125~1210)의 「동산시(東山詩)」에 '眼花耳熱不知夜, 但見銀色高花摧.'

貝葉䬫爲竹葉盃,
天花落盡眼花開.
醉鄕廣大人間窄,
誰識佯狂老萬回.

중-15 華嚴月師少從僕遊, 自號高陽醉髡. 作詩有賈島風骨. 昨者携
訪西河者之, 一見如舊識. 乃謂曰, 師爲李公稱譽久矣, 何必待握手論
交, 然後爲相知耶. 卽於座上伸筆而贈之. 昔有能詩釋惠勤, 從遊長在
醉翁門. 如今眉叟眞奇士, 誇我高陽得一髡. 長恨聞名猶未見, 相逢欲
話却忘言. 淸詩健筆何須問, 且說相傳自狀元.

화엄월사170)는 어려서 나를 따라 놀았는데, 스스로 고양취곤171)이

---

169) 만회(萬回): 중국 당나라 측천무후 때의 고승(高僧). 그가 출가하기 전에 변방인
안서(安西)에 수자리 살러간 형에게 먹을 음식을 싸서 갖다 주고 그 자리에서 형
의 편지를 받아오는데, 그가 도착했을 때 편지를 봉한 부분이 아직 다 마르지 않
은 상태였음. 홍농(弘農)에서 안서까지의 거리와 머무른 날짜를 계산하니 하루에
만리를 가야 이런 일이 가능했으므로 여기에서 만리라는 이름을 얻었음. 이 말은
중국 명나라 학자인 도종의(陶宗儀)가 편찬한 『담빈록(談賓錄)』에 소개되고 있는
것으로, '回兄戍役于安西, 音問隔絕. 父母謂其死矣, 日夕涕泣而憂思焉. 回顧父
母感念之甚, 忽跪而言曰, 涕泣豈非憂兄耶. 父母且疑且信, 曰然. 回曰, 詳思我兄
所要者, 衣裘糗粮中履之屬, 請悉備焉, 某將往之. 忽一日, 朝賚所備而往, 夕返
其家. 告父母曰, 兄平善矣. 視之, 乃兄迹也, 一家異之. 弘農抵安西, 盖萬餘里.
以其萬里回, 故號曰萬回也.'
170) 화엄월사(華嚴月師): 고려 중기의 승려 각훈(覺訓) 또는 각월(覺月)이라고도 함.
자호(自號)는 고양취곤(高陽醉髡)으로, 화엄수좌(華嚴首座)라고 일컬어졌음. 그가
1215년(고종2) 왕명으로 저술한 『해동고승전(海東高僧傳)』은 『삼국사기』(1145)와
『삼국유사』(1285) 사이에 저술된 고려 3대 사료의 하나임. 이 밖의 저술로 『선종육
조 혜능대사 정상동래연기(禪宗六祖慧能大師頂相東來緣起)』 등이 있음.
171) 고양취곤(高陽醉髡): 중국 한나라 고조의 모사(謀士)로 활동했던 역이기(酈食
其, ?~203)가 젊은 시절 가난 속에서도 주당(酒黨)들과 술에 취하여 돌아다녔으므

라고 불렀다. 그가 지은 시에는 가도172)의 시에 깃들어 있는 풍골이
엿보였다. 어제 그를 데리고 서하 임춘을 찾았는데 두 사람이 처음
만났지만 마치 오래 전부터 알고지낸 사람 같았다.

임춘이 말하기를,

이공이 대사를 칭찬한 지가 오래되었으니, 어찌 악수를 나누고 사
귀자고 말한 뒤에야 서로를 알아주는 친구가 되겠소.

라고 하고는, 곧바로 앉은 자리에서 붓을 들어 시 한 편을 써 주었다.

옛날에 시에 능한 혜근173)이라는 중이 있어,
취옹174)의 문하에서 오랫동안 교유했지.
오늘날 미수 같은 참으로 출중한 선비가,
고양의 한 승려 얻었다고 나에게 자랑했다네.

로 스스로 '고양주도(高陽酒徒)'라고 불렀음. 여기서는 화엄월사가 스님인데도 술
을 즐겼으므로 역이기의 자호를 빌려 자신을 술 좋아하는 중으로 불렀다는 말임.
172) 가도(賈島, 779~843) : 중국 당나라의 승려이자 시인. 자는 낭선(浪仙), 호는 갈
석산인(碣石山人). 출가했을 때의 법호는 무본(無本)인데, 한유의 권유로 환속하
였다고 함. 장강주부(長江主簿)라는 벼슬을 지냈으므로 가주부(賈主簿)라고도 하
며, 저서로는 『장강집(長江集)』이 있음.
173) 혜근(惠勤) : 중국 북송 때의 시승(詩僧). 구양수와 절친하였으며 시문에 뛰어났
음. 소식이 항주 태수로 있을 때에 이미 구양수와 혜근 두 사람은 모두 세상을
떠난 뒤였는데, 혜근이 공부하던 곳 뒤편에서 갑자기 맑은 샘이 솟아났기에 구양
수를 기념하기 위해 육일천(六一泉)이라고 이름을 지었다는 일화가 있음. 소식의
「육일천명 병서(六一泉銘幷序)」에 자세한 내용이 전함.
174) 취옹(醉翁) : 중국 송나라 문장가인 구양수(歐陽脩, 1007~1072)의 자호(自號).
안휘성의 제주지사(滁州知事)로 좌천되었으나 이 고장의 아름다운 전원 풍경에
매혹되어 더욱 술을 가까이 하게 되자 스스로 호를 취옹(醉翁)이라 하였음. 그곳
에 취옹정을 짓고 「취옹정기(醉翁亭記)」라는 수필을 쓰기도 했음.

오랫동안 명성만 듣고 만나보질 못한 것 한스러웠는데,
이제 만나보니 말하려 해도 할 말을 잊었다네.
그대의 청신한 시 굳건한 필체 굳이 물을 것 없으니,
또한 그대가 장원할 때부터 전해들은 말이라오.

昔有能詩釋惠勤,
從遊長在醉翁門.
如今眉叟眞奇士,
誇我高陽得一髠.
長恨聞名猶未見,
相逢欲話却忘言.
淸詩健筆何須問,
且說相傳自狀元.

중-16 　江夏黃彬然未第時, 與兩三友讀書湍州紺岳寺. 時金東閣莘尹名士也, 醉發狂言, 忤當時貴倖. 徒步出城歸紺岳, 自云, 老兵將還鄕, 請寄宿, 彬然憫其老且困許焉. 終日在床下無一言, 偶取火筯畫灰成字勢, 座皆指目, 這老漢頗解文字也. 詰朝公之子蘊琦, 已登第也, 率蒼頭兩三人, 負酒壺往尋及門. 問於人曰, 昨者, 家公出都門抵此, 今在否. 答曰, 但有一老兵來宿, 安有金東閣耶. 蘊琦突入拜庭下, 彬然伏地愧謝, 公笑曰, 措大爾安得知范雎之已相秦耶. 相與登北峯, 坐松下石, 共飮極歡, 命座客賦松風各一韻. 斷送玄猿嘯, 掀揚白鶴沖. 彬然 厭喧欹枕客, 怕冷拾枯童. 宗昑 冷然姑射吸, 颯爾楚台雄. 無名 鶴寒難得睡, 僧定獨如聾. 東閣 也是夕劇飮而罷. 彬然叩頭願受業, 留數月, 讀前漢書畢, 方還. 士林至今以爲口實.

  강하175) 황빈연이 아직 과거에 급제하지 못하였을 때 두서너 친구와 함께 단주176) 감악사177)에서 글을 읽었다. 당시에 동각 김신윤은 명사였는데 술에 취하여 말을 함부로 했다가 정권을 주도하던 권귀(權貴)들의 미움을 샀다. 그길로 걸어서 서울을 빠져나와 감악사에 들어가 스스로 말하기를,

  나는 노병으로 고향에 돌아가는 길인데 하룻밤 묵고 갔으면 하오.

라고 하니, 빈연이 그의 노쇠하고 곤궁한 모습을 딱하게 여겨 머물기를 허락하였다. 그가 종일토록 평상 아래에서 한 마디 말도 없이 앉아 있다가 우연히 부젓가락으로 잿더미에 끄적거려 글자 모양을 만드니 좌중이 모두 그를 가리키며,

  저 늙은이가 아마도 문자 속은 있는가 보다.

라고 했다. 이튿날 아침에 이미 급제한 동각의 아들 온기가 술병을 짊어진 종 두세 명을 거느리고 아버지를 찾느라 절문에 이르렀다. 사람더러 묻기를,

---

175) 강하(江夏) : 중국 황씨(黃氏)의 관향으로 호북성 운몽현(雲夢縣) 동남쪽에 있는 마을. 중국 황씨는 강하 사람으로 순임금의 신하였던 백익(伯益)의 후예라고 함. 여기에서 보면, 고려시대 중국의 관향을 빌려다 즐겨 사용했다는 것을 알 수 있음.
176) 단주(湍州) : 경기도 장단(長湍)의 옛 이름.
177) 감악사(紺岳寺) : 경기도 파주군 적성면 감악산에 있었던 절. 감악사 안에 당나라 장수 설인귀(薛仁貴)를 산신으로 한 감악사당(紺岳祠堂)이 있었음.

　　어제 우리 아버지께서 서울을 떠나 이곳에 오셨다는데 지금 계시는
지요?

라고 하니, 그 사람이 대답하길,

　　다만 노병 한 사람이 와서 묵었을 뿐인데 어찌 김 동각께서 여기에
계시겠소.

라고 하였다. 온기가 부리나케 들어와 뜰아래에 엎드려 절을 올리
니, 빈연이 땅에 엎드려 부끄러워하며 사죄하였다. 동각이 웃으면
서 말하기를,

　　자네들 같은 젊은 선비[178]들이 어찌 범수(范雎)[179]가 이미 진(秦)
나라에서 재상노릇 한 것을 알겠는가.

---

178) 선비[措大] : 궁핍한 선비를 이르는 말. 초대(醋大)라고도 함. 그 유래에 대해서
　　는 일정하지 않으나 당나라 이광차(李匡乂)의 『자가록(資暇錄)』에 그 유래를 얘
　　기하고 있음. '세상에서 사류(士流)를 조대라고 하는데 이는 그 준렬하고 매서움
　　이 사민(四民) 가운데 으뜸임을 말한 것이다.'(世稱士流爲醋大, 言其峭醋冠四民
　　之首.)

179) 범수(范雎, ?~BC255) : 본래 중국 전국시대 위(魏)나라 사람으로 자는 숙(叔).
　　범수가 위나라 중대부(中大夫) 수가(須賈)를 따라 제(齊)나라에 갔다가 그의 변설
　　에 놀란 양왕(襄王)에게서 많은 상금을 받았는데 귀국 후 이것이 빌미가 되어 죽임
　　을 당할 뻔했다가 겨우 도망쳐 진(秦)나라에 들어가 이름을 장록(張祿)으로 고치고
　　소왕(昭王)에게 원교근공책(遠交近攻策)을 바쳐 정승이 되었음.(『사기』「범수·채
　　택열전范雎蔡澤列傳」참조) 이 글에서 범수가 진나라 정승임을 몰랐다고 한 말
　　은 사신으로 간 수가가 자신이 만나기로 한 정승이 바로 장록으로 이름을 바꾼
　　범수라는 사실을 몰랐다는 것을 가리킴. *범수의 '雎'에 대해 전대흔(錢大昕)의
　　『통감주변정(通鑑注辨正)』과 왕선신(王先愼)의 『한비자집해(韓非子集解)』, 정약
　　용의 『아언각비(雅言覺非)』에는 '雎'로 표기되어 있음.

라고 하였다. 모두 함께 북쪽 산봉우리에 올라 소나무 밑 바위에 걸
터앉아 술을 마시며 흥쾌하게 놀다가 김 동각이 같이 자리한 일행들
에게 솔바람[松風]을 두고 각자 시 한 연구[180]씩 지어보도록 했다.

      검은 원숭이 휘파람 소리 끊어질듯 말듯 들리고,
      하늘높이 날아오르는 흰 학 흩날려 주도다. (빈연)

      斷送玄猿嘯,
      掀揚白鶴沖. (彬然)

      시끄러운 것을 싫어하니 베개에 기댄 객이요,
      추위를 싫어하니 나무하는 어린이로다. (종령)

      厭喧欹枕客,
      怕冷拾枯童. (宗昤)

      고야산[181]에서 시원한 바람을 마시고,
      초대에는 삽삽한 웅풍이 치솟았네.[182] (무명)

---

180) 연구(聯句) : 시를 지을 때 여러 사람이 모여 각자 한 구나 몇 구씩 지어서 합쳐
    이루어진 한 편의 시를 가리킴. 한나라 무제(武帝)가 신하들과 함께 지은 연구시
    (聯句詩)인「백량시(柏梁詩)」가 그 시초이며, 이는 매 시행에 운자를 다는 특수한
    시 형식으로 이러한 시체를 백량체(柏梁體)라고 함. (상-25) 주 210)번 참조)
181) 고야산(姑射山) : 신선이 산다는 중국의 막고야산(藐姑射山)을 이름. 이 산은 전
    설상의 산으로『산해경(山海經)』에 소개되어 있으나 그 위치는 알 수 없음.
182) 초대(楚臺)에는 삽삽한 웅풍이 치솟았네[楚臺雄] : 이는 BC 3세기 초나라 굴원
    의 제자로 알려진 송옥(宋玉)의「풍부(風賦)」에 나오는 말로 송옥이 초나라 양왕
    과 난대궁(蘭臺宮)에서 놀 때 삽상한 바람이 불어오자 양왕이, '이 시원한 바람을
    백성들과 함께 나누고 싶다.'고 하자 송옥이 '이것은 대왕의 바람이니 어찌 백성
    들과 함께 쐴 수 있겠습니까.'라고 했음.(楚襄王遊於蘭臺之宮, 宋玉・景差侍. 有

冷然姑射吸,

颯爾楚臺雄. (無名)

학이 추워서 잠 이루기 어렵고,

홀로 선정에 든 스님 귀머거리인가. (동각)

鶴寒難得睡,

僧定獨如聾. (東閣)

　이날 저녁에 술을 실컷 마시고 파했다. 빈연이 머리를 조아리며 김 동각에게 배우기를 원하였으므로 몇 달을 그곳에서 머무르며 『전한서』를 다 읽히고는 돌아갔다. 사림에서는 지금까지도 이 사실이 얘깃거리로 전해지고 있다.

중-17　金學士黃元, 李左司仲若, 郭處士璵皆奇士. 少以文章相友, 號神交. 二公嘗訪左司第, 淸談亹亹, 不覺日暮. 須臾月出雲開, 碧天如水. 相與登南樓小飮, 占韻各成一聯. 李率然曰, 壯氣暗生天外劍, 雄謀潛轉幄中籌. 郭云, 座中氷雪三山客, 秤上錙銖萬戶侯. 次至於黃元曰, 異於三子者之撰. 遂引滿朗吟曰, 日暮鳥聲藏碧樹, 月明人語上高樓. 二公不覺屈膝曰, 雖古人何遠, 遂罷. 吾友湛之卽左司內孫, 僕嘗見其眞跡, 醉墨宛然, 眞家寶也.

　학사 김황원[183], 좌사 이중약[184], 처사 곽여 등 세 사람은 모두

風颯然而至者, 王乃披襟而當之曰, '快哉此風. 寡人所與庶人共者邪.' 宋玉對曰, '此獨大王之風耳, 庶人安得而共之. …… 此所謂大王之雄風.')

범상치 않은 선비들이다. 젊어서 문장으로 서로 어울렸는데 세상에서 그들의 관계를 신교(神交)라고 하였다. 두 사람이 언젠가 좌사의 집을 찾았다가 온종일 청담을 나누느라 날이 저무는 것도 몰랐다. 잠깐 사이에 달이 떠오르고 구름이 걷히니 하늘이 물빛처럼 맑았다. 함께 남루에 올라 술을 조금 마시고 운을 달아 각각 시 한 연구씩 짓기로 했다. 이중약이 거침없이 읊기를,

> 장한 기운은 하늘 밖 칼끝에서 몰래 생기고,[185]
> 웅장한 지모는 가만히 장막 속 산가지에서 나타나네.[186]
>
> 壯氣暗生天外劍,
> 雄謀潛轉幄中籌.

---

183) 김황원(金黃元, 1045~1117) : 고려 전기의 문신. 자는 천민(天民). 관직을 국자제주(國子祭酒)에 올랐음. 고시(古詩)로 이름을 떨쳐 해동제일(海東第一)이라도 일컬어졌으며, 성격이 곧아서 권세에 아부하지 않았음.

184) 이중약(李仲若, ?~1122) : 고려 중기의 문신이자 도사(道士). 자는 자진(子眞), 호는 청하자(靑霞子). 도교에 관심이 커서 1108년(예종 3)에 송나라로 건너가 법사 황대충(黃大忠)·주여령(周與齡) 등에게 도교의 요체를 전수받았음. 귀국하여 대궐 안에 나라의 재초소(齋醮所)로 도관(道觀)이면서 고려 도교의 총본산인 복원궁(福源宮)을 건립하고 예종을 통하여 도교정책을 폈으나 1122년 권신 이자겸에 의해 유배되었다가 죽었음.

185) 장한 기운은 …… 생기고 : 이 말은 중국 초나라의 부(賦)작가인 송옥(宋玉)의 「대언부(大言賦)」에 근거한 것으로, '네모난 대지를 수레로 삼고, 둥근 하늘을 덮개로 삼으며, 길고 빛나는 장검으로 하늘 밖에 우뚝 섰네.'(方地爲車, 圓天爲盖, 長劍耿介, 倚天外)

186) 웅장한 지모는 …… 나타나네 : 이 말은 『후한서(後漢書)』 「등우전(鄧禹傳)」에, '(후한의 광무제光武帝)가 조칙을 내려 말하기를 전장군 등우는 충효를 진심으로 실천한 사람으로 나와 함께 병영에서 (산가지를 놓고)책모를 논함에 천리 밖의 일을 다 맞췄다.'(詔曰, "前將軍鄧禹深執忠孝, 與朕謀謨帷幄, 決勝千里.")라고 한 것에 근거하고 있음.

라고 하였다. 곽여가 읊기를,

> 좌중의 빙설 같이 맑은 사람들은 삼신산의 손님이요,
> 저울대 위의 작은 눈금은[187) 만호후[188)의 몸무게네.
>
> 座中氷雪三山客,
> 秤上錙銖萬戶侯.

라고 하였다. 그 다음에 김황원의 차례가 되자 그가 말하기를 "내 연구는 지금까지 세 사람이 읊었던 것과는 다르다.[189)"하고 드디어 가득 따른 술잔을 들고는 낭랑한 목소리로 읊기를,

> 날이 저무니 새소리는 푸른 숲속으로 사라지고,
> 달이 밝으니 사람의 말소리는 높은 다락에 오르도다.
>
> 日暮鳥聲藏碧樹,
> 月明人語上高樓.

라고 하였다. 먼저 읊었던 두 사람이 자신도 모르게 무릎을 꿇으며

---

187) 치수(錙銖) : 작은 눈금. 전의되어 미소한 사물을 가리키기도 함. 여기서는 눈금
  으로 쓰였음. 『예기』「유행(儒行)」에, '비록 나라를 준다해도 하찮은 것으로 여기
  어 신하를 거느리지도 않고 섬기지도 않으니, 유자(儒者)의 규모는 이와 같아야
  한다.'(雖分國如錙銖, 不臣不仕, 其規爲有如此者.)
188) 만호후(萬戶侯) : 식읍(食邑)의 규모가 만호(萬戶)가 되는 제후(諸侯)를 가리킴.
189) 세 사람이 읊었던 것과는 다르다. : 이 말은 『논어』「선진편」에 나오는 증점(曾
  點)의 고사를 동사한 것으로, "點, 爾何如. 鼓瑟希, 鏗爾, 舍瑟而作. 對曰, 異乎
  三子者之撰."

말하기를, "비록 옛 사람이라 하더라도 얼마나 여기에서 더 나아가 겠는가."하고는 드디어 시회(詩會)를 파했다. 나의 친구 이담지[190]는 곧 좌사의 직계손이다. 내가 일찍이 그가 직접 쓴 글씨를 보았는데, 취해서 쓴 글씨가 전혀 흐트러지지 않아서 참으로 가보(家寶)로 전할 만하였다.

중-18 昌華公李子淵, 杖節南朝, 登潤州甘露寺, 愛湖山勝致, 謂從行三老曰, 爾宜審視山川樓觀形勢, 具載胸臆間, 毋失豪毛. 舟師曰謹聞命矣. 及還朝, 與三老約曰, 夫天地間凡有形者, 無不相似. 是以湘濱有九山相似, 行者疑焉, 河流九曲, 而南海亦有九折灣. 由是觀之, 山形水勢之相賦也, 如人面目, 雖千殊萬異. 其中必有相髣髴者. 況我東國去蓬萊山不遠, 山川淸秀甲於中朝萬萬, 則其形勝, 豈無與京口相近者乎. 汝宜以扁舟短棹, 泛泛然與鳧雁相浮沉, 無幽不至, 無遠不尋, 爲我相收, 當以十年爲期, 愼無欲速焉. 三老曰, 唯. 凡六涉寒暑, 始得之於京城西湖邊, 走報公曰, 旣得之矣. 三殤可返, 冀煩王趾一往觀焉. 遂枻與登臨之, 喜見眉鬚曰, 且南朝甘露寺, 雖奇麗無比, 然但營構繪飾之工, 特勝耳. 至於天生地作自然之勢, 與此相去眞九牛之一毛也. 卽捐金帛庀材瓦, 凡樓閣池台之制度, 一倣中朝甘露寺. 及斷手, 用題其額亦曰甘露, 指劃經營旣得宜, 萬像不鞭而自至. 後詩僧惠素唱之, 而金侍中富軾斷之, 聞者皆和幾千餘篇, 遂成鉅集.

---

190) 이담지(李湛之) : 고려 중기의 문인. 자는 청경(淸卿)으로 이중약(李仲若)의 후손임. 오인로 등과 죽림고회의 일원으로 활동했음. 이규보의 「논주필사약언(論走筆事略言)」에 이담지가 주필시의 창시자로 기록되어 있을 정도로 문학에 조예가 깊었음.

창화공 이자연[191]이 중국 남조(南朝)[192]에 사신으로 갔을 때 윤
주[193] 감로사[194]에 올라가 내려다보는 호수와 산세의 아름다움에
흠뻑 빠져 자신을 수행하던 사공[195]에게 이르기를,

　　너는 이곳의 산천과 누관의 형세를 자세히 살펴 그것을 가슴 속에
　　다 담아두어 작은 부분이라도 잊어버리지 않도록 하라.

하니 사공이 그러하마고 대답했다. 귀국한 뒤에 사공과 약속하기를

　　대개 천지 사이에 무릇 형체를 가진 것은 서로 비슷하기 마련이다.
　　그러므로 중국 소상강 가[196]에 산세가 거의 비슷한 아홉 개의 산[197]이
　　있어 길 가는 사람들이 의심하여 구의산(九疑山)이 되었고, 황하의 물
　　이 아홉 번 굽이쳐 흐르는데[198] 남해에도 마찬가지로 물굽이가 아홉

---

191) 이자연(李子淵, 1003~1061) : 고려 전기의 문신. 자는 약충(若沖). 세 딸이 모두
　　문종의 비(妃)가 되어 관직이 문하시중에 올랐음. 시호는 장화(章和).
192) 남조(南朝) : 중국의 북송(北宋, 960~1126)을 가리킴. 당시에 요(遼)를 북조(北
　　朝), 송나라를 남조라고 불렀음.
193) 윤주(潤州) : 중국 강소성 진강현(鎭江縣)에 있었던 지명으로 수나라 때 설치됐음.
194) 감로사(甘露寺) : 강소성 진강현의 북고산(北固山)에 있던 절로. 당나라 보력연
　　간(825~826)에 윤주자사 이덕유(李德裕)가 창건하였음.
195) 삼로(三老) : 뱃사공을 이르는 말임. '長年三老遙憐汝, 捩柁開頭捷有神.'(두보
　　杜甫, 「발민(撥悶)」)
196) 상빈(湘濱) : 상수(湘水) 가. 상수는 중국 광서성 흥안현(興安縣) 양해산(陽海山)
　　에서 발원하여 동정호로 흘러들어가는 강.
197) 구의산(九疑山) : 중국 호남성 영원현(寧遠縣) 남쪽에 있는 산. 창오산(蒼梧山)
　　이라고도 함. 이 산에 주명(朱明), 석성(石城), 계림(桂林) 등의 아홉 개 봉우리의
　　모양이 비슷하여 보는 사람들이 잘 구분하지 못할 정도였으므로 붙여진 이름임.
198) 구곡(九曲) : 중국 황하의 아홉 구비. '折九曲之迂廻, 瀉千里於一快.'(이기李祁,
　　「황하부(黃河賦)」)

번 꺾이는 데199)가 있다. 이로써 보건대 산의 모양과 물의 기세가 처음 형성될 때에 사람의 생김새가 각자 다르듯이 비록 천만 가지로 다른 모습을 지니기 마련이다. 그러나 그 중에는 반드시 산과 물의 형세가 서로 비슷한 곳이 있을 수 있다. 하물며 우리나라는 봉래산에서 그리 멀리 떨어져 있지 않고 맑고 빼어난 산천경개가 중국보다 만 배나 낫다고 할 수 있으니 그 산천의 아름다움에 있어 어찌 윤주200)의 그것과 비슷한 곳이 없겠느냐. 너는 마땅히 한 조각배로 오리나 기러기와 더불어 떠다니며 아무리 깊이 숨은 곳이라도 살펴봐라. 배로 가기 먼 곳이라도 찾아 가서 나를 위하여 윤주의 산천과 비슷한 곳을 알아보되 십년이 걸리더라도 좋으니 급히 서둘다가 일을 망치게 하지는 말아라.

고 하니 사공이 그렇게 하겠다고 다짐하고는 무릇 여섯 번의 겨울과 여름을 보내고 나서야 비로소 서울에 가까이 있는 서호 가에서 찾던 곳을 발견하였다. 곧장 달려가 공에게 아뢰어 말하기를,

바라던 곳을 찾았나이다. 그곳은 세 끼 밥 먹는 시간이면 왕복할 수 있는 거리이오니, 어려우시더라도 한번 발걸음201)해 보시는 것이 좋겠나이다.

라고 하였다. 드디어 함께 그곳에 올라 굽어보고는 기쁜 나머지 얼

---

199) 구절만(九折灣) : 아홉 구비로 꺾이는 강 언덕. 소동파의 「차 경사운 송표제정의숙
부기주운판(次京師韻送表弟程懿叔赴夔州運判.)」이라는 제목의 시에, "譬如万斛
舟, 行此九折灣."
200) 경구(京口) : 중국 강소성 진강현에 있었던 윤주(潤州)를 가리키는 말로 윤주의
동쪽에 경구산(京口山)이 있었기 때문에 붙여진 이름임.
201) 발걸음[玉趾] : 본래 옥지(玉趾)로, 남의 발걸음을 높여 이르는 말. 『좌전』·「희
공(僖公)」26년에, '寡君聞君親舉玉趾, 將辱於敝邑.'

굴에 희색이 가득한 채 말하기를,

> 중국 감로사가 비록 기이하고 아름다워 어디에도 비할 데 없으나,
> 그 중에도 건물의 구조와 단청하여 아름답게 꾸민 것이 특별히 뛰어
> 나다고 할 수 있다. 하늘이 낳고 땅이 만든 형세에 있어서는 그곳과
> 이곳이 거의 차이가 없다.

라고 하였다. 곧장 돈과 비단을 내어 집 지을 목재와 기와를 준비하고,
누각과 지대(池臺)의 모습과 규모는 오로지 중국 감로사의 그것을 본떴
다. 공사를 마치고[202] 편액에도 또한 '감로(甘露)'[203]라고 썼다. 공사를
지휘하고 계획하며 모든 일을 경영하는 것이 조금도 어긋남이 없이
순조롭게 이루어졌으니 공사에 필요한 만 가지 물건이 독촉하지 않아
도 저절로 이르렀다. 공사를 다 마친 뒤에 시승 혜소[204]가 제일 먼저
축하하는 시를 짓고, 시중 김부식이 끝을 맺으니 듣는 이들이 모두
화답하여 그 시가 몇 천 편에 이르렀으므로 드디어 큰 시집을 이루게
되었다.

중-19 鳳城北洞安和寺, 本睿王所刱也. 盖睿王以神聖至德, 事大宋

---

202) 공사를 마치고[斷手] : 공사를 완료하는 것을 이름. 두보의 시 「기제강외초당(寄
  題江外草堂)」에, "經營上元始, 斷手寶應年."
203) 감로(甘露) : 경기도 개풍군 중서면 전보(錢甫) 동쪽 오봉봉(五鳳峰) 아래에 있었
  던 감로사를 가리킴. 고려 때 개성의 안팎에 두 개의 감로사가 있었는데, 이 절은
  성 밖에 있던 것임.
204) 혜소(惠素) : 고려 전기의 승려. 의천(義天)의 제자로 내외전(內外典)에 해박하
  고 시문 및 필법에도 능하였음.

無違禮, 顯孝皇帝優加褒賞, 別賜法書名劃珍奇異物不可勝計. 聞其
刱是寺, 特遣使人以殿財像設送之, 宸翰親題殿額, 命蔡京榜於門, 其
丹青營構之巧, 甲於海東. 出寺門至御花園, 幾六七里, 丹崖碧嶺橫張
側展, 有溪沿石徑而流, 如環珮之鳴, 四畔唯松栢滲天, 雖盛夏常若早
秋. 往來耆如在劃屛中, 世以謂烟霞洞仙眞所居. 昔相國彦頤齋宿於
是, 夢見學士胡宗旦, 乘一葉泛泛而來, 會紫翠門作一絶云, 五雲深處
是吾鄕, 烟鎖樓臺日月長. 回首昔年交伴者, 如今役役夢魂場. 寺有紫
翠門.

　개성의 북쪽 골짜기에 있는 안화사205)는 본래 예종이 세운 절이
었다. 예종이 신성과 지덕으로 예를 다하여 송나라를 섬겼으므로
현효황제206)가 우대하여 포상하였고 특별히 법서·명화와 진기하고
특이한 물건을 하사하였는데 너무 많아서 그 수를 다 헤아릴 수 없
을 정도였다. 예종이 이 절을 창건한다는 말을 듣고 송나라 천자가
특별히 사신 편에 절에서 사용하는 물건과 불상을 보내주고, 친필
로 편액을 쓰고 채경207)에게 문 위에 그것을 걸게 하였는데, 그 단
청과 절집의 구조의 오묘함이 우리나라에서 으뜸이었다. 절문을 나

---

205) 안화사(安和寺) : 개성 송악산 자하동에 있었던 절로 930년(태조 13) 8월에 창건
　　하여 안화선원(安和禪院)이라 하였음. 이 절이 국가적 대찰로 면모를 갖춘 것은
　　1117년(예종 12)으로 이때 송나라의 휘종이 사신 편에 법전(法殿)에 쓸 재물과 화
　　상(畫像), 어필(御筆)로 쓴 '靖國安和之寺(정국안화지사)'라는 편액을 보내면서부
　　터임.

206) 현효황제(顯孝皇帝) : 북송(北宋)의 8대 황제인 휘종(재위기간, 1100~1125)의 시
　　호가 현효였음.

207) 채경(蔡京, 1047~1126) : 중국 북송 말엽의 권신. 자는 원장(元長). 재상의 자리
　　에 있으면서 왕안석의 신법을 다시 내세워 국정에 적용하려 했고, 국고를 허비하
　　는 등 국정을 농단했음. 흠종이 즉위한 뒤에 형주(衡州)로 유배되었다가 죽었음.
　　병법에 뛰어났음.

서서 어화원에 이르기까지 6~7리 정도가 되었는데, 길 양쪽에는 붉은 벼랑과 푸른빛을 띤 마루[碧嶺]가 길게 늘어서 있고, 돌길을 따라 흘러가는 시냇물이 환옥[208]의 울림과 같은 아름다운 소리를 내며, 사방에는 소나무와 잣나무가 하늘을 찌를 듯이 솟아 있어 비록 한여름이라 하더라도 항상 초가을 날씨 같았다. 그러므로 그곳을 오가는 사람들이 마치 그림병풍 속에 있는 것 같아서 세상 사람들은 그곳을 연하동[209]의 신선이 기거하는 곳이라 하였다. 예전에 상국 언이[210]가 이 절에서 목욕재계하고 묵었는데, 꿈에 학사 호종단[211]이 물에 떠가는 듯한 일엽편주를 타고 와서 자취문에서 자신과 만나 그가 지은 시 한 수를 보았는데, 그 시는 이러했다.

오색 구름 깊은 곳이 내 고향인데,
안개는 누대를 둘러싸 세월이 길구나.
돌아보니 옛날에 서로 놀던 친구들은
지금도 꿈속에서 힘들어 하는 것 같네.

---

208) 환옥(環珮) : 고리모양의 패옥을 말함.

209) 연하동(烟霞洞) : 중국 절강성 항주(杭州) 남쪽 옹가령(翁家岺) 허리 쯤에 있는 골짜기 이름. 석회암용동(石灰岩溶洞), 석옥동(石屋洞), 수락동(水樂洞) 등 연하삼동(烟霞三洞)이 있음. 여기서는 살기 좋은 이상적인 낙원을 가리키고 있음.

210) 언이(彦頤) : 고려 전기의 문신인 윤언이(尹彦頤, ?~1149)를 이름. 자호는 금강거사(金剛居士). 관직은 정당문학(政堂文學)에 올랐음. 기거랑(起居郎)으로 있으면서 직언을 서슴지 않았고, 정지상(鄭知常), 권적(權適) 등과 함께 정치 제도의 개혁에 동조하기도 했음. 문장에 능하고 '주역'에 밝았음. 시호는 문강(文康).

211) 호종단(胡宗旦) : 중국 송나라 때 복건성 복주(福州) 출생. 태학(太學)의 상사생(上舍生)으로 절강성에서 상선을 타고 고려에 들어왔다 귀화하였음. 학문에 널리 통했고 기예에 밝아 예종과 인종에게 인정을 받았고, 관직은 기거사인(起居舍人)에 올랐음.

五雲深處是吾鄕,

烟鑠樓台日月長.

回首昔年交伴者,

如今役役夢魂場.

절에는 자취문이 있다.

<u>중-20</u> 京城東天壽寺, 去都門一百步. 連峯起於後, 平川瀉於前, 野
桂數百株夾道成陰, 自江南赴皇都者, 必憩於其下. 輪蹄闐咽, 漁歌
樵笛之聲不絕, 而丹樓碧閣半出松杉烟靄之間. 王孫公子携珠翠引笙
歌, 迎餞必寄於寺門. 昔睿王時, 畫局李寧尤工山水, 爲其圖附宋商
久之. 上欲名畫於宋商, 以其圖獻焉. 上召衆史示之, 李寧進曰, 此臣
所畫天壽寺南門圖也. 折背觀之, 題誌甚詳, 然後知其爲名筆.

서울 동쪽에 있는 천수사[212]는 성문 밖 백보 쯤 떨어진 거리에
있다. 절 뒤로 산봉우리들이 연이어 우뚝 솟아 있고, 평평한 시내는
절 앞에 쏟아질 듯이 흘러내리며, 야계(野桂) 수백 그루가 길 양쪽
에 늘어 서 그늘을 이루니 강남에서 서울로 가는 사람들이 반드시
그 아래에서 쉬어갔다. 그러므로 그 길에는 수레바퀴와 말발굽 소
리가 요란하고, 어부의 노랫소리와 나무꾼의 피리소리가 끊이지 않
았다. 붉은 색의 다락과 푸른빛을 한 누각이 소나무와 삼나무 숲에
피어나는 이내와 노을 사이로 그 모습을 반쯤 드러내고 있어서 왕

---

212) 천수사(天壽寺) : 경기도 장단군 진서면 전체리에 있었던 절로 고려 숙종 때 창
    건하였음.

손과 공자들이 아름다운 여인들과 생활을 연주하는 무리들을 거느
리고 와 사람들을 맞이하고 전송하는 행사를 반드시 이 절문 앞에
서 거행했다. 옛날 예종 때에 화국(畵局)에 근무하던 이녕213)이 산수
화를 매우 잘 그렸는데, 오래 전에 자신의 그림을 송나라 상인에게
준 적이 있었다. 임금이 송나라 상인에게 좋은 그림을 부탁하자 바
로 그 그림을 바쳤다. 임금이 여러 화원(畵員)들을 불러서 그 그림을
보여주니 이녕이 앞으로 나아가 말하기를, "이것은 제가 천수사 남
문을 그린 그림이옵니다."라고 하였다. 그림 뒤쪽을 뜯어보니 과연
거기에 그림에 관한 내용이 자세하게 기록되어 있었으므로 그 일이
있은 뒤부터 훌륭한 화가로 널리 알려졌다.214)

중-21 神王七年, 僕出守孟城, 兒子阿大赴官珍洞. 吾友湛之謂咸子
眞曰, 李玉堂之子剖竹南州, 而其儀遠在孟城, 宜吾二人往餞焉. 各携
己子到天壽寺西峰, 班荊語離酒八九巡. 子眞呼兒梵郞, 宜以一句贐
行. 卽云, 歸程紅樹童童立. 阿大續之曰, 故國靑山點點遙. 及日斜黯
然而罷. 阿大到官, 叙始末甚詳, 千里寄孟城. 發書不覺失笑, 雖家僮
州吏無不忭聳爲快. 其京洛山川之態, 故人親友之笑語, 祖席盃觴之
交錯, 歷歷然無不在吾目前, 羈愁旅況如湯沃雪, 須鬢間有一莖兩莖
還黑者. 遂書日月以志喜.

---

213) 이녕(李寧) : 고려 전기의 화가. 예종과 의종 때 화국(畵局)에 있으면서 궁궐내의
    회사(繪事)를 주도하는 등 당대의 명화가로 이름을 날렸음. 중국 역대 황제 중 서
    화가로 가장 유명했던 송나라 휘종(徽宗)으로부터 크게 인정받았고, 휘종은 그에
    게 당시 한림도화원(翰林圖怜院)의 대조(待詔)였던 왕가훈(王可訓) · 진덕지(陳德
    之) 등에게 그림을 가르치게 했을 뿐 아니라, 그곳에서 그린「예성강도(禮成江圖)」
    가 높은 평가를 받았다고 함.
214) 이와 비슷한 기록이『고려사 · 열전』의「방기편(方技篇)」이녕조에도 실려 있음.

　　신왕 7년215)에 내가 맹성216)의 태수로 나가 있을 때에 아들 아대가 진동217)으로 부임하게 되었다. 내 친구 담지가 함자진에게 말하기를,

　　　　이옥당의 아들이 남쪽 고을로 부임하게 되었는데[부죽剖竹]218) 마침 그 아버지가 멀리 맹성 땅에 있으니 우리 두 사람이라도 가서 전송하는 것이 옳지 않겠는가.

라 말하고는 각각 자신의 아들을 데리고 천수사 서봉에 이르러 자리를 같이 하여(班荊)219) 이별을 얘기하며 술이 여덟, 아홉 순배나 돌았다. 자진이 아들 범랑을 불러 시를 지어 이별의 아쉬움을 달래는 것이 좋겠다고 하자 범랑이 곧바로 읊기를, '돌아가는 길에 단풍나무 우뚝우뚝 서 있네[歸程紅樹童童立]'라고 하니, 아대가 받아 이어서 짓기를, '고향의 청산은 점점이 멀어지는구나.[故國靑山點點遙]'라고 하였다. 이렇게 하다 보니 해가 저물 때가 되어서야 이별을 아쉬워하며 자리를 파했다. 아대가 부임지에 도착하여 그 일을 처음부터 끝까

---

215) 신왕(神王) 7년 : 고려 20대 왕인 신종(神宗) 7년(1204)을 가리킴.

216) 맹성(孟城) : 현재의 평안남도 맹산군으로, 이인로가 신종 7년(1204)인 53세 때 이 고을의 원으로 부임했음.

217) 진동(珍洞) : 충청남도 금산군에 속해 있던 진산(珍山)의 옛 지명.

218) 부임하게 되는데[부죽(剖竹)] : 부절(符節)과 같은 말로 대나무에 글자를 새겨 쌍방이 각각 그 한 쪽씩을 가지고 있어 임명, 봉작, 계약 등의 증거를 삼았음. 여기에서는 관직에 부임함을 뜻하는 말로 쓰였음.

219) 자리를 같이 하여(반형(班荊)] : 땅에 풀을 깔고 앉는다는 말로, '班'은 펴다[布]의 뜻이고, '荊'은 앉다[坐]의 뜻임. 이는 곧 친한 벗을 길에서 만남을 뜻함. 춘추시대 초나라 오거가 진나라로 달아나려는 도중에 정나라 교외에서 고향 친구인 성자를 만나 풀을 깔고 앉아 고향인 초나라로 돌아갈 것을 의논했다는 기록이 있음. 『춘추』 「양왕(襄王)」 26년에, '伍擧奔鄭, 將遂奔晉, 聲子將如晉, 遇之於鄭郊, 班荊相與食, 而言復故.'

지 자세하게 적은 편지를 천리나 멀리 떨어져 있는 맹성으로 부쳤다.
내가 그 편지를 뜯어보고는 나도 모르게 웃음이 절로 나왔고, 비록
심부름하는 아이나 고을의 아전들이라 할지라도 이 얘기를 듣는 사
람이면 모두 기뻐하며 유쾌하게 여겼다. 서울 산천의 모습과 옛 친구
들이 웃으며 나눈 얘기와, 전송하는 자리(祖席)220)에서 술잔이 오고
간 장면들이 역력히 내 눈 앞에 그대로 전개되는 것 같아서 타향살이
하는 나그네의 수심이 끓는 물에 눈 녹듯 사라지고, 수염과 귀밑머리
한두 가닥이 다시 검어지는 것 같았다. 마침내 날짜를 써서 그 기쁨
을 기록한다.

중-22 西都永明寺南軒, 天下絶景. 本興上人所刱, 南臨大江, 江外
曠野茫然, 不見際畔, 惟東極一涯, 遙岑出沒有無中. 昔睿王西巡, 與
群臣宴飮唱酬, 篇什尤多, 無不鏤金石播絲竹, 以傳樂府. 吾祖平章李
頹, 適在玉堂, 扈從登臨, 命名浮碧寮, 作詩敍其始末甚備. 山川氣勢,
與中朝滌暑亭相甲乙, 而秀麗過之. 學士金黃元弭節西都, 登其上, 命
吏悉取古今群賢所留書板焚之, 憑欄縱吟, 至日斜其聲正苦, 如叫月
之猿. 只得一聯, 長城一面溶溶水, 大野東頭點點山. 意涸不復措辭,
痛哭而下. 後數日足成一篇, 至今以爲絶唱. 時人語曰, 昔聞宋玉悲秋
氣, 今見黃元哭夕陽.

　서경 영명사221)의 남헌은 천하의 절경이다. 그 절은 본래 흥상

---

220) 전송하는 자리[조석(祖席)] : 이별하는 잔치 자리를 말함. 여기에서 '祖'는 도신
　　(道神)에게 제사지내다. 길잔치를 열다. 송별연을 열다. 죽은 이를 보내는 데에
　　공양을 드려 제사지내는 일 등으로 해석됨.
221) 영명사(永明寺) : 평안남도 평양시 금수산(錦繡山)에 있는 절. 부벽루(浮碧樓)의

인[222])이 창건하였는데, 절 남쪽 면이 대동강에 바짝 닿아 있다. 강 밖에는 넓은 들이 일망무제로 펼쳐져 있고, 오직 동쪽 끝의 물가로 멀리 산봉우리가 나타났다가 사라지기도 하여 어슴푸레하게 보인다. 옛날에 예종이 서쪽으로 행차했다가 수행했던 여러 신하들과 함께 잔치를 열고 술을 마시며 주고받은 시가 많아서 이 시들을 모두 금석에 새기기도 하고 사죽[223])에 부쳐서는 악부에 전하였다. 나의 선조이신 평장사 이오[224])께서 그때 마침 옥당에 근무하셨는데, 임금의 행차를 수행해 왔다가 이곳에 올라 그 이름을 부벽료[225])라고 하시고는 시를 지어 그 일의 처음과 끝을 상세하게 기술하였다. 부벽료 주위를 둘러싸고 있는 산천의 기세는 중국의 척서정과 서로 우열을 논하기 어려우나 그 빼어난 경치로는 오히려 척서정보다 낫다고 하겠다. 학사 김황원이 서경에 공무를 보러 갔다 부벽료 위에 올랐다. 따라온 관리들에게 고금에 걸쳐 여러 현인들이 남긴 시를 적어 걸어놓은 시판을 모두 거두어 태워버리게 하고는 난간에 기대어 생각나는 대로 시를 읊조렸다. 해가 질 때까지 쉬지 않고 시를

서편 기린굴(麒麟窟)의 위쪽에 위치하고 있음. 동명성왕의 구제궁(九梯宮) 유지(遺址)에 392년(광개토왕 2)에 창건하고 아도화상(阿道和尙)을 머물게 하였다고 함.
222) 흥상인(興上人) : '흥'은 스님의 이름. '상인'은 스님의 존칭.
223) 사죽(絲竹) : '絲'는 현악기인 거문고와 비파[琴瑟]의 종류이고, '竹'은 관악기로 생황이나 피리[笙笛]의 종류로, 이 둘을 합쳐 악기 또는 음악의 뜻으로 사용하였음.
224) 이오(李顗, 1042~1110) : 고려 전기의 문신. 직한림원(直翰林院)이 된 뒤 문종·순종·선종·헌종·숙종·예종 등 여섯 왕을 섬겼고, 관직은 평장사에 올랐음. 『파한집』의 저자인 이인로의 증조부. 시호는 문량(文良).
225) 부벽료(浮碧寮) : 평양 8경의 하나로 금수산(錦繡山) 모란봉의 동쪽 청류벽(淸流壁) 위의 부벽루를 말함. 원래는 영명사(永明寺)의 부속건물로서 고구려시대인 393년에 세워진 영명루(永明樓)였음. 이 누각은 뛰어난 건축술뿐만 아니라 모란봉과 어우러진 아름다운 경치로 진주 촉석루, 밀양 영남루와 더불어 조선 3대루의 하나로 이름이 높았음.

읊느라 힘들고 괴로운 나머지 그 소리가 마치 달을 보고 울부짖는 원숭이 울음소리 같았다. 그러다가 단지 한 연구만을 얻었다.

> 장성 한쪽에는 물 넘쳐 흐르고,
> 큰 들 동쪽에는 점점이 산이네.[226)]
>
> 長城一面溶溶水
> 大野東頭點點山

그러고는 시상이 고갈되어 다시 시를 짓지 못한 채 통곡하며 내려왔다. 그 뒤 며칠 만에 거기에 더하여 시 한 편을 이루었는데, 지금까지도 절창이라고 한다. 그때 사람들이 말하기를,

> 옛날에 송옥(宋玉)이 '가을을 슬퍼한다'는 얘기[227)] 들었더니, 지

---

226) 박지원의 『열하일기(熱河日記)』 「관내정사(關內程史)」에 이 시구에 대한 글이 나온다. "영평부(永平府)에 이르니, 성 밖으로 굽이쳐 흐르는 강물이 성을 둘러싸서 그 지형이 평양과 흡사하나 시원하게 툭 트인 것은 평양보다 더 낫다. 다만 대동강과 같이 맑은 물이 없을 뿐이다. 세인들의 전하는 말에, '김 학사(金學士) 황원(黃元)이 부벽루(浮碧樓)에 올라가서, 장성 한 쪽에는 물 넘쳐 흐르고(長城一面溶溶水), 큰 들 동쪽에는 점점이 산이네(大野東頭點點山)의 두 구(句)를 읊고는 아무리 고심해 봐도 시상(詩想)이 떠오르지 않아 그 다음을 잇지 못한 채 통곡하며 누를 내려오고 말았다.'고 한다. 사람들이 논평하기를, '평양의 아름다운 경치가 이 두 글귀에 다 표현되었으므로 그 뒤 천 년이나 되는 오랜 시간을 지냈건만 다시 한 구라도 덧붙이는 이가 없다.'고 했다. 그러나 나는 늘 이것이 좋은 글귀가 아니라 생각된다. 왜냐하면 '용용(溶溶)'은 대강(大江)의 형세를 표현함에는 부족하고, '동두(東頭)'·'점점(點點)'의 산이란 그 거리가 40리에 불과한데 어찌 대야(大野)라고 할 수 있겠는가. 이제 이 글귀를 연광정(練光亭)의 주련(柱聯)으로 붙여놓았는데 만일 중국의 사신이 이 정자에 올라가서 읽어 본다면 대야라는 글자를 보고 반드시 웃을 것이다."
227) 옛날에 송옥(宋玉)이 '가을을 슬퍼한다'는 얘기 : 이 말은 그의 작품 「구변(九辯)」

금에 와서는 황원이 석양에 통곡함을 보았다.

라고 하였다.

중-23 文昌公崔致遠, 字孤雲, 以賓貢入中朝擢第, 遊高騈幕府, 時天下雲擾. 簡檄皆出其手. 及還鄉, 同年顧雲賦孤雲篇以送之云, 因風離海上, 伴月到人間. 徘徊不可住, 漠漠又東還. 公亦自敍云, 巫峽重峯之歲, 絲入中華, 銀河列宿之年, 錦還故國. 預知我太祖龍興, 獻書自達. 然灰心仕宦, 卜隱伽倻山. 一旦早起出戶, 莫知其所歸, 遺冠屨於林間, 蓋上賓也, 寺僧以其日薦冥禧. 公雲鬟玉頰, 常有白雲蔭其上, 寫眞留讀書堂, 至今尙存. 自讀書堂至洞口武陵樓, 幾十里, 丹崖碧嶺, 松檜蒼蒼. 風水相激, 自然有金石之聲. 公嘗題一絶, 醉墨超逸, 過者皆指之曰, 崔公題詩石, 其詩曰, 狂噴疊石吼重巒, 人語難分咫尺間. 常恐是非聲到耳, 故敎流水盡籠山.

문창공 최치원228)의 자는 고운(孤雲)이다. 외국유학생으로 중국

중 여덟 번째에 나오는 것으로 '悲哉 秋之爲氣也'를 말함. 송옥은 중국 초(楚)나라의 대부로 굴원의 제자임. 스승인 굴원이 정치무대에서 쫓겨나 귀양을 가자 「구변」을 지어 슬퍼했고, 「초혼(招魂)」, 「고당부(高唐賦)」, 「여신부(女神賦)」 등의 훌륭한 사부(辭賦) 작품을 남겼음.

228) 최치원(崔致遠, 857~?) : 신라 말기의 학자. 자는 고운(孤雲) 또는 해운(海雲). 실라 육두품 출신으로 12세에 당나라에 유학하여 중국의 선진문물을 배워 과거에 급제하그, 29세에 신라로 돌아와 국정에 참여하였으나 뜻을 이루지 못하고 산으로 들어가 은거하였음. 그는 우리나라 한문학의 비조이고, 중국문학과 학문을 우리나라에 적극적으로 소개하였음. 그는 유·불·도 사상에 조예가 깊었고, 활발하게 저술활동을 하여 많은 저작을 남겼으나 지금 남아 전하는 것은 『계원필경(桂苑筆耕)』·『법장화상전(法藏和尙傳)』·『사산비명(四山碑銘)』 등이고, 그 외는 『동문선』에 시문 약간과 기(記)·원문(願文)·찬(讚) 등 그 편린만이 전함. 시호는 문

에 들어가 과거에 급제하여 고변[229])의 막부에서 근무하였다. 당시
에 중국의 정세가 심히 어지러웠는데, 고변의 이름으로 된 서간이
나 포고문들이 모두 그의 손에서 나왔다. 신라로 돌아오게 되자 그
와 같은 해에 과거에 급제한 고운(顧雲)[230])이「고운편」을 지어 그를
전송했는데, 그 시에 이르길,

> 바람을 타고 바다를 떠나,
> 달과 짝하여 인간 세상에 이르렀네.
> 배회하다 머무르기 어려워,
> 아득히 동방으로 돌아가네.[231])

因風離海上,

창(文昌).

229) 고변(高駢, 821~887) : 중국 만당(晚唐)시대의 무신. 자는 천리(千里). 당나라
희종 때 천평(天平)·검남(劍南)·진해(鎭海)·회남(淮南) 등의 절도사를 역임하
였는데, 황소(黃巢)가 난을 일으켜 광주(廣州)를 함락시키자 황소를 무찔렀으나,
그가 두 번째 봉기하여 장안을 쳐들어갔을 때는 전혀 협조하지 않았고, 도교에
깊이 빠져 주위의 원성을 샀으므로 부하에게 죽임을 당했음. 최치원이 회남절도
사인 고변의 서기로 근무하면서 쓴 「토황소격(討黃巢檄)」이 유명함.

230) 고운(顧雲, ?~894) : 중국 만당시대의 문신으로 지주(池州) 사람. 자는 수상(垂
象). 당시의 유명한 문인인 두순학(杜荀鶴), 은문규(殷文圭) 등과 교유했음. 최치원
과 같은 해에 과거에 합격했고, 회남절도사 고변의 종사관(從事官)이 되어 최치원
과 같이 근무하다가 물러나 독서와 저서활동에 몰두했음. 저서로『고씨편유(顧氏編
遺)』10권,『소천총재(笤川總裁)』10권 등이 있음. 그와 최치원과의 관계는『삼국사
기』에 소개되고 있음. '又與同年顧雲友善, 將歸, 顧雲以詩送別, 略曰 : 我聞海上
三金鼇, 金鼇頭戴山高高. 山之上兮, 珠宮, 貝闕, 黃金殿, 山之下兮, 千里万里之洪
濤. 傍邊一點林碧, 鼇山孕秀生奇特. 十二乘船渡海來, 文章感動中華國. 十八橫行
戰詞苑, 一箭射破金門策.'(『삼국사기』권46「최치원조」)

231) 이 시는『고금사문유취(古今事文類聚)』·『당백가시선(唐百家詩選)』·『전당시(全
唐詩)』등에 실려 있는데 그 전문은 다음과 같음. '南北各萬里, 有雲心更閒. 因風離
海上, 伴月到人間. 洛浦少高樹, 長安無舊山. 徘徊不可駐, 漠漠又東還.'

伴月到人間.

徘徊不可住,

漠漠又東還.

라고 하였다. 공도 또한 스스로 글을 지어 이르길,

무협 중봉의 나이232)에 포의로 중국에 들어갔다가,233) 은하 열수의
나이234)에 금의환향하게 되었네.

라고 하였다. 공은 진즉에 우리 태조께서 왕위에 오르실 것을 알고
글을 지어 올려 자신의 생각을 전했다.235) 그러나 벼슬에 뜻이 없
어 속세를 떠나 가야산에 은거하였다. 어느 날 아침에 일찍 일어나
문을 나갔는데 어디로 갔는지 알지 못하지만, 그가 쓰고 있던 관과
신고 다니던 신발을 숲속에 남겨둔 것을 보면 아마도 신선이 되어
하늘로 올라간 것이 아닐까. 절의 스님이 그 날로 공의 명복을 비는

---

232) 무협 중봉의 나이[巫峽重峯之歲] : 무산중봉은 중국 사천성 무산현에 있는 무산
십이봉(瓜山十二峯)을 말하는 것으로 12세를 뜻함.

233) 포의로 중국에 들어갔다가[絲入中華] : 이는 최치원이 12살에 신라의 중간계층인
육두품(六頭品) 출신으로 고관의 자제가 아닌 포의(布衣)로 중국에 유학 간 사실을
말함. 뒤에 나오는, 출세하여 고향인 신라로 돌아왔다는 '금의환향(錦衣還鄕)'과 대비
되는 말임.

234) 은하 열수의 나이[銀河列宿之年] : 하늘에 떠 있는 이십팔수(二十八宿)에 기대
어 28세를 뜻함.

235) 우리 태조께서 …… 자신의 생각을 전했다. : 이 말은 최치원이 신라가 망하고 고
려가 새로운 왕조로 등장하리라는 참언(讖言)을 바로 남긴 것을 말한다. 최치원이
남겼다는 참시는 '鷄林黃葉, 鵠嶺靑松'이라는 것으로 이 사실로 인해 최치원은 고
려시대에 우리나라의 유종(儒宗)으로 떠받들어 졌고, 문창후(文昌後)라는 시호를
받기도 했음.

천도재를 올렸다. 공은 구름발 같은 수염과 옥같이 아름다운 얼굴을 지녔고, 항상 흰 구름이 그의 위에 떠있다고 하였으며, 본 모습을 그린 초상화가 지금까지 독서당에 남아 보존되고 있다. 독서당에서부터 골짜기 입구에 있는 무릉루까지의 거리가 대략 십 리가 되는데, 주위의 붉은 벼랑과 푸른 산마루에는 소나무와 노송나무가 무성하고 바람과 물이 서로 부딪혀 저절로 금석의 소리를 냈다. 공이 이전에 절구 한 수를 지었는데, 취중에 쓴 글씨가 매우 뛰어나 그곳을 지나가는 사람들마다 그것을 가리켜, "최공이 시를 쓴 돌이다. [崔公題詩石]"라고 하였다. 그 시는 이러하다.

돌더미 사이로 미친 듯이 내뿜어 뭇 멧부리 울리니,
사람의 말소리 가까운 거리에서도 알아듣기 어렵네.
항상 세상의 시비하는 소리 귀에 들릴까 두려워하여
일부러 흐르는 물로 하여금 온통 산을 에워싸게 했는가."236)

狂噴疊石吼重巒,
人語難分咫尺間.
常恐是非聲到耳,
故敎流水盡籠山.

---

236) 동문선 제19권에 「제가야산독서당(題伽倻山讀書堂)」이라는 제목으로 실려 있고, 『지봉유설(芝峯類說)』「지리부 산(地理部·山)」에도 다음과 같은 글이 있음. "伽倻海印寺之洞日紅流洞, 洞口有武陵橋. 又有崔致遠題詩石, 詩曰：'狂噴疊石吼重巒, 人語難分咫尺間. 常恐是非聲到耳, 故敎流水盡籠山.' 又智異山神興寺洞, 亦謂紅流洞."

중-24　金庾信鷄林人, 事業赫赫布在國史中. 爲兒時, 母夫人日加嚴
訓, 不妄交遊. 一日偶宿女隷家, 其母面數之曰, 我已老, 日夜望汝成
長, 立功名爲君親榮, 今乃爾與屠沽小兒, 遊戲娼房酒肆耶, 號泣不
已. 卽於母前自誓, 不復過其門. 一日被酒還家, 馬遵舊路, 誤至倡家.
且欣且怨, 垂泣出迎. 公旣悟, 斬所乘馬, 棄鞍而返, 女作怨詞一曲傳
之. 東都有天官寺, 卽其家也. 李相國公升嘗赴東都管記, 作詩云, 寺
號天官昔有緣, 忽聞經始一悽然. 多情公子遊花下, 含怨佳人泣馬前.
紅鬣有情還識路, 蒼頭何罪謾加鞭. 唯餘一曲歌詞妙, 蟾兎同眠萬古
傳. 天官卽其女號.

　김유신[237]은 경주 사람으로, 그가 이룬 업적들이 우리 역사에 길
이 빛난다. 그가 어렸을 적에 매일 어머니에게서 교육을 엄하게 받
았는데 무엇보다도 아무렇게나 친구를 사귀지 못하게 했다. 하루는
우연히 미천한 여자의 집에서 묵고 가니, 어머니가 그와 얼굴을 마
주하여 꾸짖고 말하기를,

　　나는 이미 늙었다. 이 어미는 밤낮으로 네가 성장하여 나라에 공명을
　　세워 임금과 어버이가 영예를 누릴 수 있기를 바랐는데, 지금 네가 비천한
　　조무래기들[屠沽][238]과 어울려 기방과 술집에서 놀아나서야 되겠느냐.

하고는 오랫동안 소리 내어 울었다. 그가 곧 어머니 앞에서 그런 일이

---

237) 김유신(金庾信, 595~6733) : 신라의 삼국통일에 중심적인 구실을 한 장군으로
　　당나라 소정방(蘇定方)의 야욕을 견제하며 신라를 지키는데 절대적인 기여를 했음.
238) 비천한 조무래기들[도고屠沽] : '도고'는 소나 개를 잡는 백정과 술을 파는 시정
　　잡배들을 가리키는 말임. 이는 곧 비천한 직업에 종사하는 하찮은 무리들을 이름.

없을 것이라고 스스로 맹세 하고는 다시는 그 집 앞을 지나다니지 않았다. 하루는 술에 취하여 집으로 돌아오는데, 말이 옛 길을 따라 가다가 잘못하여 기녀의 집에 이르렀다. 그 기생이 한편으로는 기뻤지만 한편으로는 원망스러워 눈물을 흘리며 문으로 나가 그를 맞이하였다. 유신이 그제서야 자신이 잘못 왔다는 사실을 깨닫고는 타고 왔던 말의 목을 베고, 안장을 버려둔 채 집으로 돌아가니 그 여인이 원망하는 노래 한 곡을 지어 전하였다. 경주에는 천관사(天官寺)라는 절이 있는데 이곳이 바로 그녀의 집터이다. 상국 이공승[239]이 일찍이 경주의 관기[240]로 부임하였다가 시를 지었는데 그 시는 이러하다.

> 절을 '천관'[241]이라 부른 것은 예전부터 까닭이 있어,
> 갑자기 그 내막을 듣고 나니 마음 처연해지네.
> 다정한 공자는 꽃 아래 노닐었고,
> 원한 품은 가인은 말머리 앞에서 울었네.
> 붉은 말 유정하여 오히려 옛 길을 알았고,
> 노복은 무얼 탓하여 함부로 채찍질 하는지?
> 오직 남아 있는 한 곡조의 노랫말 미묘하니,
> 달과 함께 잔다는 말 만고에 전하네.

> 寺號天官昔有緣,
> 忽聞經始一悽然.

---

239) 이공승(李公升, 1099~1183) : 고려 전기의 문신. 자는 달부(達夫). 관직은 중서시랑평장사(中書侍郞平章事)에 올랐음. 시호는 문정(文貞).
240) 관기(管記) : 고려시대 관청의 기록 사무를 담당하던 관직명으로 7품의 벼슬이었음.
241) 천관(天官) : 김유신이 사랑했던 기녀의 이름. 천관사(天官寺)는 천관의 집 자리에 세운 절로 절터는 신라 오릉 동쪽에 있으며, 지금은 폐탑의 기단석이 남아 있음.

多情公子遊花下,
含怨佳人泣馬前.
紅鬣有情還識路,
蒼頭何罪謾加鞭.
惟餘一曲歌詞妙,
蟾兎同眠萬古傳.

라고 하였는데, 천관은 곧 그 여자의 이름이다.

중-25　明皇時, 大叔僧統寥一, 出入禁宇間, 不問左右二十餘年. 常
作乞退詩進呈云, 五更殘夢寄松關, 十載低徊紫禁間. 早茗細含鸞鳳
影, 異香新屑鷓鴣斑. 自憐瘦鶴翔丹漢, 久使寒猿怨碧山. 願把殘陽還
舊隱, 不敎巖畔白雲閑. 上大加稱賞, 謂師曰, 昔人云, 莫訝杖藜歸去
早, 故山閑却一溪雲. 可謂先得師之奇趣. 因和其詩以賜之曰, 祖師心
印製機關, 卽悟眞空一瞬間. 宴坐爐添沈水瓣, 迎賓節破紫苔斑. 好將
經論傳緇侶, 莫以行藏憶舊山. 夕磬晨香勤禮念, 願令愚俗得安閑. 歷
觀古今名緇秀衲, 得被君王寵賜, 以篇章者多矣, 未有特次其韻, 叙其
意如此款密. 昨詣大叔丈室, 示以御製此篇, 宸翰飛動, 蘭麝郁然, 正
冠肅容, 跪而讀之, 若瞻天日於雲表, 祥光瑞色爛溢目, 誠可仰也.

　명종 때 왕의 숙부였던 승통242) 요일 스님이243) 20여 년을 궁궐

---

242) 승통(僧統) : 고려 때 승려의 위계 가운데 하나로 교종(敎宗)의 최고위 승직.
243) 요일(寥一) : 고려 명종의 숙부로 출가하여 흥왕사에 주석하며 승통이 되었고,
　　시승(詩僧)으로도 유명했음. 이인로의 아들 이세황(李世黃)이 쓴 「파한집발(破閑
　　集跋)」이, '어려서 부모를 여의고 의탁할 곳이 없는데, 대숙(太叔) 화엄승통(華

에 출입하면서도 나라 일에 대해 묻지 않았다. 그러면서도 늘 조정
에서 물러나기를 바라는 시를 지어 올렸는데 그 시는 이러했다.

새벽에 스러지는 꿈 소나무 문에 부쳐두고,
십년을 대궐에서 배회만 하고 있네.
일찍 달인 차에 난봉[244]의 그림자 드리웠고,
특이한 향에는 자고반[245]이 새로 부서져 내렸네.
스스로 파리한 학이 대궐에서 날개 짓 하는 것 가엾게 여기고,
오래도록 쓸쓸한 원숭이로 하여금 푸른 산에서 원망하게 했네.
남은 삶이나 옛날 숨어 살던 곳으로 돌아가서,
바위 가의 흰 구름 한가롭게 하지 말게 했으면.

五更殘夢寄松關,
十載低徊紫禁間.
早茗細含鸞鳳影,
異香新屑鷓鴣斑
自憐瘦鶴翔丹漢,
久使寒猿怨碧山.
願把殘陽還舊隱,
不敎巖畔白雲閑.

嚴僧統) 요일이 이인로를 양육하여 늘 좌우에 두고 훈계하고 가르치기를 부지런
히 하여 삼분과 오전, 제자백가를 섭렵하지 않은 것이 없다'는 기록이 보임.

244) 난봉(鸞鳳) : 용봉차(龍鳳茶) 또는 용봉단(龍鳳團)을 가리키는 것으로 동그랗게
빚은 차를 옆으로 눌러서 용봉의 모양을 새겨놓았기 때문에 붙여진 이름임.

245) 자고반(鷓鴣斑) : 향의 일종. 차의 색깔이 마치 자고새의 깃털 색깔처럼 흑갈색
에 흰 반점을 띠고 있기 때문에 붙여진 이름. 또는 자고새 얼룩무늬의 꽃을 그
려넣은 찻잔의 이름. 북송 초에 출간된 『청이록(淸異錄)』에, '閩中造盞, 花紋鷓
鴣斑點, 試試茶家珍之.'

왕이 이 시를 보고 크게 칭찬하고는 요일 스님에게,

> 옛날 사람이 '명아주 지팡이 짚고 빨리 떠나감을 의아해 하지 마시
> 구려, 옛날 노닐던 산에 온 계곡의 구름 한가로이 버려두었기 때문이
> 오.'246)라고 하였으니, 바로 그 사람이 대사의 특이한 정취를 먼저 얻
> 었다고 말할 수 있겠소.

라고 하고는, 왕이 요일 스님의 시에 화답하는 시를 지어 하사하였다.

> 조사247)의 불법으로 기관248)을 만드니,
> 진공249)을 일순간에 깨쳤다네.
> 한가로이 앉아 화로에 침향을 더하고,250)
> 손님을 맞아 지팡이로 자줏빛 이끼의 얼룩 뭉개네.
> 경론251)을 승려에게 전하는 것도 좋지만,

---

246) 이 내용은 중국 송나라 위경지(魏敬之)가 편찬한 『시인옥설(詩人玉屑)』20권 「한
각 일계운(閒却一溪雲)」에 실려 있음. "范致虛(?~1137)居方城, 有高士館於家, 自
言昔乃白髮社翁, 遇師授以神藥, 今年踰下壽, 顔渥如丹, 有孺子色. 旣久告歸, 留
一絶, 末句云, '莫訝杖藜歸去早, 舊山閒却一溪雲'".

247) 조사(祖師) : 석가를 의미하는 말이나 뜻이 전하여 한 1종·1파를 세운 스님을 부
르는 말. 곧 불교종파의 개조(開祖)를 가리킴.

248) 기관(機關) : 불교에서 법신(法身)의 공안(公案)을 벗어나 그 경계에 가까워지는
이를 한 번 더 긴요하게 단련시키기 위하여 베푼 관문.

249) 진공(眞空) : 일체 미(迷)한 생각으로 보는 상(相)에서 벗어난 상태. 곧 아무것도
없는 편진단공(偏眞單空)을 이름.

250) 침수판(沈水瓣) : 침수향(沈水香)을 말하는데, 향나무의 일종으로 목질(木質)이
견고하며 무거워 여러 해를 썩혀 물에 띄워도 가라앉으며[沈水], 나무의 색은 황
색으로 향기와 맛을 지니고 있음.

251) 경론(經論) : 불교의 전적을 통틀어 일컫는 경장(經藏)·율장(律藏)·논장(論藏)
등의 삼장(三藏)에서 경장과 논장을 이름. 경장은 부처가 설파한 법문을 모은 부

나아가고 물러나는 일로 옛 산²⁵²⁾을 추억하지 마시구려.

저녁에 경쇠 칠 때와 새벽 향 피울 때 부지런히 예불하여,

어리석은 속인들 편히 살게 하소서.

祖師心印製機關,
卽悟眞空一瞬間.
宴坐爐添沈水瓣,
迎賓筑破紫苔斑.
好將經論傳緇侶,
莫以行藏憶舊山.
夕磬晨香勤禮念,
願令愚俗得安閑.

　　고금에 법명이 높고 법력이 뛰어난 승려들을 두루 살펴보면, 군
왕이 총애하여 시를 하사한 경우가 적지 않았지만, 특히 스님의 시
에 차운하여 이처럼 관곡하면서도 정밀하게 뜻을 펼쳐 지은 시는
없었다. 어제 요일 스님이 기거하는 방장에 갔었는데 상감께서 지
은 이 시를 보여주었다. 어필의 기세가 살아 움직이고, 난초와 사향
의 향기가 사방에 감도는 것 같아서 관을 바르게 하고 용모를 엄숙
히 하여 꿇어앉은 자세로 시를 읽었다. 마치 하늘의 해를 구름 밖에
서 바라보는 것처럼 상서로운 빛과 찬란한 빛이 눈에 넘쳐났으므로
참으로 우러러 볼 만하였다.

　　류(部類)의 전적이고, 율장은 부처가 제정한 일상생활에서 지켜야 할 규칙을 말
　　한 전적이며, 논장은 경에 대한 의리(義理)를 밝혀 논술한 전적을 말함.

252) 옛 산[舊山] : 옛 산문(山門)으로 전에 머물던 절을 가리키나, 여기서는 낡은 생
　　각과 관념을 뜻함.

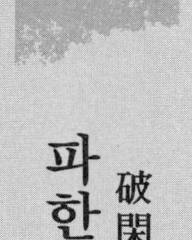

破閑集 卷下

파한집 권하

하-1 鷄林舊俗, 擇男子美風姿者, 以珠翠飾之, 名曰花郞. 國人皆
奉之, 其徒至三千餘人. 若原嘗春陵之養士. 取其穎脫不群者, 爵之
朝, 唯四仙門徒最盛, 得立碑. 我太祖龍興, 以爲古國遺風, 尙不替矣.
冬月設八關盛會, 選良家子四人, 被霓衣列舞于庭. 郭待制東珣, 代作
賀表云, 自伏羲氏之王天下, 莫高太祖之三韓, 邈姑射山之有神人, 宛
是月城之四子. 又云, 桃花流水杳然去, 雖眞跡之難尋, 古家遺俗猶有
存, 信皇天之未喪. 又云, 匪高之庭, 得詣百獸率舞之列. 凡周之士,
皆歌小子有造之章. 東珣卽郭處士猶子也, 少有才名. 時處士入處大
內山呼亭, 東珣往謁, 淸談從容, 會日晩留宿焉. 迨夜半, 月色如練,
上步至山呼亭. 處士命東珣出拜, 上曰, 是何人耶. 對曰, 臣兄子某,
久不得面, 今幸得叙契闊, 及將還, 而金鑰已下, 死罪死罪. 上曰, 朕亦
聞之久矣. 處士獻壽口占云, 月影偏尋天子座. 命東珣續之, 卽跪奏
云, 露花還濕侍臣衣. 上大加稱賞曰, 有才如是, 雖明皇, 豈忍放耶.
是夕入直金門.

　신라의 옛 풍속에 아름다운 용모를 가진 남자를 택하여 구슬과
비취로 꾸미고는 '화랑'이라고 불렀다. 백성들이 모두 그들을 받들
어 섬겼는데 그들의 숫자가 삼천여 명이 되었으니 이는 예전에 평
원군(平原君)[1], 맹상군(孟嘗君)[2], 춘신군(春申君)[3], 신릉군(信陵君)[4]

---

1) 평원군(平原君, ?~BC251): 중국 전국시대 조(趙)나라 무영왕의 아들인 조승(趙
勝)으로 산동성 평원(지금의 평원현平原縣 남쪽에 위치했음)에 봉하여졌으므로 붙
여진 이름임. 맹상군(孟嘗君)·춘신군(春申君)·신릉군(信陵君) 등과 함께 '전국사
군(戰國四君)'의 한 사람으로 일컬어 졌는데 현명하고 붙임성이 있어 식객(食客)
3,000 명을 먹였다고 함. 식객 모수(毛遂)가 스스로를 천거하였다는 '모수자천(毛
遂自薦)'의 이야기는 유명하며, 백마비마론(白馬非馬論)을 폈던 궤변가 공손룡(公
孫龍)도 그의 후대를 받은 식객이었음
2) 맹상군(孟嘗君, ?~BC279): 전국시대 제(齊)나라의 정치가로 이름은 전문(田文).

등이 선비를 양성했던 것과 같았다. 그 중에 재주가 출중하게 뛰어
난 사람을 가려 조정에서 벼슬을 내렸는데 그들 무리 가운데 오직
사선문도만이 가장 번성하여 자신들의 행적을 기록한 비석을 세울
수 있었다. 우리 태조께서 왕위에 오르셔서 "옛 나라의 유풍이 아직
까지 끝나지 않았다."라 하시고는 겨울에 팔관성회⁵⁾를 베풀고 양가
의 자제 네 사람을 뽑아 신선이 입는 아름다운 옷을 입히고는 뜰에
늘어서서 춤을 추게 하니, 대제 곽동순⁶⁾이 참석했던 사람들을 대신

맹상군은 그의 시호(諡號). 진(秦)나라 소왕(昭王)에게 초빙되어 재상이 되었으나
모함을 받아 감옥에 갇혔더니 식객의 도움을 받아 진을 탈출하여 제나라로 돌아가
제의 재상이 되었는데 여기에서 '계명구도(鷄鳴狗盜)'라는 말이 생겼음. 사마천이
『사기(史記)』에서 맹상군이 봉해졌던 산동성 설(薛) 지역의 풍속을 기록하기를,
"세상에 전하기를 맹상군이 손님을 좋아하고 스스로 즐거워하였다고 하니 그 이름
이 헛된 것이 아니었다(世之傳孟嘗君好客自喜, 名不虛矣.)"고 하였는데, 여기에
서 '명불허전(名不虛傳)'이라는 성어가 나왔음.
3) 춘신군(春申君, ?~BC238) : 전국시대 초나라의 정치가로 이름은 황헐(黃歇)이며
춘신군은 그의 봉호. 일찍이 여러 나라를 두루 돌아다녀 견문이 넓었으며, 변설(辨
說)에 능했다고 함. 춘신군(春申君)은 3,000여 명의 빈객(賓客)을 거느렸던 것으
로도 유명하며, 순자(荀子)도 춘신군에 의해 난릉현(蘭陵縣)의 령(令)으로 등용되
었음.
4) 신릉군(信陵公子, ?~BC243) : 전국시대 위(魏)나라의 저명한 정치가, 군사가. 위
소왕(魏昭王)의 작은 아들로 이름은 위무기(魏無忌). 그는 안희왕의 이복동생으로
소왕이 죽고 안희왕이 즉위하자 BC 276년 신릉군에 봉해졌음. 신릉군은 덕이 있
고 지혜가 뛰어나며 사람을 볼 줄 아는 지인지감(知人之鑑)이 있었음. 그는 이문
을 지키는 후영(侯嬴)이란 늙은 문지기를 스승처럼 위했고, 백정인 주해(朱亥)를
귀한 손님처럼 받들어 그들에게 가르침을 받아 큰 뜻을 이루었음.
5) 팔관성회(八關盛會) : 팔관회는 신라 진흥왕 12년(551)에 처음 행해졌으나 국가적
정기 행사로 자리 잡게 된 것은 고려조에 들어서였음. 팔관회가 처음에는 불고행
사였지만 고려에서는 태조 때부터 토속신에 대한 제례를 행하는 날로 그 성격이
바뀌어졌는데 이러한 점에서 팔관회는 연등회와 매우 비슷한 대회였음. 팔관회는
개경에서는 11월 15일 즉 중동(仲冬)에, 그리고 서경에서는 10월 15일에 베풀어졌
는데, 특히 팔관회 의식이 이뤄지는 곳은 사방에 향등을 달고 2개의 채붕(綵棚)을
세워 장엄하게 장식하고 불교와 민속적 요소가 합치되어 있었음.

하여 축하하는 표문을 지었는데, 그 내용은 이러하다

　복희씨7)가 천하에 왕이 된 이후로, 우리 태조의 삼한보다 높을 수가 없고, 아득한 고야산에 신선이 있다고는 하지만, 경주의 사선과 그 모습 비슷하네.

　또 이르기를,

　복사꽃이 흐르는 물에 아득히 떠가니8), 본래 그곳은 찾기 어렵네. 옛 집안의 남은 풍속 오히려 남아 있으니9), 진실로 하늘이 이 풍속 잃게 하지는 않았도다.10)

---

6) 대제(待制) 곽동순(郭東珣) : 대제는 고려시대 궁중 도서관이었던 보문각(寶門閣)에 소속된 정4품의 관직명. 곽동순은 고려 전기의 문신으로 인종 때 송나라와 금나라에 사신으로 파견되어 외교활동을 펼쳤고, 문장에 능하여 『동문선』에 그가 쓴 교서와 지고(制誥)·표전(表箋) 등이 전하고 있음. 곽여(郭璵)의 조카.

7) 복희씨(伏羲氏) : 중국 고대의 전설상의 제왕(帝王) 또는 신(神)으로 3황 5제 중 최고의 제왕으로 여겨짐. '복희'라는 이름은 『역경』「계사전(繫辭傳)」의 복희가 팔괘(八卦)를 처음 만들고, 그물을 발명하여 어획·수렵(狩獵)의 방법을 가르쳤다는 기록이 가장 오래된 것이고, 복희(伏戲 : 伏犧)·복희(宓羲)·포희(庖犧)·복희(虙犧)·포희(炮犧) 등으로 쓰기도 함. 진(陳)에 도읍을 정하고 150년 동안 제왕의 자리에 있었다고 하며, 몸은 뱀과 같고 머리는 사람의 머리를 하고 있어서 해·달과 같은 큰 성덕을 베풀었다 하여 넓고 큰 하늘의 대호(大昊), 또는 대공(大空)이라고도 함.

8) 복사꽃이 흐르는 물에 아득히 떠가니[桃花流水杳然去] : 중국 당나라 시인 이백(李白)의 시 「산중문답(山中問答)」중의 한 구로 그 전문을 보면, '問汝何事棲碧山, 笑而不答心自安. 桃花流水杳然去, 別有天地非人間'

9) 옛 집안의 남은 풍속 오히려 남아 있으니[古家遺俗 猶有存] : 이 말은 『맹자』「공손추(公孫丑)」편의 '其故家遺俗, 流風善政, 猶有存者.'에 근거한 것임.

10) 진실로 하늘이 이 풍속 잃게 하지는 않았도다[信皇天之未喪] : 이 말은 『논어』「자한(子罕)」편의 '天之將喪斯文也, 後死者, 不得與於斯文也, 天之未喪斯文也.'에 근거한 것임.

또 이르기를,

　　요임금의 정원이 아니지만,11) 뭇 짐승들 음악에 따라 춤추며 나아
가 대열에 이르네.12)무릇 주나라의 선비들 모두가 ‘소자유조’의 장13)
을 노래하네.

　　동순은 곽처사의 조카로 어렸을 적에 재주가 뛰어나 그 이름이
세상에 알려졌다. 언젠가 곽여가 궁궐 안 산호정에 있었는데, 동순
이 그를 찾아뵙고 한가롭게 청담을 나누었는데 마침 해가 저물어
그곳에서 묵게 되었다. 밤이 깊어지자 달빛은 마치 비단결처럼 반
짝였는데 그때 마침 상감께서 걸어 산호정에 이르렀다. 곽여가 동
순에게 앞으로 나와서 임금께 절을 올리라고 하였다. 상감이 “이 사
람은 누구인가?”라 고 묻자, 곽여가 대답하기를,

　　신의 조카 아무개입니다. 오래도록 얼굴을 보지 못하였다가 오늘
다행히 만나 그 동안 쌓였던 회포를 나누다가 돌려보내려 하는데 궁

---

11) 요임금의 정원이 아니지만[匪高之庭] : 고려 정종의 휘(諱)가 堯이므로 요자를 피
　　하고 高자를 사용했음.

12) 뭇 짐승들 음악에 따라 춤추며[百獸率舞] : 이 말은 『서경』「순전 제2(舜典第二)」
　　의 ‘帝曰, 夔, 命汝典樂, 敎冑子, 直而溫, 寬而栗, 剛而無虐, 簡而無傲, 詩言志,
　　歌永言, 聲依永, 律和聲, 八音克諧, 無相奪倫, 神人以和. 夔曰, 於予擊石拊石, 百
　　獸率舞.’에서 따온 것임.

13) ‘소자유조(小子有造)’의 장 : 이 말은 문왕의 덕을 입어 어른들도 덕이 있고, 어린
　　이들도 하는 일이 있다[肆成人有德, 小子有造]는 문왕의 성덕을 노래한 『시경・대
　　아』「사제(思齊)」의 한 구절을 인용한 것임. ‘思齊大任, 文王之母, 思媚周姜, 京室
　　之婦. 大姒嗣徽音, 則百斯男. 惠于宗公, 神罔時怨, 神罔時恫. 刑于寡妻, 至于兄
　　弟, 以御于家邦. 雝雝在宮, 肅肅在廟, 不顯亦臨, 無射亦保. 肆戎疾不殄, 烈假不
　　瑕. 不聞亦式, 不諫亦入. 肆成人有德, 小子有造. 古之人無斁, 譽髦斯士’.

궐의 문이 이미 닫힌 뒤였습니다. 죽을죄를 지었사옵니다. 죽을죄를
지었사옵니다.

라고 하니, 상감이 말했다.

나 역시 그 이름을 들은 지 오래 되었다.

라고 하였다. 곽여가 잔을 들어 왕의 만수무강을 빌며 즉석에서 시
를 짓기를, '달빛은 천자의 자리에만 비추네'라고 하고는 동순에게
시를 이어 짓게 하니, 동순이 곧 무릎을 꿇고서 시를 짓기를, '꽃에
맺힌 이슬이 상감을 모신 신하의 옷 적시네[露花還濕侍臣衣]'라고 했
다. 임금은 크게 칭찬하며,

　　가진 재주가 이 같이 뛰어난데, 비록 명황이라 할지라도 어찌 차마
대궐에서 내쫓겠는가.14)

---

14) 명황(明皇)이라 할지라도 …… 내쫓겠는가 : 명황은 중국 당나라 현종의 시호로 현
　　종과 맹호연(孟浩然, 689~740) 사이의 고사에서 나온 말임. 왕유(王維, 699~759)
　　가 대궐에서 숙직하던 밤에 맹호연을 불러 함께 노는데 갑자기 현종이 그 자리에
　　나타나자 맹호연이 책상 밑으로 들어가 숨었다. 왕유가 이실직고하니 현종이 그
　　사람 이름은 들었으나 아직 보지 못했다고 하며 나오게 했다. 현종이 맹호연에게
　　시를 읊게 하니 그 시 가운데, "현명한 황제에게 버림받은 재주 없는 이 몸, 그 님과
　　멀어진 것 가슴 아파 하네.[不才明主棄, 多病故人疎]"라고 하였는데, 현종이 "내가
　　그대를 버린 적이 없는데 어찌 나를 속이려 하느냐."고 하며 그 자리에서 놓아 보냈
　　음. 이 시의 제목은 「세모 귀 남산시(歲暮歸南山詩)」로 그 전문을 보면, "北闕休上
　　書, 南山歸敝廬. 不才明主棄, 多病故人疎. 白髮催年老, 靑陽逼歲除. 永懷愁不寐,
　　松月夜窓虛."

라 하고는 이날 저녁 궁궐에서 숙직하게 했다.

하-2 睿王尤重儒生, 每間歲親策賢良, 先閱所納卷子, 以知其才.
舉子高孝沖名士也, 作四無益詩, 以斥君非, 雖聖主不能虛懷. 及闢春
闈, 命侍臣林敬淸就試席, 黜高孝沖然後放題. 而學士胡宗旦詣闕上
箚子, 得叙其罪. 後復應舉納卷子春官, 其首題日, 寄語卷中詩賦論,
與君相別在明春. 汝爲秘閣千年寶, 我作靑雲第一人. 果擢龍頭翶翔
省闥, 諤諤有諍臣風. 所至人皆指之日, 是嘗作四無益詩者.

　예종은 특히 유생들을 존중하여 매번 격년으로 친히 현량[15]을 선
발하였는데, 먼저 바친 시험지를 살펴 그 재능을 알아보았다. 과거
응시생인 고효충[16]은 이름이 알려진 선비였는데, 「사무익시」를 지
어 임금의 잘못을 비판하였으므로 비록 어진 임금이라 할지라도 감
정을 가지지 않을 수 없었다. 춘위[17]을 열게 되었을 때에 옆에서 모

---

15) 현량(賢良) : 덕행과 재능이 있거나 또는 그런 사람. 중국 한나라 때 관리를 선발
하던 과목의 하나인 현량과(賢良科)로 여러 제후국에서 추천한, 문학을 하는 선비
중에서 선발하였음.

16) 고효충(高孝沖) : 고려 전기의 문신. 여기에 소개된 고효충에 관한 기록이 『고려
사절요』 권8에 실려 있음. "예종이 음악을 매우 좋아하였는데 그때 노래를 잘하던
기생 영롱·알운 등을 자주 불러 노래하게 하고 상으로 물품을 하사하니, 국학생
고효충이 「감 이녀시(感二女詩)」를 지어 풍간하였다. 중서사인 정극영이 이 사실
을 왕에게 아뢰자 왕이 좋아하지 않았으므로 효충이 과거에 응시하였으나 왕이 명
하여 떨어뜨리고 드디어 감옥으로 보내졌다. 보문각대제 호종단이 글을 올려 구제
하니 그제야 풀려 나왔다.(時, 王頗好樂, 妓玲瓏, 遏雲等, 以善歌, 屢承恩賚, 國學
生高孝沖, 作感二女詩, 以諷之, 中書舍人鄭克永. 言於王, 王不悅, 孝沖赴是舉,
王命黜之, 遂下獄, 寶文閣待制胡宗旦, 上書營救, 乃釋之)."

17) 춘위(春闈) : 고려시대 예부에서 관장하던 과거시험장으로 예부시(禮部試), 예위
(禮闈), 춘궁시(春官試), 춘장(春場), 성시(省試), 동당시(東堂試)라고도 불렀음.

시고 있던 신하 임경청[18]에게 시험 보는 자리에 나아가 고효충을 쫓아낸 뒤에 시제(試題)를 내걸라고 했다. 학사 호종단이 대궐에 나아가 차자[19]를 올려 그 죄를 면하게 하였다. 그리하여 뒤에 다시 고효충이 과거에 응시하여서는[20] 시관(試官)에게 시험지를 바치니, 그 첫머리에 쓰기를,

말을 책 가운데의 시·부·논에 부치노니,
그대와의 이별은 내년 봄에 있으리라.
너는 비각[21]의 천년보물이 될 것이요,
나는 청운의 첫째가는 사람[22]이 될 것이로다.

寄語卷中詩賦論,
與君相別在明春.
汝爲秘閣千年寶,
我作靑雲第一人.

예부에서 주관하였기 때문에 이렇게 불리었으며, 합격자는 급제(及第)·중제(中第)·등제(登第) 등이라고 하였음.
18) 임경청(林敬淸) : 고려 전기의 문신. 관직은 좌복야(左僕射)에 올랐으나, 인종 때 묘청의 서경천도에 동조하여 관직에서 물러났음. 『고려사』에는 경청(景淸)으로 되어 있음.
19) 차자(箚子) : 일정한 격식을 갖추지 않고 사실만을 약기한 상소문. 주차(奏箚), 차문(箚文)이라고도 함.
20) 과거에 응시하여서는 : 고효충이 예종이 물러난 뒤인 인종 2년(1124)에 과거에 응시하여 합격하였음.
21) 비각(秘閣) : 대궐 안에 귀중한 도서를 수장하였던 곳을 이름. 상서성(尙書省)을 가리킴.
22) 청운의 첫째가는 사람[靑雲第一人] : 청운의 뜻을 품고 과거에 응시한 사람들 가운데서 장원급제할 것이라는 뜻임.

라고 하였다. 과연 장원으로 선발되어 궁중에서 거리낌 없이 바른
말을 잘 하여 왕에게 옳은 말을 하는 쟁신의 풍모가 있었는데 이르
는 곳마다 사람들이 모두 그를 가리켜, "이 사람은 일찍이 사무익시
를 지은 사람이다"라고 하였다.

하-3 士子朴元凱, 少穎悟不群, 年甫十一作啓事, 上冢宰崔允儀,
乞叙父官云, 有一夫不被其澤, 惟我父兮, 使萬物咸得其宜, 實惟公
耳. 相國讀之疑其倩人, 欲面試之, 今我欲飮茶一椀, 飮未及盡, 兒宜
賦庭中芍藥. 探韻香王, 卽應聲曰, 芍藥留春色, 軒前吐異香. 牡丹如
在側, 應愧百花王. 相國驚嘆不已曰, 必爲後生袖領. 及長赴司馬試,
放題, 國者至公之器. 詩乃曰, 高舜難傅子, 商周得以功. 使事精妙如
此, 果擢第, 爲一時聞人.

　선비 박원개는 어려서 매우 총명하여 나이 겨우 열한 살 때 계
사[23]를 지어 당시 재상이던 최윤의[24]에게 글을 올려 아버지를 관리
로 써 주기를 애걸하였다. 그 글에,

　　한 사람이 그 은택을 입지 못하고 있으니, 그이가 바로 저의 아버지
　　입니다. 만물로 하여금 모두 그 마땅한 자리를 얻게 하는 것은 진실로
　　오직 공만이 할 수 있을 따름입니다.[25]

---

23) 계사(啓事) : 윗사람에게 사정을 아룀. 또는 그 일.
24) 최윤의(崔允儀, 1102~1162) : 고려 전기의 문신. 문장에 능하고 학문에 뛰어났으며,
　　관직은 문하시랑평장사에 올랐음. 그가 편찬한 『상정고금예문(詳定古今禮文)』 권
　　50은 세계 최초의 금속활자본이라고 하지만 현재 전하지 않음. 시호는 영렬(英烈).
25) 한 사람이 …… 못하고 있으니, : 이 말은 『맹자』 「만장(萬章)」 상편에 근거한 것으

라고 하였다. 최 상국이 그 글을 읽고 다른 사람이 대신 지은 것이
라 의심하여 자신이 보는 앞에서 시험하고자,

> 지금 내가 차 한 사발을 마시고자 하니 다 마시기 전에, 너는 정원
> 에 피어 있는 작약을 두고 시를 짓되 운자는 향(香)과 옥(玉) 자를 사
> 용하도록 해라.

고 하였다. 그 말을 듣자마자 바로 시를 지었다.

> 작약에 봄빛 남아 있어,
> 난간 앞에서 기이한 향기 토하네.
> 모란이 만약 옆에 있다면,
> 세상 꽃의 왕[26]이 된 것 부끄러워하리.

> 芍藥留春色,
> 軒前吐異香.
> 牡丹如在側,
> 應愧百花王.

최 상국이 크게 감탄하여 말하길, "반드시 훗날의 재상감이로다."
하였다. 장성하여 사마시[27]에 응시하였는데, 그때 내건 시제가, '국

로, '생각하기를, 천하의 백성 중에 필부필부라도 요임금과 손임금의 은택을 입지
못하는 자가 있으면, 마치 자신이 그를 도랑 가운데로 밀어 넣는 것과 같이 여겼
다.'(思天下之民 匹夫匹婦, 有不被堯舜之澤者, 若己推而內之溝中.)
26) 세상 꽃의 왕[百花王] : 세상의 모든 꽃 중에 제일로 치는 모란을 일컬음. '時珍曰,
群花品中以牡丹第一, 芍藥第二, 故世謂牡丹爲花王.'(『본초(本草)·모란(牡丹)』)

가는 지극히 공정한 그릇이어야 한다.[國者至公之器]'였다. 그가 지은 시에,

> 요와 순임금28)은 아들에게 나라 전하기 어려웠고,29)
> 상나라와 주나라는 공덕을 세워 이룬 나라였네.30)
>
> 高舜難傳子,
> 商周得以功.

라고 하였다. 이처럼 고사를 정확하면서도 절묘하게 사용하였으므로 결국 장원에 선발되었다. 한때 세상 사람들에게 그의 이름이 널리 알려졌다.

하-4 詩家作詩多使事, 謂之點鬼薄. 李商隱用事險僻, 號西崑體,

---

27) 사마시(司馬試) : 감시(監試), 소과(小科), 생원진사시(生員進士試)라고 하는데, 초시(初試), 복시(覆試) 두 단계가 있었음. 사마시는 중국 주대(周代)에 향학(鄕學)에서 우수한 사람을 골라 국학(國學)에 천거하는 것을 조사(造士)라 하고, 국학에서 우수한 자를 골라 관리임명권을 쥐고 있던 대사마(大司馬)에게 천거하는 것을 진사라 한 데에서 나온 것으로 여겨지는데, 우리나라에서는 과거의 격식을 높이기 위해 중국에서 대과 출신에게 준 진사의 칭호를 소과 출신에게 주고, 대과에 붙여야 할 사마시의 칭호를 소과에 붙인 것으로 보임.

28) 요와 순임금[高舜] : 요순(堯舜)을 말함. 주11)번을 참조.

29) 요와 순임금은 …… 전하기 어려웠고, : 요임금에게는 아들 단주(丹朱)와, 순임금에게는 아들 상균(商均)이 있었으나 모두 아들에게 왕위를 물려주지 않고 요임금은 순임금에게, 순임금은 우(禹)임금에게 왕위를 계승케 했다는 사실을 강조한 것임.

30) 상나라와 …… 이룬 나라였네. : 은나라 탕왕(湯王)과 주나라 무왕(武王)이 공덕(功德)을 쌓아 각각 하나라 걸왕(桀王)과 은나라 주왕(紂王)을 물리치고 왕위에 오른 것을 이름.

此皆文章一病. 近者蘇黃崛起, 雖追尙其法, 而造語益工, 了無斧鑿之
痕, 可謂靑於藍矣. 如東坡, 見說騎鯨遊汗漫, 憶曾挹虱話悲辛. 永夜
思家在何處, 殘年知爾遠來情. 句法如造化生成, 讀之者莫知用何事.
山谷云, 語言少味無阿堵, 氷雪相看只此君. 眼看人情如格五, 心知世
事等朝三. 類多如此. 吾友耆之亦得其妙, 如歲月屢驚羊胛熟, 風騷重
會鶴天寒, 腹中早識精神滿, 胸次都無鄙吝生. 皆播在人口, 眞不愧於
古人.

　　시인이 시를 지을 때 고사를 많이 사용하는데, 이런 시를 '점귀
부'31)라 한다. 이상은32)이 용사할 때에 어렵고도 구석진 곳에 있는
고사를 찾아 사용한다고 하여 그의 시체를 서곤체33)라 하였으니 이
것은 모두 문장의 한 병폐이다. 근자에 소동파 황산곡이 문학에 있어

---

31) 점귀부(點鬼簿) : 죽은 사람의 이름을 적은 장부책. 과거장(過去帳)이라고도 함.
　　당나라 시인인 양형(楊炯, ?~692)이 글을 지을 때 죽은 사람의 이름을 즐겨 썼으므
　　로 세상 사람들이 그의 글을 점귀부라고 했음. '時楊之爲文, 好以古人姓名連用,
　　如張平子之談略, 陸士衡之所記. 潘安仁宜其陋矣, 仲長統何足知之. 號爲點鬼簿.'
　　(장작張鷟의『조야첨재(朝野僉載)』권6)
32) 이상은(李商隱, 812~858) : 중국 당나라 말엽의 시인으로 자는 의산(義山), 호는
　　옥계생(玉谿生). 그의 시는 한(漢)·위(魏)·6조시(六朝詩)의 정수를 계승하였고,
　　두보(杜甫)의 시를 배웠으며, 이하(李賀)의 상징적 기법을 사랑하였음. 또한 전고
　　(典故)를 자주 인용, 풍려(豊麗)한 자구를 구사하여 당대 수사주의문학(修辭主義
　　文學)의 극치를 보여주었고, 당시에 온정균(溫庭筠)과 이름을 나란히 하였음. 저
　　서로『이의산시집(李義山詩集)』이 있음.
33) 서곤체(西崑體) : 시체(詩體)의 하나로 중국 송(宋)나라 초기에 시단을 주도했던
　　사람들의 시체를 일컫는 말. 송나라 초기에는 만당(晩唐) 문학의 모방을 일삼았는데,
　　그 중에서도 양억(楊億)·유균(劉筠)·전유연(錢惟演)·정위(丁謂)·장영(張詠) 등
　　이 이상은(李商隱)의 시를 열심히 모방하느라 같은 제목의 시를 지어 우열을 겨루었
　　고, 15명의 시 247수를 수록한『서곤수창집(西崑酬唱集)』2권을 남겼음. 서곤이란
　　말이 여기에서 처음 시작되었고, 서곤은 서방선산(西方仙山)의 뜻으로 미사여구를
　　존중하고 내용이 공허한 비현실적인 세계를 뜻함.

크게 두각을 드러낸 인물로 비록 그러한 용사법을 따르고 숭상하였
지만 말을 만든 것이 더욱 교묘하여 고치고 꾸민 흔적[34]이 전혀 나타
나지 않으므로 청어람[35]이라고 할만하다. 예를 들면 동파의,

> 고래를 타고 한만에서 노닌단 말 들었더니,[36]
> 일찍이 이를 문지르면서 슬픔과 쓰라림 이야기 하던 것 기억하네.[37]
>
> 見說驥鯨遊汗漫,
> 憶曾捫虱話悲辛.

긴 밤에 고향집 그리워하는데 어디 쯤 있는지,

---

34) 고치고 꾸민 흔적[부착지흔(斧鑿之痕)] : 도끼나 끌로 베거나 다듬은 흔적이란 말로,
   시나 문장이 지나친 기교로 말미암아 오히려 자연스럽지 못함을 비유하는 말임.
35) 청어람(靑於藍) : 푸른 물감이 쪽[藍]풀에서 나왔으나 오히려 쪽빛보다 더 푸르다는
   뜻으로, 제자가 스승보다 더 나음을 비유할 때 쓰이는 말임. '靑取之于藍而靑于藍,
   氷, 水爲之而寒于水. 後用以比喩弟子勝於老師, 或後輩優於前輩.'(『순자(荀子)』「권
   학편」)
36) 고래를 타고 …… 말 들었더니[見說驥鯨遊汗漫] : 이 말은 중국 송나라의 대문호인
   소식의 「화 왕유 이수(和王斿二首)」라는 시의 제1수의 제3행으로 그 전문을 소개
   하면, '異時長怪謫仙人, 舌有風雷必有神. 聞道騎鯨游汗漫, 憶嘗捫蝨話悲辛. 氣
   呑余子無全目, 詩到諸郞尙絶倫. 白髮故交空掩卷, 淚河東注問蒼旻.' 소식은 이 말
   을 두보의 「송 공소부 사병귀유강동 겸정 이백(送孔巢父謝病歸遊江東兼呈李白)」
   이라는 시의, '若逢李白騎鯨魚, 道甫間信今何如.' 연구에서 용사하였음.
37) 이를 문지르면서 …… 기억하네. : 이 말은 중국 진(晉)나라 사람인 왕맹(王猛)이
   동진(東晋)의 대장군인 환온(桓溫) 앞에서 옷을 벗어 이를 잡으며 세상사를 얘기
   하면서도 전혀 거리낌이 없었다는 사실에 근거한 것임. 뒤에 문슬(捫蝨)이란 말이
   '방달불기(放達不羈)하여 말이 전혀 거리낌이 없다'는 뜻으로 쓰였음. 이 시는 앞
   에서 소개한 동파 시 「화 왕유 이수(和王遊二首)」의 제1수의 제4행을 그대로 옮긴
   것임. 이 시구는 동파가 이백의 「증 장상호 이수(贈張相鎬 二首)」의 제3연을 용사
   한 것인데 그 전문을 보면, '聞君自天來, 目張氣益振. 亞夫得劇孟, 敵國空無人.
   捫蝨對桓公, 願得論悲辛. 大塊方噫氣, 何辭鼓靑蘋. 斯言儻不合, 歸老漢江濱.'

늘그막에 네가 멀리서 찾아온 정을 알겠도다.[38)]

永夜思家在何處,
殘年知爾遠來情.

라는 것은 그 구법이 마치 조물주가 조화를 부려 만든 것 같아서 이
를 읽는 사람이 작가가 무슨 고사를 사용했는지 알지 못하게 된다.
산곡[39)]의,

말에 맛이 적은 것은 아도[40)]가 없기 때문이요,
빙설을 볼 수 있는 것은 다만 대나무 뿐 이로다.[41)]

---

38) 긴 밤에 고향집 …… 정을 알겠도다. : 이 시구는 동파 시「질 안절 원래 야좌 삼수
(姪安節還來夜坐 三首)」의 제2수 제2연으로 그 전문은, '心衰面改瘦崢嶸, 相見惟
應識舊聲. 永夜思家在何處, 殘年知汝遠來情. 畏人黙坐成癡鈍, 問舊驚呼半死生.
夢斷酒醒山雨絕, 笑看飢饑鼠上燈檠'. 동파의 이 시구는 한유의 시「좌천 지람관
시 질손상(左遷至藍關 示姪孫湘)」에서 용사한 것으로 그 전문을 소개하면, '一封
朝奏九重天, 夕貶潮陽路八千. 欲爲聖明除弊事, 肯將衰朽惜殘年. 雲橫秦嶺家何
在, 雪擁藍關馬不前. 知汝遠來應有意, 好收吾骨瘴江邊.'
39) 산곡(山谷) : 중국 송나라의 문인인 황정견(黃庭堅, 1045~1145)의 호.
40) 아도(阿堵) : 이것, 이 물건, 돈(錢), 물욕의 뜻으로 쓰이는 말인데, 중국 진송(晋
宋)시대에 생긴 속어임. "王夷甫雅尙玄遠, 常嫉其婦貪濁, 口未嘗言錢. 婦欲試之,
令婢以錢繞床, 使不得行. 夷甫晨起, 見錢曰, '擧却阿堵物'."(남송 유의경劉義慶의
『세설신어(世說新語)』「규잠(規箴)」).
41) 차군(此君) : 대나무의 딴 이름. 진(晋)나라 왕휘지(王徽之, ?~383)가 대나무를
가리켜, '어찌 하루인들 대가 없을 수 있겠는가'라는 고사에서 나옴. '(徽之)嘗寄居
空宅中, 便令種竹. 或問其故, 徽之但嘯詠指竹曰, 何可一日無此君邪!'(『진서(晉
書)』「왕휘지전(王徽之傳)」이 시구는 황정견의「차운 외구희왕정중삼장 봉조도남
악 회지양양사(次韻 外舅喜王正仲三丈奉詔禱南岳回至襄陽舍)」라는 시제의 제3
수의 시구로 그 전문을 보면, "語言少味無阿堵, 冰雪相看有此君. 灯火詩書如夢
寐, 麒麟圖畵屬浮雲. 平章息女能爲婦, 歡喜兒曹解綴文. 憂樂同科惟石友, 別離空
復數朝曛."

語言少味無阿堵,

氷雪相看只此君.

눈으로는 인정이 격오[42)와 같음을 보고,

마음으로는 세상사가 조삼모사 같음을 알겠도다.[43)

眼看人情如格五,

心知世事等朝三.

라고 한 것도 다 이와 같은 것이다. 내 친구 임춘도 또한 용사의 절
묘한 경지를 터득하였다.

세월을 살아가면서 자주 양갑숙[44)에 놀라고,

시문은 다시 멀고 아득한 싸늘한 하늘[45)을 만났네.[46)

---

42) 격오(格五) : 옛날에 즐기던 노름의 이름으로 쌍륙(雙六), 바둑, 오목(五目) 등을
가리킴.

43) 조삼모사(朝三暮四) : 약은 꾀로 사람을 속이는 것을 이름. 전국시대 사람인 저공(狙
公)이 원숭이의 속내를 잘 알고 있었는데 자신이 기르는 원숭이들에게 상수리를
아침에 3개, 저녁에 4개를 주겠다고 하니 원숭이들이 성을 내므로 바꾸어 아침에
4개 저녁에 3개를 주겠다고 하니 원숭이들이 좋아했다는 고사에서 나온 말임(『열자
(列子)』 「황제(皇帝)편」) 여기에 인용된 연구는 『황산곡시집』 권2에 실려 있는 「만서
정중모(漫書呈仲謀)」라는 시의 제3연으로 그 전문을 보면, '漫來從宦著靑衫, 秣馬
何嘗解轡銜. 眼看人情如格五, 心知外物等朝三. 經時道上衝風雨, 幾日樽前得笑
談. 賴有同僚慰羈旅, 不然吾已過江南.'

44) 양갑숙(羊胛熟) : 양고기를 삶을 때 어깨뼈가 빨리 익으므로, 이 말은 시간이 빨리
흘러감을 뜻함. 이 말은 『신당서(新唐書)』 「회흘전(回紇傳)·골리간(骨利干)」에 나
오는 것으로, '골리알(骨利幹)은 한해(瀚海) 북쪽에 있는데, 거기서 또 북으로 바다
를 건너면 낮이 길고 밤이 짧아, 해가 지자 양의 어깻살[羊胛]을 삶아 익을 동안에
동쪽이 벌써 밝아온다.'(骨利幹, 處瀚海北……又北度海, 則晝長夜短, 日入烹羊胛
熟, 東方已明.)

歲月屢驚羊胛熟,

風騷重會鶴天寒.

뱃속에는 일찍이 정신이 가득한 것을 알겠고,

가슴 속에는 더럽고 인색함이 전혀 생기지 않네.47)

腹中早識精神滿,

胸次都無鄙吝生.

라고 한 연구들은 모두 사람들의 입을 통하여 퍼졌으니, 참으로 옛
사람의 작품에 비교해도 부끄럽지 않다고 하겠다.

---

45) 멀고 아득한 싸늘한 하늘[鶴天寒] : 이 말은 당나라 시인인 두목(杜牧, 803~853)
의 시「雪晴訪趙嘏街西所居三韻」의 '命代風騷將, 誰登李杜壇. 少陵鯨海動, 翰苑
鶴天寒.'에서 용사한 것임. 이 시에서 소릉은 두소릉(杜少陵), 즉 두보(杜甫,
712~770)을 가리킴. 당나라 현종이 이백을 한림학사에 임명하였으므로 그를 한원
(翰苑)으로 묘사했고, 배경(裵敬)이 쓴 「翰林學士李公墓碑」에 '爲詩格高旨遠, 若
在天上物外, 神仙會集, 雲行鶴駕, 想見飄然之狀.'이라 하여 이백의 천의부봉(天
衣無縫)한 시세계를 말하였음. 여기에서는 이백의 방달불기(放達不羈)한 시정신
을 느낄 수 있다는 것을 말하고 있음.

46) 이 연구는『서하선생집(西河先生集)』권3에 실려 있는「여 이미수 회 담지가(與李眉
叟會湛之家)」라는 제목의 시에 실려 있는 것으로 그 전문을 소개하면, '久因流落去長
安, 空學南音戴楚冠. 歲月屢驚羊胛熟, 風騷重會鶴天寒. 十年計活挑灯話, 半世功名
抱鏡看. 目笑老來追後輩, 文思宦意一時闌.' 이 시에서 '風騷重會鶴天寒.'는 당나라
두목(杜牧)의 「설청 방조하가서소거 삼운(雪晴訪趙嘏街西所居三韻)」이라는 시, "命
代風騷將, 誰登李杜壇. 少陵鯨海動, 翰苑鶴天寒. 今日訪君還有意, 二條冰雪獨來
看."에서 용사하였음.

47) 이 연구는『서하선생집』권2에 실려 있는「고율시 육십삼(古律詩 六十三)」의 한
연구로 그 일부를 소개하면, '…… 紫微閑佩一壺行, 門外時聞剝啄聲. 問我歸來從
小隱, 留君談笑緩廻程. 腹中早識精神滿, 胸次都無鄙吝生. 已使文章曾竝駕, 中興
應不羨三珝. ……'

[하-5] 僕爲兒時, 登京城北天磨山, 探奇摘異無遺, 見一蕭寺壁上留
詩云, 誰號天磨嶺, 凌空積翠浮. 去天纔一握, 掛月幾多秋. 路險垂猿
臂, 詩偏側鶴頭. 下一句漫滅不可讀, 無作者之名, 然此必巖谷間避世
養道者所題, 其語淸而苦.

　　내가 어렸을 때에 서울 북쪽의 천마산48)에 올라서 그곳의 기이
한 경치를 낱낱이 살피고 다니다가 어떤 절49)의 벽에 남겨 놓은 시
를 보았는데, 그 시는 이러했다.

　　　　누가 천마령이라 불렀던가,
　　　　허공을 찌를 듯한 푸른 산 떠 있네.
　　　　하늘과는 겨우 한 주먹 거리로 가깝고,
　　　　걸려 있는 저 달은 몇 년의 세월 보냈는지.
　　　　꼬불꼬불한 길은 원숭이 팔 늘어뜨린 것 같고,
　　　　시에 몰두하여 학이 옆으로 머리 기울인 모습이네.

　　　　誰號天磨嶺,
　　　　凌空積翠浮.
　　　　去天纔一握,
　　　　掛月幾多秋.

---

48) 천마산(天磨山) : 천마산(天摩山)이라고도 함. 높이 762m로. 개성 북부에 있는 개
　　성의 진산(鎭山). 최고봉은 만경대(萬鏡臺)라 하며, 청량봉(淸凉峰)·성거산(聖居
　　山) 등의 암봉이 마치 하늘을 찌르듯 솟아 있다 하여 천마산이라 함. 고려시대 많
　　은 시인들의 시 소재가 되었음.
49) 절[소사(蕭寺)] : 중국의 양나라 무제(武帝, 재위기간 502~549) 소연(蕭衍)이 불
　　교를 혹신(酷信)하여 전국에 많은 사찰을 창건했기 때문에 뒤에 절을 그의 성씨인
　　소(蕭)자를 따서 소사라고 불렀음.

路險垂猿臂,

詩偏側鶴頭.

    그 아래의 한 연구는 문드러져서 읽을 수가 없었다. 지은이의 이름도 없었으나 이는 반드시 세상을 피하여 깊은 산중에서 도를 닦던 사람이 지은 것으로 그 말이 맑고도 고달프게 느껴졌다.

하-6 南州樂籍有倡, 色藝俱絕, 有一郡守忘其名, 屬意甚厚. 及瓜將返轅, 忽大醉謂傍人曰, 若我去郡數步, 輒爲他人所有. 卽以蠟炬燒灼其兩頰, 無完肌. 後滎陽襲明杖節來過, 見其妓愴快不已, 出一幅雲藍, 手寫一絕贈之, 百花叢裏淡丰容, 忽被狂風減却紅. 獺髓未能醫玉頰, 五陵公子恨無窮. 因囑云, 若有使華來過, 宜出此詩示之. 妓謹依其敎, 凡見者, 輒加賙恤, 欲使滎陽公聞之. 因得其利, 富倍於初.

    남쪽 고을의 악적50)에 어떤 창기(倡妓)의 이름이 올려져 있었는데, 자태가 곱고 기예가 뛰어났다. 지금에는 이름을 알 수 없는 그 고을의 군수가 그녀를 몹시 사랑하였다. 임기가 만료되어51) 돌아가게 되었을 때에 크게 술에 취하여 옆 사람에게 말하기를,

---

50) 악적(樂籍) : 악공(樂工)의 등록 원부로 악공의 신상명세와 전공분야를 기록해 놓았음.

51) 급과(及瓜) : 임기가 끝난 것을 말함. 이 말은 『좌전』 「장공(莊公)」 8년에 나오는 것으로, 제(齊)나라 양공(襄公)이 연칭(連稱)과 관지보(管至父)를 오이가 익을 때에 규구(葵丘)에 주둔시키면서 말하길, "(내년에)오이가 익었을 때 교대 하겠다(齊侯, 使連稱管至父戍葵丘, 瓜時而往日, 及瓜而代)."고 했다. 이 말은 임기 일 년에 오이가 익을 때 보냈으니 내년에 오이가 익을 때 교대한다는 것이었음.

만약 내가 고을을 떠나 두어 걸음만 가면 저 아이는 바로 다른 사람이 차지하게 될 것이다.

하고는 즉시 촛불로 그녀의 양 볼을 지지어 얼굴이 어디 온전한 데라곤 없었다. 뒤에 영양 정습명[52]이 왕명을 띠고 그곳을 지나가다가 그 기생을 만나보고는 안타까운 마음을 금치 못하여 운람지[53] 한 폭을 꺼내 직접 절구 시 한 수를 써서 주었다.

세상의 온갖 꽃 속에서 맑고 예쁜 모습 뽐내더니,
홀연히 광풍을 만나 그 아름다운 모습 잃었네.
달수[54]로도 옥 같은 두 볼을 치료할 수 없으니,
오릉공자[55] 들의 한탄하는 소리 가이없도다.

百花叢裏淡丰容,
忽被狂風減却紅.
獺髓未能醫玉頰,

---

52) 정습명(鄭襲明, ?~1151) : 고려 전기의 문신. 본관 연일(延日). 인종 때 국자사업(國子司業)·기거주(起居注)·지제고(知制誥)를 역임. 최자(崔梓)·김부식(金富軾) 등과 함께 인종에게 '시폐 10조(時弊十條)'를 올렸으나 거부당했고, 의종의 실정을 간하였다가 왕에게 미움을 사 음독자살하였음. 영양(榮陽)은 중국 정씨의 관향(貫鄕).

53) 운람지(雲藍紙) : 중국 만당 때 이상은(李商隱), 온정균(溫庭筠)과 문학으로 이름을 나란히 했던 단성식(段成式, 803~863)이 강서성 구강(九江)에 있을 때 만든 종이 이름. 이 종이는 마(麻)를 재료로 하여 만든 것으로 종이 위에 남색의 구름무늬가 배여 있으므로 운람지라 하였음.

54) 달수(獺髓) : 수달의 골수. 이것을 옥(玉)·호박(琥珀) 가루와 섞어서 상처를 치료하는 명약(名藥)을 만들 수 있다고 함.

55) 오릉공자(五陵公子) : 중국 섬서성 서안 부근에 한나라 고조(高祖), 혜제(惠帝), 경제(景帝), 무제(武帝), 소제(昭帝) 등의 다섯 능이 있었는데, 여기와 가까운 곳에 부호와 세도가들이 모여 살았으므로 부귀한 집안의 젊은이들을 뜻함.

五陵公子恨無窮.

이 시를 주며 부탁하기를, "만약 이 고을을 지나가는 사신이 있으면 반드시 이 시를 내어 보이도록 하라."고 하였다. 기녀가 그가 시킨 대로 따라 하였더니 그녀를 보는 사람마다 불쌍히 여겨 물질적인 도움을 주고는 영양공의 귀에 자신들의 선행이 들어가게 하였다. 그런 뒤로 그 기녀의 재산이 처음보다 갑절이나 늘어나 넉넉하게 살 수 있었다.

하-7　黃公純益有奇才, 少遊太學讀書, 患口焦, 從人求建茶, 以啓事謝之云, 孟諫議之寄盧同, 習習淸風生兩腋, 王相國之贈平甫, 團團碧月墮九天. 又和人鶴詩, 踏破逕苔松脚健, 舞飜庭月雪衣凉. 其俊逸如是, 士林皆敬畏之. 常謁樞府金存中, 適有獻松芝者, 相國請賦之, 立書云, 昨夜食指動, 今朝異味嘗, 元非培塿質, 尙有茯苓香. 嗜酒少檢末, 低佪薄宦久不得遷轉. 忽一夕天寒痛飮, 憑机而睡, 其隣人夢, 見先生張素盖, 將返白頭山舊居. 及曉訪之, 已寂矣, 世號白頭精.

황순익 공은 남다른 재주를 가지고 있었다. 어린 시절 태학에서 공부하고 있을 때에 입안이 마르는 병이 있어 어떤 사람에게서 건다56)를 얻고서는 계사를 지어 감사하는 마음을 표했다.

---

56) 건다(建茶) : 중국 복건성 건계(建溪) 지방에서 생산되는 녹차로 옛날부터 그 이름이 알려졌음. 특히 건계의 봉원(北苑) 봉황산에서 생산되는 건차는 북원공차(北苑貢茶)로서 중국 어공사상(御貢史上) 가장 오랫동안 황제에게 받쳐진 차라고 함. 건명(建茗)이라고도 함.

맹간의57)가 노동58)에게 차를 보내니,

맑은 바람이 두 겨드랑이에서 나오네.59)

왕 상공60)이 평보61)에게 차를 보내니,

둥그런 푸른 달 구천에 떨어지네.62)

孟諫議之寄盧同,

---

57) 맹간의(孟諫議) : 중국 당나라 문신으로 간관(諫官)을 지낸 맹간(孟簡, ?~823)을 가리킴. 자는 기도(幾道). 관직은 태자빈객(太子賓客)에 올랐으며, 시와 행서(行書)에 능했으며, 수리(水利) 전문가로 알려졌음. 산남도절도사(山南東道節度使)를 역임했음.

58) 노동(盧同) : 중국 중당(中唐) 때 시인으로, 자는 숙륜(叔倫), 호는 옥천자(玉川子). 노동(盧同)으로 많이 씀. 그는 소실산(少室山)에 숨어살며 빈곤하여 끼니를 잇지 못할 정도로 가난했음. 헌집에서 책만 본다는 청절이 조정에 알려져 조정의 부름을 받았으나 출사치 않다가 나중에 한유를 추종하여 하남윤승(河南尹丞)이 되었음.

59) 맑은 바람이 …… 나오네. : 노동의 시에 유명한 다가(茶歌)가 있는데 원 제목은 「주필 사 맹간의 기 신다(走筆謝孟諫議寄新茶)」로 맹간의가 보내준 햇 차를 받고 사례한 시이다. "첫잔을 마시니 목구멍과 입술이 촉촉해지고, 두 잔을 마시니 외롭고 울적함이 없어지네. 석 잔을 마시니 가슴이 열려 오천권의 문자로 가득하고, 넉 잔을 마시니 가벼운 땀이 나고 평생에 불평스럽던 생각이 땀구멍으로 흩어져 나가네. 다섯 잔을 마시니 살과 뼈가 맑아지고, 여섯 잔을 마시니 신선과 통하게 되네, 일곱 잔은 아직 마시지도 않았는데 양 겨드랑이에서 청풍이 솔솔 이는 듯하구나.(一碗喉吻潤, 兩碗破孤悶. 三碗搜枯腸, 唯有文字五千卷. 四碗發輕汗, 平生不平, 盡向毛孔散. 五碗肌骨淸, 六碗通仙靈. 七碗吃不得也, 唯覺兩腋習習淸風生.)'

60) 왕상국(王相國) : 중국 송나라의 문신, 학자인 왕안석(王安石, 1021~1086)이 재상을 지냈으므로 왕상국이라고 함. 임천(臨川) 사람으로 자는 개보(介甫), 호는 반산(半山). 신종 때 재상이 되어 신법을 제정하여 정치를 개혁하려고 했으나 실패했음. 시문에 능하여 당송 팔대가의 한 사람으로 불리어졌고 저서에는 「임천집(臨川集)」 등이 있음.

61) 평보(平甫) : 왕안석의 아우인 안국(安國)의 자. 관직은 비각교리(秘閣校理)에 이르렀으나 뒤에 여혜경(呂惠卿)의 모함을 입어 귀향하여 죽었음.(『송사(宋史)』 권327)

62) 이 시구는 왕안석의 시 「기다 여 평보(寄茶與平甫)」에서 인용한 것임. "碧月團團墮九天, 封題寄與洛中仙. 石樓試水宜頻啜. 金谷看花莫漫煎."(『임천집』 권32)

習習淸風生兩腋.
王相國之贈平甫,
團團碧月墮九天.

라 했다. 또 어떤 사람이 학을 두고 읊은 시에 화운하기를,

이끼 낀 길 걷고 나니 소나무 같은 다리 튼튼해지고,
달 밝은 뜰에서 춤추니 눈 같이 흰 옷 시원해 보이네.

踏破逕苔松脚健,
舞飜庭月雪衣涼.

라고 하였다. 그가 이같이 뛰어난 재주를 가졌으므로 당시의 선비
들이 다 그를 경외하였다. 늘 추부 김존중[63]을 찾아뵈었는데, 언젠
가는 마침 송이버섯을 바치러 온 사람이 있어 상국이 그것을 두고
시를 지어보라고 하니 바로 써서 이르기를,

어제 밤에 식지가 움직이더니,[64]
오늘 아침에 기이한 것을 맛보도다.
원래 낮은 언덕[65]에서 나는 것이 아니니,

---

63) 김존중(金存中, ?~1156) : 고려 전기의 문신. 어려서부터 시문에 능하고 총명하여
    인종 때에 태자의 시학(侍學)으로 기용되었음.
64) 식지가 움직이더니[食指動] : 집게손가락이 움직인다는 말로 음식이나 사물에 대
    한 욕심이 생기는 것을 이름, 또는 야심을 품는다는 뜻으로도 비유됨. 이 말은『좌
    전』의「선공(宣公)」4년 조에 나오는 것으로, "楚人獻黿於鄭靈公. 公子宋(字子公)
    與子家, 將入見, 子公之食指動, 以示子家曰, 他日我如此, 必嘗異味."

오히려 복령의 향기 지녔네.

昨夜食指動,
今朝異味嘗.
元非培塿質,
尙有茯苓香.

라고 하였다. 그가 술을 좋아하고 세상에 얽매이는 것을 싫어하는
성품이라서 낮은 벼슬자리를 전전하며 오랫동안 승진하지 못하였
다. 홀연히 어느 날씨가 싸늘한 저녁에 술을 많이 마시고 의자에 기
대어 잠들었는데, 이웃 사람이 꿈속에서 선생이 흰 일산을 펼쳐 쓰
고 백두산 옛집으로 돌아가려고 하는 것을 보았다. 새벽에 일어나
선생의 집에 가보니 이미 그는 이 세상 사람이 아니었다. 세상에서
는 그를 '백두산의 정기'라고 불렀다.

하-8　西河耆之倦遊, 僑泊星山郡, 郡倅飽聞其名, 送一妓薦枕, 及
晚逃歸. 耆之悵然作詩曰, 登樓未作吹簫伴, 奔月空爲竊藥仙. 不怕
長官嚴號令, 謾嗔行客惡因緣. 其用事益精, 此古人所謂鎔金結繡,
而無痕迹.

　서하 기지가 실컷 떠돌아다니다가 성산66)고을에 임시로 머무르
게 되었다. 고을 원이 그의 이름을 익히 알고 있었기 때문에 기생

―――――――――――――――

65) 배루(培塿) : 작은 언덕. 또는 작고 하찮음을 비유하는 말. "當爲崇岡峻阜 何能爲
　　培塿乎."(『진서(晉書)』 권101).
66) 성산군(星山郡) : 경북 성주군(星州郡)의 옛 이름.

하나를 보내어 수청 들게 하였으나 해가 저물자 도망가 버렸다. 기
지가 서글픈 마음에 시를 지었다.

누에 올라 아직 통소를 부는 짝이 되지 못했는데,[67]
달로 도망하여 속절없이 약을 훔친 신선이 되었네.[68]
고을 원님의 엄한 호령을 두려워하지 않고,
부절없이 나그네와의 나쁜 인연을 성내었네.

登樓未作吹簫伴,
奔月空爲竊藥仙.
不怕長官嚴號令,
謾嗔行客惡因緣.

그 고사를 인용한 것이 아주 정밀하니, 이것은 옛사람이 말한 것

---

67) 누에 올라 …… 짝이 되지 못했는데 : 이 말은 『열선전(列仙傳)』에 나오는 고사를
용사한 것임. '소사는 진나라 목공 때 사람으로 통소를 잘 불어 공작과 백학을 뜰
에 불러들일 수 있었다. 목공에게는 자를 농옥이라고 하는 딸이 있었는데 농옥이
소사를 좋아하자 목공은 마침내 딸을 그에게 시집보냈다. 소사는 날마다 농옥에게
통소로 봉황의 울음소리 내는 법을 가르치자 몇 년이 지난 뒤 농옥이 봉황 소리
비슷하게 통소를 불게 되니 봉황이 그 집 지붕에 날아와 머물렀다. 목공이 이들
부부를 우하여 봉대를 지어 주었는데 부부가 그 위에 머물면서 몇 년 동안 내려오
지 않다가 어느 날 봉황을 따라 날아가 버렸다. 그래서 진나라 사람들은 옹궁 안에
봉녀사를 지었는데, 때때로 통소 소리가 들릴 뿐이었다.'(蕭史者, 秦穆公時人也.
善吹簫, 能致孔雀白鶴於庭. 穆公有女, 字弄玉, 好之, 公遂以女妻焉. 日敎弄玉作
鳳鳴, 居數年, 吹似簫聲, 鳳凰來止其屋, 公爲作鳳凰. 夫婦止其上, 不下數年, 一
旦皆隨鳳凰飛居. 故秦人爲作鳳女祠於雍宮中, 時有簫聲而已.)"
68) 달로 도망하여 …… 신선이 되었네 : 이 말은 『회남자(淮南子)』「남명편(覽冥篇)」
의, '예의 아내 항아가 남편이 서왕모로부터 얻어 온 선약을 몰래 훔쳐 먹고 월궁
으로 달아났다.'(羿請不死之藥于西王母, 姮娥竊之, 奔月宮.)는 고사에서 나왔는
데, 여기에서는 수청 들기로 한 기생이 도망간 사실을 비유했음.

처럼 '금실로 수를 놓은 것이나 조금도 그런 흔적이 없다.'는 것과
같다.

하-9 白雲子神駿掛冠神虎, 歸隱公州山莊. 郡守遣其子受業有年,
應擧京師, 以一絶送之, 信陵公子統精兵, 遠赴邯鄲立大名. 天下英
雄皆法從, 可憐揮涕老侯嬴.

　백운자 신준69)이 신호문70)에 갓을 걸어두고 공주 산장으로 돌
아가 숨어 지냈다. 군수가 자신의 아들을 그에게 보내어 가르침을
받게 한 지 몇 년이 흘렀다. 그 아들이 서울로 과거를 보러 가게 되
었으므로 절구시 한 수를 써서 그를 전송하였다.

　　신릉공자가 정병을 거느리고,
　　멀리 한단71)에 나아가 큰 이름 세우려 하네.
　　천하의 영웅들이 모두 그의 수레를 따르는데,

---

69) 백운자(白雲子) 신준(神駿) : 백운자는 고려 중기의 은자이자 스님인 오정석(吳廷
碩)의 호. 신준은 그의 법호. 신준은 무신의 난이 일어나자 유관(儒冠)을 벗어버리
고 불교에 귀의하여 명산을 두루 방랑하다가 끝내 환속(還俗)하지 않고 야인으로
서의 일관된 삶을 살았음. 이제현(李齊賢, 1287~1367)의 『역옹패설(櫟翁稗說)』에
보면, 충선왕과 이제현이 무신 난 이후에 공부를 하려는 사람들이 배울 만한 사람
이 없어서 중한테로 가는 이유를 신준, 오생(悟生)의 경우에 빗대어 말하고 있음.
"不幸毅王季年, 武人變起所忽, 薰蕕同臭, 玉石俱焚. 其脫身虎口者, 遯逃窮山, 蛻
冠帶而蒙伽梨, 以終餘年, 若神駿悟生之流是也."(『역옹패설』 전집前集)
70) 신호문(神虎門) : 원래는 신무문(神武門)인데, 고려 제2대 왕인 혜종의 이름자가
'武'이기 때문에 피휘(避諱)한 것임. 신무문은 대궐의 북쪽으로 통하는 문임.
71) 한단(邯鄲) : 지금 하남성 북부 및 하북성 서남부에 있었던 전국 시대 조(趙)나라
의 서울. 조나라가 진(秦)나라의 침입을 받았을 때 위왕은 이를 관망하였으나 선릉
군이 출병하여 진을 이겼던 사실을 용사한 것임.

가련하구나, 눈물 뿌리는 늙은 후영[72]이여.

信陵公子統精兵,

遠赴邯鄲立大名.

天下英雄皆法從,

可憐揮涕老侯嬴.

하-10 僕先祖, 世以文章相繼, 紅紙相傳今已八葉矣. 僕以不才偶
居多士之先, 而長子裎第四人, 次讓第三, 次楷第二. 雖嶄然露頭角
科級魏, 而未有能卓然處狀頭, 得與父同科者. 高陽月師作詩賀曰, 三
子聯珠繼父風, 四枝仙桂一家中. 連年雖占黃金榜, 尚避龍頭讓老翁.

나의 선조들께서는 대대로 문장으로써 계승하여 홍지(홍패)가 전해
온 것이 이미 팔대나 되었다. 나는 재주는 없으나 우연히 많은 선비들
의 앞자리를 차지하여 장원 급제하였고, 큰아들 정은 4등으로, 다음
아들 양은 3등으로, 그 다음 아들 온은 2등을 차지하였다. 비록 아들들
이 뛰어나 두각을 드러내고[73] 과거에서의 등수도 높았으나 탁월한

---

72) 후영(侯嬴) : 전국시대 위(魏)나라의 은사(隱士). 가난하여 나이 70에 이문(夷門)
의 문지기가 되었다가 뒤에 신릉군에게 신임을 얻었음. 진(秦)나라가 조(趙)나라를
침입하였을 때 위왕은 조나라의 구원 요청에도 불구하고 장군 진비를 시켜 군사를
이끌고 업(鄴) 땅에 주둔케 하고는 미동도 하지 않았음. 그러자 조나라 평원군에게
출가한 누이로부터 구원의 청탁을 받은 신릉군은 후영의 계책을 써 진비를 죽이고
군사를 출동시켜 한단의 포위를 풀었음. 후영은 늙어 신릉군의 군사를 따라갈 수
없었으므로 신릉공자가 진비가 주둔하고 있는 곳에 도착될 것으로 예상되는 날에
스스로 목숨을 끊었음.(『사기』 신릉군信陵君 참조)

73) 아들들이 뛰어나 두각을 드러내고[嶄然露頭角] : 동류 중에서 훨씬 뛰어난 것을
뜻하는 것으로, '참연견두각(嶄然見頭角)'과 같은 말임. 한유(韓愈)의 「유자후 묘
지명(柳子厚墓誌銘)」에, "雖少年, 已自成, 能取進士第, 嶄然見頭角."

실력으로 장원을 차지하여 이 아비의 장원급제와 견줄 정도의 능력을
발휘하지는 못했다. 고양월사[74]가 시를 지어 축하하기를,

> 세 아들이 연이어 급제하여 아버지의 풍모를 이었으니,
> 네 가지 선계[75]가 한 집 안에 있네.
> 해마다 비록 과거에 급제했으나,
> 오히려 장원을 피한 것은 아버지께 사양해서네.
>
> 三子聯珠繼父風,
> 四枝仙桂一家中.
> 連年雖占黃金榜,
> 尙避龍頭讓老翁.

라고 하였다.

하-11 京城西十里許, 有安流慢波, 澄碧澈底. 遙岑遠岫相與際天,
實與蘇黃集中所說西興秀氣無異. 士子盧永綏有才調, 嘗日暮泛一葉,
遡流而行, 欲抵宿湖邊寺. 中流長嘯, 怳若有得云, 風蕭蕭兮易水寒,

---

74) 고양월사(高陽月師) : 고려 중기 스님인 화엄 각월수좌(華嚴 覺月首座)인 각훈(覺
訓)을 이름. 각월(覺月)이라고도 하며, 호는 고양취곤(高陽醉髡). 이인로·이규보
와 교류했고 문명이 높았음. 그가 1215년(고종 2) 왕명으로 저술한『해동고승전(海
東高僧傳)』은『삼국사기』(1145)와『삼국유사』(1285) 사이에 저술된 고려 3대 사료
의 하나임. 이 밖의 저술로『선종육조혜능대사정상동래연기(禪宗六祖慧能大師頂
相東來緣起)』등이 있음.
75) 선계(仙桂) : 달나라에 있다는 월계수로, 전의되어 월계수의 가지를 꺾는 것을 과
거에 급제하는 것으로 비유했으므로 여기에서도 과거에 급제한 것을 가리킴. 또는
남의 아들을 높여 부르는 미칭으로 쓰이기도 했음

孤舟獨往. 放聲吟諷, 恨未有續之者, 忽於蘆葦間, 烟霏掩昧中, 卽應
聲曰, 靄沈沈兮楚天濶, 遊子何之. 盧公聞之, 驚愕不自定, 乃曰, 此間
無人居, 是必仙眞也. 停棹不得去, 夜將午四顧無人聲, 惟殘星缺月倒
影霜濤濤間, 遂還. 明日都下喧傳, 有天仙降西湖. 後踰月聞之, 乃及
第柳脩, 寄宿於漁舟.

　　서울 서쪽 십 리쯤 되는 곳에 잔잔하고 느리게 흐르는 물이 있었
는데, 바닥까지 내비칠 정도로 맑고 푸르렀다. 멀리 바라보이는 산
봉우리는 서로 어울려 하늘에 닿은 듯하니, 실로 소동파와 황산곡
의 문집 중에서 말한 서흥76)의 빼어난 기세와 다름이 없었다. 선비
인 노영수는 재주 있는 사람으로, 언젠가 해질 무렵에 작은 조각배
를 타고 물을 거슬러 올라가 호수 가의 어느 절에서 하룻밤 묵어가
고자 하였다. 거슬러 올라가다가 강의 중류쯤에서 길게 휘파람을
불다가 황홀감 속에 흥이 겨워 큰 소리로,

　　　　바람 쓸쓸히 불어오고 역수77)는 차기만 한데,

---

76) 서흥(西興) : 중국 절강성 소산현(蕭山縣) 서쪽의 운하에 임해 있는 진(鎭)의 이름.
　　황정견의 시 「謝萬從善司業寄惠山泉」(『산곡집』 권2)에 '錫谷寒泉擷石俱, 并得新
　　詩蠆尾書. 急呼烹鼎供茗事, 晴江急雨看跳珠. 是功與世滌羶腴, 令我屢空常晏如.
　　安得左轓淸潁尾, 風爐煮茗臥西湖.' 소식의 시 「망해루만경오절(望海樓晚景五絶)」
　　에 '靑山斷處塔層層, 隔岸人家喚欲膺. 江上秋風晚來急, 爲傳鍾鼓到西興.'
77) 바람 …… 역수(易水)는 차기만 한데 : 이 구절은 형가(荊軻)의 「역수가(易水歌)」
　　의 앞부분을 그대로 옮긴 것임. 역수는 중국 하북성 역현(易縣)을 흐르는 내 이름.
　　『사기』 「형가전(荊軻傳)」에 보면, 연(燕)나라 태자 단(丹)이 진왕(秦王)을 죽이기
　　위해 역수 가에서 형가를 자객(刺客)으로 보낼 때 형가가, '바람은 쓸쓸하고 역수
　　는 차기만 한데, 장사 한번 떠나가면 다시 돌아오지 못하리.'(風蕭蕭兮易水寒, 壯
　　士一去兮不復還)라는 역수가를 부르며 태자 단과 이별하였음.

외로운 배에 올라 홀로 가는도다.

風蕭蕭兮易水寒,
孤舟獨往.

라고 읊조리고는 자기의 노래에 화답해 줄 사람이 없음을 한탄하고
있었는데, 홀연히 연기와 안개에 가려진 음침한 갈대숲 사이에서
바로 응답하여,

저녁 노을 천천히 가라앉고 초 땅의 하늘은 넓은데,[78]
그대 나그네 어디로 가시는고.

靄沉沉兮楚天濶,
遊子何之.

라는 소리가 들려왔다. 노 공이 그 소리를 듣고 놀란 나머지 마음을
진정하지 못한 채 말하기를,

이 갈대숲 속에는 사람이 머물 수가 없으니, 반드시 신선이 내는 소
리일 것이다.

---

78) 저녁 노을 …… 초 땅의 하늘은 넓은데 : 이 구절은 송나라 문인인 유영(柳永)의
「우림령(雨霖鈴)」의 한 구절을 그대로 옮긴 것임. ' …… 떠나가실 천리 안개와 파도
길 생각해보니, 저녁노을 자욱한 저 편 초땅 하늘만 널따랗구나. 다정한 이들 예부
터 이별 서러워했다지만, 더욱이나 낙엽 지는 맑은 가을철을 어찌 견디랴. …….'
(寒蟬凄切, 對長亭晚, 驟雨初歇. 都門帳飲無緒, 留戀處, 蘭舟摧發. 執手相看淚
眼, 竟無語凝噎. 念去去千里煙波, 暮靄沈沈楚天闊, 多情自古傷離別, 更那堪冷落
淸秋節. 今宵酒醒何處. 楊柳岸, 曉風殘月. 此去經年, 應是良辰好景虛設. 便縱有
千種風情, 更與何人說.)

라고 하고는 노 젓기를 멈추고 앞으로 나아가지 못하였다. 이때는 이슥한 한밤중이라 사방을 둘러보았으나 사람 소리라곤 들리지 않고 오로지 새벽별과 이지러진 달만이 반짝이는 물결 사이로 그림자를 드리우고 있었다. 드디어 서울로 돌아왔는데, 다음날, '하늘의 신선이 서호에 내려왔다.'는 소문이 장안에 떠들썩하게 퍼졌다. 그 일이 있은 뒤 한 달이 지나 들으니, 노 공의 노래에 응대한 장본인은 바로 그때 고깃배 안에서 잠자던 급제 유수(柳脩)라고 하였다.

하-12 朴君公襲居貧嗜酒, 客至無以飮, 求酒於靈通寺僧. 用鱃腹山罇, 盛以泉水, 封纏甚牢固送之. 朴公初見喜曰, 此器可受二斗許. 昔陳王, 斗酒十千宴於平樂. 杜子美亦曰, 還須相就飮一斗, 恰有三百靑銅錢. 今吾二人不費一錢, 而得美酒, 各飮一斗, 則酣適之興不減於古人. 開視之乃水也, 恨眼目不長, 落老胡計中, 作詩寄之曰, 有客來相過. 囊中欠一錢. 分爲廬岳酒, 浪得惠山泉. 似虎林中石, 如蛇壁上弦. 屠門猶大嚼, 何況對樽前. 僧見詩. 更以美酒酬之.

박군 공습은 가난하게 살면서도 술을 좋아하였는데, 손님이 찾아왔는데도 마실 것이 없자 영통사[79] 스님에게 술을 부탁하였다. 그 스님이 산 중에서 사용하는 흰 술병에 샘물을 가득 담아 마개로 꼭 막아서 보냈다. 박공은 처음 그 술병을 보고 기뻐하며 말하기를,

---

79) 영통사(靈通寺) : 경기도 장단군 오관산(五冠山) 아래에 있었던 고려시대의 절. 1027년(현종 18)에 창건되었으며, 고려 왕실과 깊은 관련을 가지고 있어서 인종을 비롯한 여러 왕들이 자주 행차하여 분향하였고, 왕들의 진영(眞影)을 모시는 진영각(眞影閣)이 있었음. 대각국사 의천(義天)도 이곳에서 교관(敎觀)을 배웠으며, 입적한 후에는 그의 비가 이곳에 건립되었음.

이 그릇에는 술이 두 말 정도 들어갈 수 있겠구나. 옛날 진왕(陳王)[80]은 한 말에 일만 전이 나가는 좋은 술로 평락(平樂)에서 잔치하였고[81], 두자미(杜子美) 또한 말하기를,

다시 가서 한 말을 마시세.
청동전 삼백이 넉넉하다네.[82]

還須相就飲一斗,
恰有三百靑銅錢.

라고 하였다네. 지금 우리 두 사람은 일 전도 들이지 않고 좋은 술을 얻게 되었으니, 각자 한 말씩만 마시면 도도한 흥취가 고인에 비하여 덜하지 않을 걸세.

---

80) 진왕(陳王) : 중국 삼국 시대 위(魏)의 조식(曹植, 192~232)으로, 위무제(魏武帝) 조조(曹操)의 셋째 아들이며, 위문제(魏文帝) 조비(曹丕)의 아우. 자는 자건(子建) 이며, 진왕에 봉해지고 시호는 사(思)였으므로 진사왕(陳思王)이라고 일컬어졌음. 문학에 일가를 이루어 후한(後漢) 헌제(獻帝) 때의 건안문학(建安文學)을 대표하며, 청나라의 시인인 왕사정(王士禎)이 한위(漢魏) 이래로 문인들 가운데 선재(仙才)로 일컬을 만한 사람으로 조식·이백(李白)·소식(蘇軾) 등 세 사람을 지적했음. 저서로는『조자건집(曹子建集)』이 있음.

81) 옛날 진왕은 …… 잔치하였고, : 이 말은 이백의「장진주(將進酒)」의 한 구절을 인용한 것임. '…… 鐘鼓饌玉豈足貴, 但願長醉不用醒. 古來聖賢皆寂寞, 惟有飮者留其名. 陳王昔時宴平樂, 斗酒十千恣讙謔. 主人何爲言少錢, 徑須沽取對君酌. 五花馬, 千金裘, 呼兒將出換美酒, 與爾同銷萬古愁.'

82) 이 연구는 두보의 시「핍측행 증 필요(偪仄行贈畢曜)」의 끝 연구임. 그 전문을 소개하면, '偪側何偪側, 我居巷南子巷北. 可恨鄰里間, 十日一不見顔色. 自從官馬送還官, 行路難行澁如棘. 我貧無乘非無足, 昔者相遇今不得. 實不是愛微軀, 又非關足無力. 徒步翻愁官長怒, 此心炯炯君應識. 曉來急雨春風顚, 睡美不聞鍾鼓傳. 東家蹇驢許借我, 泥滑不敢騎朝天. 已令請急會通籍, 男兒性命絶可憐. 焉能終日心拳拳, 憶君誦詩神凜然. 辛夷始花亦已落, 況我與子非壯年. 街頭酒價常苦貴, 方外酒徒稀醉眠. 速宜相就飮一斗, 恰有三百靑銅錢.'

라고 하며. 술병을 따보니 물이었다. 그러자 박 공이 자신의 안목이
넓지 않아 늙은이의 계략에 빠진 것을 한탄하며 시를 지어 그에게
부쳤다. 그 시에 이르기를,

> 손님이 찾아왔는데,
> 주머니 속에는 일 전 한 닢 없었네.
> 여악[83]의 술 나누어 달랬더니,
> 헛되이 혜산[84]의 샘물 보냈네.
> 범 같으나 숲 속의 돌이었고[85],
> 뱀 같으나 벽에 걸린 활이었네[86].

83) 여악(廬岳) : 중국 강서성에 있는 여산(廬山). 이곳에 진(晋)나라 혜원선사(慧遠禪
師)가 살았는데, 도연명이 찾아오면 술을 대접하였다는 고사가 전함. '常往來廬山,
使一門生二兒昇藍輿以行. 遠法師與諸賢結蓮社, 以書招淵明, 淵明日, 若許飮輒
往. 許之, 遂造焉, 忽攢眉而去."(『연사고현전(蓮社高賢傳)』)

84) 혜산(惠山) : 중국 강소성 무석시(無錫市) 서쪽에 있는 산으로, 이곳의 샘물이 특
별하여 구룡13천(九龍十三泉)이 있다고 함. 한때는 황실의 진상품으로 유명하였
고, 이 샘물로 차를 달여서 즐기기도 했음. 이곳의 샘물로 혜천주(惠泉酒)라는 술
을 빚었는데, 술맛이 청순(淸醇)하여 오래 두어도 변치 않았다고 함.

85) 범 같으나 숲 속의 돌이었고[似虎林中石] : 이 구절은 돌을 범으로 알고 활을 쏘았다
는 초나라 웅거자(熊渠子), 양유기(養由基), 한나라 이광(李廣), 북주(北周) 이원(李
遠) 등의 고사를 용사한 것임. 이광의 고사를 소개하면, "廣出獵, 見草木中石, 以爲
虎而射之. 中石沒矢, 視之, 石也. 他日射之, 終不能入也."(『한서』 권24, 「이광・소
건전(李廣蘇建傳)」)

86) 뱀 같으나 벽에 걸린 활이었네[如蛇壁上弦] : 이 말은 『진서(晋書)』・「악광전(樂廣
傳)」의 '杯弓蛇影'을 용사한 것임. 악광(樂廣)이 찾아온 손님에게 술을 대접하는데
그 손님이 술잔에 뱀이 있는 것을 그대로 마시고 집으로 돌아가 병을 앓았다. 악광이
그를 불러 전에 마시던 자리에서 술을 따라 놓고 벽상의 각궁을 지적하면서 이것이
잔 속에 뱀처럼 비친 것이라고 설명하자 병이 쾌차하였다는 것이다. "嘗有親客,
久闊不復來, 廣問其故, 答日, 前在坐, 蒙賜酒, 方欲飮, 見杯中有蛇, 意甚惡之, 旣
飮而疾. 于時河南廳事壁上有角, 漆畵作蛇, 廣意杯中蛇卽角影也, 復置酒於前處,
謂客日, 酒中復有所見不. 答日, 所見如初. 廣乃告其所以, 客豁然意解, 沈痾頓愈."

고깃간 앞에서도 오히려 입을 크게 벌려 씹는데,[87]
하물며 어찌 술잔 앞에 있어서랴.

有客來相過,
囊中欠一錢.
分爲盧岳酒,
浪得惠山泉.
如蛇壁上弦.
屠門猶大嚼,
何況對樽前.

이라 하였다. 승려가 시를 보고 다시 좋은 술을 그들에게 보내었다.

하-13　學士彭祖逖, 有貪書之癖. 茅茨數椽, 風雨四至. 買桂炊玉,
常晏如也. 爲文章必有根柢, 讀者至於難句. 毅王末年相國李光縉,
謙恭謹愼不及於難, 公在綸苑作誥云, 險阻艱難備嘗矣, 亦曰殆哉, 溫良
恭儉以得之, 終無咎也. 明王初, 宗伯韓彦國, 引新榜諸生謁恩門崔相
國作詩謝之. 公和其詩引云, 君子人君子, 繼得英才, 門生下門生, 共
陳謝禮. 又云, 師子窟中師子, 同一吼音, 桂枝林下桂枝, 無二熏氣.
其奇險如是. 晩年尤嗜內典與華嚴, 師壯觀學法界觀, 作百韻謝之, 世
號祖逖菩薩頌.

---

87) 고깃간 앞에서도 …… 씹는데[도문대작(屠門大嚼)] : 이 말은 고기 파는 집 앞을 지
　　나게 되면 입을 크게 벌려 씹는 시늉을 한다는 것으로, 고기는 먹을 수 없는 형편
　　이지만 먹는 기분을 갖는 것으로 만족해 한다는 뜻임. 중국 동한(東漢)시대에 거문
　　고의 명인이었던 환담(桓譚, BC23~AD50)이 편찬한 『신론(新論)』에, "人間長安
　　樂, 則出門向西而笑, 知肉味美, 對屠門而大嚼."이라고 했음.

학사 팽조적[88]은 책을 욕심내는 버릇이 있었다. 띠풀로 지붕을 엮고 몇 개의 서까래로 얼기설기 엮은 초라한 집이라서 비와 바람이 사방에서 들어왔다. 더욱이 쌀과 땔나무를 구하기 힘들 정도로 가난한 삶을 살았으나[買桂炊玉][89] 항상 마음은 흔들리지 않고 편안하였다. 문장을 지으면 반드시 근거가 있었으니, 그의 글을 읽는 사람들은 문장을 이해하기 어려웠다.

의종 말년에 재상을 지낸 이광진[90]은 품행이 겸손하고 공손하며 매사를 삼가고 조심하여 어려운 변을 당하지 않았다. 공이 윤원(綸苑)[91]에 있으면서 임금이 이상국에게 내리는 고(誥)를 지어 이르기를,

> 험하고 어려운 온갖 일 다 맛 보아 위태로운 국면을 맞이하기도 했으나, 온량공검(溫良恭儉)[92]으로 오늘의 자리를 얻었으니, 끝내 허

---

88) 팽조적(彭祖逖) : 팽조적에 대한 기록은 거의 찾아볼 수 없으나 『삼국유사』 권3의 제4 「탑상(塔像)」에 보면, 한남(漢南 : 지금의 경기도 수원시의 옛 이름)의 관기(管記)였던 팽조적이 신라 말엽에 오월국(吳越國)에서 대장경을 싣고 왔던 보요선사(普耀禪師)의 초상화를 보고 대정(大定, 금나라 세종의 연호 1161~1189)시기에 지은 시와 발문이 소개되어 있음.

89) 쌀과 땔나무를 …… 가난한 삶을 살았으나[買桂炊玉] : 이 말은, 밥알은 옥(玉)보다 비싸고, 땔나무(炊)는 계수나무보다 비싸다는 말로, 너무 가난하여 생계를 잇기가 어려움을 가리킴. "蘇秦之楚, 三日乃得見乎王. 談卒, 辭而行. 楚王曰, '寡人聞先生, 若聞古人. 今先生乃不遠千里而臨寡人, 曾不肯留, 願聞其說.' 對曰, '楚國之食貴於玉, 薪貴於桂, 謁者難得見如鬼, 王難得見如天帝. 今令臣食玉炊桂, 因鬼見帝.'"(『전국책(戰國策)』 「초책(楚策)」)

90) 이광진(李光縉, ?~1178) : 고려 중기의 문신. 초명은 원휴(元休)로 관직은 문하평장사에 올랐음. 무신의 난에도 그는 온순하고 근신한 탓으로 목숨을 보존하였음. 시호는 정의(貞懿).

91) 윤원(綸苑) : 임금이 아래에 내리는 조서(詔書)나 교서(敎書) 등을 작성하여 임금에게 바치던 관청을 이름.

92) 온량공검(溫良恭儉) : 공자의 제자인 단목사(端木賜) 자공(子貢)이 스승인 공자가

물이 없었다.

라고 했다.

명종 초기에 종백(宗伯)인 한언국(韓彦國)이 새로 급제한 문생들을 이끌고 은문(恩門)93)인 최상국94)을 뵙고 시를 지어 사례하였다. 공이 그 시에 화답하였는데 그 인95)(引, 서문)에서 말하기를,

군자다운 사람에서 군자가 나오니,
계속하여 영재를 얻었고,
문생 아래에 문생이니,
함께 늘어서서 사례하네.

君子人君子,
繼得英才,
門生下門生,
共陳謝禮.

펼친 유가의 다섯 가지 덕목(德目)을 소개한 것에서 나온 말로, 『논어』 「학이(學而)」
편에 소개되고 있음. "子貢曰夫子, 溫良恭儉讓以得之, 夫子之求之也, 其諸異乎人
之求之與." 여기에서 온(溫)은 화후(和厚)이며, 량(良)은 이직(易直)이고, 공(恭)은
장경(莊敬)이며, 검(儉)은 절제(節制)이고, 양(讓)은 겸손(謙遜)으로 이 다섯 가지를
공자 또는 유가의 5덕목이라고 함.
93) 은문(恩門) : 과거시험을 주관하여 급제자를 발탁하는 지공거(知貢擧)를 은문이
라 하고 급제자를 문생(門生)이라고 불러 사제(師弟)의 관계가 형성됐음.
94) 최상국(崔相國) : 고려 전기의 학자이자 문신인 최유청(崔惟淸, 1095~1174)이 재
상직인 중서시랑평장사(中書侍郎平章事)를 지냈기 때문에 붙여진 이름임.
95) 인(引) : 한문 문체의 하나로 서(序)와 비슷한 형태로 쓰였음.

라고 했고, 또 이르기를,

사자 굴속의 사자[96]이니,

울부짖는 소리가 같고,

계수나무 숲 아래에 계수나무 가지[97]이니,

그 향기 한 가지네.

師子窟中師子,

同一吼音,

桂枝林下桂枝,

無二薰氣

라고 하였으니, 그 기험함이 이와 같았다. 만년에 더욱 내전(內典)[98]과 화엄경을 좋아하여 장관(壯觀)에게서 법계관[99]을 배우고는 백운시(百韻詩)를 지어 사례하니, 이것을 두고 세상 사람들이 조적의 '보살송'이라 불렀다.

---

96) 사자 굴속의 사자[師子窟中師子] : 사자(師子)는 백수의 왕인 사자(獅子)를 가리킴. 이는 곧 세상 사람들 가운데 각자(覺者)로서 만인을 가르치는 부처를 상징하는 말로, 여기서 사자굴 속의 사자라고 한 것은 훌륭한 스승 아래에 다시 훌륭한 제자가 나왔다는 얘기임.

97) 계수나무 숲 아래에 계수나무 가지[桂枝林下桂枝] : 과거에 급제하는 것을 계수나무 가지를 꺾는다는 '절계(折桂)'라고 하는데, 여기에서 계수나무 숲 아래에 계수나무 가지라고 한 것은 급제자 아래에 또 급제자가 배출되었음을 이름.

98) 내전(內典) : 불교에서 불가의 경전을 내전이라 하고, 유가의 경전을 외전(外典)이라 했음.

99) 법계관(法界觀) : 화엄종에서 법계(法界)의 진리에 증득(證得)하여 들어가기 위하여 닦는 삼중(三重)의 관법(觀法)인 법계삼관(法界三觀)을 이름. 이 삼관으로는 진공관(眞空觀), 이사무애관(理事無碍觀), 주변함용관(周遍含容觀)이 있음.

하-14　學士金黃元拜大諫, 屢陳藥石, 未得回天之力, 出守星山. 路
出分行驛, 適會天院李載, 自南國還朝, 邂逅於是驛. 以詩贈之, 分行
樓上豈無詩, 留與皇華寄所思. 蘆葦蕭蕭秋水國, 江山杳杳夕陽時. 古
人不見今空歎, 往事難追只自悲. 誰信長沙左遷客, 職卑年老鬢毛衰.
縉紳皆屬和幾一百首, 目之曰分行集. 學士朴昇沖爲序, 皇太弟大原
公鏤板以傳之. 公平生作詩必使夕陽二字, 金相國富儀, 誌於墓, 以爲
晚登淸要之讖.

학사 김황원이 대간의 벼슬을 받아, 여러 번 약석과 같은 말[100]
을 했지만, 임금의 생각을 바꾸기에는 역부족이라서, 외직인 성
산[101]의 태수로 부임하게 되었다. 길을 떠나 분행역[102]에 이르렀
는데, 거기에서 마침 천원 이재[103]를 만났다. 그가 남쪽 지방에 일
이 있어 갔다가 조정으로 돌아가는 길에 여기에서 만나게 된 것이
었다. 김황원이 시를 지어 그에게 주었는데 그 시에 이르기를,

　　　분행루에 올라 어찌 시가 없겠는가.
　　　내 생각 붙인 시를 사신에게 남겨주네.
　　　가을 물가에 갈대숲 쓸쓸하고,

---

100) 약석과 같은 말[藥石之言] : 약석(藥石)은 약제(藥劑)와 돌침[石鍼]으로, 교훈이
　　되거나 훈계할 만한 일을 비유하는 말임. "季孫之愛我, 疾疢, 孟孫之惡我, 藥石
　　也."(『좌전』 「양공襄公」 23년)
101) 성산(星山) : 경상북도 성주(星州)의 옛 이름.
102) 분행역(分行驛) : 고려시대에 경기도 안성에 있었던 역원(驛院)의 이름.
103) 이재(李載, ?~1122) : 고려 전기의 문신인 이궤(李軌)의 초명이 재(載)였음. 자
　　는 공제(公濟). 관직은 참지정사(參知政事)에 올랐음. 요나라에 외교관으로 다녀
　　오기도 했음. 시호는 문간(文簡).

저문 석양녘에 강과 산 아득하네.

옛 사람을 볼 수 없으니 지금 부질없이 한숨 쉬고,

지나간 일 따르기 어려우니 다만 절로 서글프네.

누가 믿겠는가, 장사로 죄천되어 가는 나그네[104],

벼슬 낮아지고 늘그막에 귀밑머리 센 것을.

分行樓上豈無詩,

留與皇華寄所思.

蘆葦蕭蕭秋水國,

江山杳杳夕陽時.

古人不見今空歎

往事難追只自悲

誰信長沙左遷客,

職卑年老鬂毛衰.

라고 하였다. 진신[105]들이 이 시에 화답한 것을 모두 엮으니 거의
일백수가 되었는데, 그것을 가리켜서 '분행집(分行集)'이라 하였다.
학사 박승중[106]이 서문을 짓고, 황태제 대원공[107]이 목판에 새겨

---

104) 장사(長沙)로 죄천되어 가는 나그네 : 중국 한 나라 때의 소년천재로 이름을 날
린 가의(賈誼, BC200~BC168)가 소인들의 모함을 받아 23세에 먼 변방인 호남성
장사 양왕(梁王)의 태부(太傅)로 좌천됐던 사실을 이름.

105) 진신(縉紳) : 홀(笏)을 신(紳)에 꽂고 다니는 고위 관료인 사대부를 이름.

106) 박승충(朴昇沖) : 고려 전기의 문신인 박승중(朴昇中)을 이름. 자는 자천(子千)
으로 무안(務安) 사람. 관직은 국자좨주(國子祭酒)에 올랐음. 배우기를 좋아하며
글을 잘 지어 김황원 등과 함께 예의(禮儀)를 제정했음. 이자겸의 지지세력으로
몰려 울진으로 유배되었다가 방면되어 무안에 칩거했음.

107) 대원공(大原公, ?~1170) : 고려 숙종과 명의태후 이씨 사이에서 태어난 다섯 번
째 아들. 관직은 상서령에 올랐음. 이자겸의 난 때 역모와 관련이 되었다고 하여

서 그것을 책으로 전했다. 공은 평생 시를 지을 때 반드시 석양 두 글자를 사용하였으니, 상국 김부의가 묘지명에 기록하기를, "늦게 높은 직책에 오를 조짐"이라고 하였다.

하-15 草堂秋七月, 桐雨夜三更. 欹枕客無夢, 隔窓蟲有聲. 淺莎翻亂滴, 寒葉洒餘淸. 自我有幽趣, 知君今夜情. 此學士印份作也. 學士之名雷震海東者, 實由此篇. 僕昔佐桂陽府, 一日棹舟, 自孔巖縣至幸州南湖, 見斷岸如苽, 松杉八九株森立於側. 而遺垣壞堵猶在, 過者皆指之曰, 此印公草堂舊墟也. 僕艤舟不能去, 徘徊長嘯想見其人. 便尋小徑登小華寺南樓, 見壁上有詩. 莓苔暗淡墨痕僅存, 迫而視之, 乃印公所題也. 蕉鳴箔外知山雨, 帆出峰頭見海風. 可謂名下無虛士矣.

> 초당의 가을 칠월,
> 한밤중 오동나무에 비 내리네.
> 베개에 기댄 나그네 잠 못 이루는데,
> 창 너머로 풀벌레소리 들리는구나.
> 얕은 풀밭엔 어지러이 물방울 튀어오르고,
> 차가운 낙엽엔 서늘한 기운 스며나네.
> 나에게 그윽한 정취 있어,
> 오늘 밤 그대의 감회 알겠네.[108]

> 草堂秋七月,

남쪽으로 유배를 가기도 했으나, 예종 4년에 대원후로 책봉되었음.

108) 이 시는 『동문선』권9에 「우야 유회(雨夜有懷)」라는 시제로 실려 있음. 끝 행의 '夜情'이 『동문선』에는 '夕情'으로 되어 있음.

桐雨夜三更.
欹枕客無夢,
隔窓蟲有聲.
淺莎翻亂滴,
寒蓂洒餘淸.
自我有幽趣,
知君今夜情.

이 시는 학사 인빈[109]이 지은 것이다. 학사의 명성이 해동에 떨치게
된 것은, 실로 이 시편 때문이다. 내가 옛날 계양부(桂陽府)에서 그
고을 원을 보좌한 적이 있었다. 하루는 노를 저어나가는데, 공암현(孔
巖縣)[110]에서 행주(幸州) 남쪽의 호수에 이르기까지 잘려진 언덕이 마
치 줄풀을 매달아 놓은 듯 가팔랐고, 소나무와 삼나무 여덟아홉 그루
가 그 곁에 빽빽하게 늘어서 있었다. 그 사이로 무너진 담장의 흔적이
아직 남아 있었으므로 지나가는 사람들이 모두 그곳을 가리켜서 "인
공(印公)이 옛날에 살던 초당이다."라고 했다. 나는 그곳을 그냥 떠날
수 없어서 배를 대고서는 배회하며 길게 시를 읊조리면서 그를 그려
보기도 했다. 문득 작은 길을 찾아서 소화사[111] 남쪽 누대에 오르니,

---

109) 인빈(印份) : 고려 전기의 문신으로 관직은 문하시중(門下侍中)에 올랐음. 시호
    는 문정(文定).
110) 공암현(孔巖縣) : 공암은 현재의 강서구 개화동 한강 가에 있던 구멍 뚫린 바위
    를 가리키는 것으로, 공암이 있던 이곳을 공암진(孔巖津)이라 하였는데, 이곳은
    한강 하류의 교통 요지였음. 고려시대에 이 일대를 공암현이라고 하여 행주(幸州)
    와 강화도를 잇는 요충지로 삼았음.
111) 소화사(小華寺) : 경기도 고양시 남쪽 15리 거리에 있는 호수 가에 있었던 절이
    었으나, 지금은 소실되어 없어졌음.(『신증동국여지승람』 권11, 고양高陽)

벽 위에 시가 씌어 있는 것을 발견했다. 벽에는 이끼가 짙게 끼어 있었으나 엷은 먹물 흔적이 남아 있었는데, 가까이 가서 자세히 보니 바로 인 공이 지은 시였다. 그 시에 이르기를,

발 밖에서 파초잎 우니 산에 비 내리는 줄 알겠고,
산봉우리 너머로 돛대 나오니 바다 바람 부는 것 보이네.

蕉鳴箔外知山雨,
帆出峰頭見海風.

라고 했다. 명성 아래에 엉터리 선비가 없다[112]고 말 할만하다.

하-16   皆骨關東名山也. 峰巒洞壑無非石, 望之如潑墨. 岩棲者, 皆以客土塡磚隙, 然後得種蒔苽菓以食之. 玉堂田致儒, 杖節經是山, 卽題云, 草木微生禿首髮, 烟霞半卷袒肩衣. 兀然皆骨獨孤潔, 應笑肉山都大肥.

개골산[113]은 관동지방의 명산이다. 산봉우리와 깊은 골짜기에는

---

112) 명성 아래에 엉터리 선비가 없다.[名下無虛士] : 명성을 가진 사람은 그에 맞는 인격과 실력을 갖추고 있기 마련이라는 말로, '명불허전(名不虛傳)'과 같은 뜻임. 이 말은 중국 남조(南朝)의 역사학자인 요찰(姚察, 533~606)의 열전에 나오는 것으로, '臻謂所親曰, 名下定無虛士.'(『진서(陳書)』 권27 「열전」 권21)

113) 개골산(皆骨山) : 우리나라 금강산(金剛山)의 이칭으로 금강산의 봉우리들이 모두 바윗살을 드러내고 있다고 해서 붙여진 이름. 원래 금강산은 13세기까지 풍악산 개골산으로 불리어 졌고, 그 뒤에 금강산이 불교적 신앙의 대상으로 부각되어 금강·기달·열반 등으로 불리어졌음. '金剛, 春日怾怛, 夏日蓬萊, 秋日楓岳, 冬日皆骨, 楓岳爲最, 取其麗也.'(이유원(李裕元)의 『가오고략(嘉梧藁略)』12책 「금

온통 돌투성이니, 산을 바라보면 마치 먹물이 번져난 것 같다. 가파른 바위에 기대어 사는 사람들은 모두 객토[114]로 갈라진 틈을 메우고, 거기에 풀과 과일의 모종을 심어서 길러 먹었다. 옥당[115] 전치유[116]가 왕명을 받고 이 산을 지나다가 시를 지었는데 이르기를,

초목 듬성듬성 자라는 모습 대머리의 머리카락 같은데,
저녁 안개 반쯤 걷히니 어깨에 옷 걸친 모습이네.
우뚝 솟은 저 개골산 홀로 고결하니,
응당 풍만한 산들이 모두 크게 살찐 것 비웃으리.

草木微生禿首髮,
烟霞半卷袒肩衣.
兀然皆骨獨孤潔,
應笑肉山都大肥.

라고 했다.

강풍엽기(金剛楓葉記)」)

114) 객토(客土) : 토양의 물리성과 화학성이 불량하여 농작물의 생산성이 떨어지는 농경지역 지력을 보강시키기 위하여 다른 곳으로부터 가져온 흙을 가리킴.
115) 옥당(玉堂) : 홍문관(弘文館)의 이칭. 궁중의 전적(典籍) 관리와 왕이 시달하는 각종 공문서 처리 및 왕의 자문에 응하는 일을 맡아보던 관청으로 그곳에서 근무하는 사람을 일컫는 말이기도 함. 사헌부(司憲府)·사간원(司諫院)과 함께 삼사(三司)에 속했음.
116) 전치유(田致儒, ?~1170) : 고려 전기의 문신으로 생애에 대해서 자세히 알 수는 없으나 의종 때 내시(內侍)에 임명되고 왕을 측근에서 모시는 봉어(奉御)벼슬을 하다가 무신의 난을 만나 죽임을 당했음.

하-17　東館是蓬萊山, 玉堂號鼇頂, 皆神仙之職. 本朝舊制, 雖天子
莫得擅其升黜. 苟有缺, 必須禁署諸儒薦引, 然後用之. 非有三多之
譽, 七步之才, 則世皆謂之處, 必未免血指汗顔之誚. 睿王時, 江南措
大鄭襲明, 抱奇才偉量, 涉世無津, 嘗賦石竹花, 世愛牡丹紅, 栽培滿
院中. 誰知荒草野, 亦有好花叢. 色透村塘月, 香傳隴樹風. 地偏公子
少, 嬌態屬田翁. 時有大閹, 誦此詩達宸聰, 上曰, 非狗監, 何以知相
如之尙在耶. 卽令補玉堂. 毅王初, 賢良皇甫倬, 十擧擢上第. 會上遊
上林賞芍藥, 遂成一什, 侍臣莫賡載, 賢良亦進一篇. 誰導花無主, 龍
顔日賜親. 也應迎早夏, 獨自殿餘春. 午睡風吹覺, 晨粧雨洗新. 宮娥
莫相妬, 雖似竟非眞. 上大加稱賞. 其後選部進擬補館職者, 上觀姓
名曰, 莫是嘗進應制芍藥者耶. 卽以宸翰點之, 直東館. 鄭公後入樞
掖, 居喉舌, 受遺輔主, 謇謇有王臣風, 皇甫公亦掌綸誥, 出入臺閣十
餘年. 噫, 風雲際會, 古人謂之千載, 今觀二公, 唯以一篇見知, 不煩
夢卜, 自然而合, 明良相値豈偶然哉.

　　동관[117]을 봉래산이라 하고, 옥당을 오정[118]이라 부르는 것은, 이
두 곳에서 하는 일이 모두 신선이 하는 일과 같기 때문이다. 우리나
라의 옛날 제도에, 비록 왕이라 할지라도 무능한 사람을 물리치고
유능한 사람을 등용하는 것을 함부로 할 수 없었다. 설령 결원이 생
겼다고 하더라도 반드시 관장하는 관청의 선비들에게서 추천받은
연후에 등용한다. 그러니 세상 사람들이 다 이르기를, 삼다[119]로 사

---

117) 동관(東館) : 세자가 기거하는 동궁(東宮)의 이칭.
118) 오정(鼇頂) : 자라의 머리를 가리키는 말로 전설에 의하면 자라가 삼신산(三神
　　山)을 머리에 이고 있다고 하여 오정, 오두(鼇頭)를 신성한 곳을 상징하는 뜻으로
　　사용했음. 이인로의 「옥당백부(玉堂栢賦)」(『동문선』 권2)에, '鼇頂之署號神仙府'
　　라는 구절이 있음.

람들의 칭찬을 받거나 칠보의 재주120)를 가진 사람이 아니면, 설령 그러한 위치에 있다고 하더라도 반드시 혈지한안(血指汗顔)121)의 꾸지람을 면치 못할 것이라고들 한다.

예종 시절에 강남의 선비인 정습명122)은, 기이한 재주와 대범한 생각을 지니고 있었으나, 세상에 나아갈 기회를 얻지 못하였다. 일찍이 석죽화(石竹花)123)를 두고 시를 지어 이르기를,

　　세상에서는 붉은 모란을 사랑해서,
　　뜰 안 가득히 심어 기르지만,

---

119) 삼다(三多) : 삼다의 뜻은 여러 가지이지만, 여기서는 책을 많이 보고[多看], 글을 많이 지어보고[多做], 지은 글을 많이 살펴보라[多商量]는 것임. 이 말은 중국 송나라 문인인 진사도(陳師道)가 편찬한 『후산시화(後山詩話)』 속에서 구양수(歐陽脩)의 말을 소개한 것에서 유래하였음. '永叔 謂爲文有三多, 看多, 做多, 商量多也.'

120) 칠보의 재주[七步之才] : 글을 짓는 재주의 민첩함을 비유하는 말임. 중국 위(魏)나라의 천재 시인인 조식(曹植, 192~232)이 그의 형인 위문제(魏文帝) 조비(曹丕, 187~226)가 일곱 걸음을 걷는 사이에 시를 지어보라고 핍박하자 조식이 형제 간의 우의를 암시하는 시를 지었는데, 이 시를 칠보시(七步詩)라고 함. 이 시는 오언고시로 그 전문을 소개하면, '煮豆持作羹, 漉豉以爲汁. 其在釜下燃, 豆在釜中泣. 本自同根生, 相煎何太急.'

121) 혈지한안(血指汗顔) : 하는 일이 서툴러서 손가락에 피가 나고 얼굴이 땀으로 범벅이 된다는 말인데, 여기서는 문장을 짓는 데 몹시 서툴러서 안절부절 못하는 것을 비유하는 말임. '不善爲斲, 血指汗顔; 巧匠傍觀, 縮手袖間.'(한유韓愈의 「제유자후문(祭柳子厚文)」)

122) 정습명(鄭襲明, ?~1151)의 본관이 영일(迎日)로 지금의 경상북도 포항 지역 출신이므로 강남의 선비라고 하였음.

123) 석죽화(石竹花) : 쌍떡잎식물로 석죽과에 속한 다년생풀인 패랭이꽃을 이름. 대란(大蘭), 산구맥(山瞿麥)이라고도 함. 이규보(李奎報, 1168~1241)의 「석죽화」(『동국이상국집』 권1)라는 시에, "절조는 대나무처럼 고고한데, 꽃이 피면 아녀자들처럼 곱기도 하다.[節肖此君高, 花開兒女艶]"라고 한 것을 보면 당시에 문인들이 석죽화를 좋아했던 것으로 추측됨.

누가 알겠는가, 황량한 들판에
또한 좋아하는 꽃 많이 있음을.
빛깔은 마을 호수의 달빛에 스며들고,
향기는 언덕 위의 나무에 풍기네.
구석진 곳이라 공자들이 적으니,
아름다운 교태 농부에게 붙이네.

世愛牡丹紅,
栽培滿院中.
誰知荒草野,
亦有好花叢.
色透村塘月,
香傳隴樹風.
地偏公子少,
嬌態屬田翁.

라고 했다. 이때에 어느 한 대혼(大閽)124)이 있었는데, 이 시를 암송
하여 임금에게 들려주니 임금이 말하기를,

　　구감이 아니면, 어찌 상여가 아직도 살아있는지 알겠는가.125)

---

124) 대혼(大閽) : 중국 고대 초(楚)나라의 관직명으로 성문을 지키는 수문장을 가리킴.
125) 구감(狗監)이 아니면 …… 살아있는지 알겠는가. : 이 말은 『사기』 사마상여전(司
　　馬相如傳)에 나오는 것으로, 한나라 무제(武帝)가 사마상여의 「자허부(子虛賦)」를
　　읽고는 감동하여 사마상여가 살아있다는 사실을 모르고 그와 동시대에 살지 못하
　　는 것을 한탄했는데, 구감으로 있던 양득의(楊得意)로 인해서 사마상여가 생존하
　　는 인물로 만나볼 수 있게 되었음을 가리킴. 구감은 중국 한나라 때의 관직명으로
　　제왕의 사냥개를 전문적으로 돌보던 직책이었음.

라고 하고는, 바로 옥당에 임명하였다.

　의종 초기에 현량 황보탁[126]이 10번이나 과거에 응시한 끝에 장원으로 발탁되었다. 일찍이 임금이 정원에서 노닐면서 작약을 감상하다가 시 한편을 읊었으나 옆에서 왕을 모시는 신하들 중에 시를 이어서 읊는 사람들이 없었으므로 현량이 시 한편을 지어 올렸다. 그 시에 이르기를,

> 누가 꽃에 주인 없다고 말했는가,
> 임금께서 매일 가까이서 사랑하시네.
> 응당 여름을 일찍 맞이하니,
> 혼자 남은 봄이 뒤쳐졌네.
> 낮잠은 바람 불어 깨워주고,
> 새벽 단장은 비가 말끔히 씻겨 주네.
> 궁녀들아 서로 질투하지 말거라,
> 비록 같아 보이나 결국 참은 아니라네.

> 誰導花無主,
> 龍顔日賜親.
> 也應迎早夏,
> 獨自殿餘春.
> 午睡風吹覺,
> 晨粧雨洗新.

---

126) 황보탁(皇甫倬) : 고려 중기의 문신. 1154년(의종 8) 4월에 문하성사(門下省事) 최윤의(崔允儀)가 지공거로서 황보탁을 장원으로 발탁했음. 1178년(명종 8) 춘주도찰방사(春州道察訪使)가 되어 백성들의 질병과 고통을 위로하고, 관리들에게 상벌제도를 실시하였음.

宮娥莫相妬,

雖似竟非眞

라고 했다. 임금께서 크게 칭찬하고 상을 내렸다. 그 후 선부[127]에서 그를 추천하여 관직(館職)의 빈자리를 채우려고 하니, 임금께서 그의 이름을 보고 말하기를, "이 사람이 일찍이 나의 작약시에 응제하여 시를 올린 그 사람이 아닌가."라고 하고는 곧바로 어필로써 낙점(落點)하여 동관에 근무케 했다. 정공이 뒤에 추액[128]에 들어가 왕명을 출납하는 곳에 있으면서 선왕의 유조를 받아 신왕을 보좌하였는데, 직언하는 것이 왕과 신하의 풍격이 있었고, 황보 공 또한 윤고[129]를 맡아서 십여 년 동안 대각을 출입하였다.

　아! 비와 구름이 만난 것은[風雲際會][130], 옛 사람들이 천년에 한 번 있을 일이라 하였다. 지금 두 공의 경우를 보건데, 오직 시 한 편으로 왕에게 알려졌으니, 꿈을 꾸거나 점을 치는 등 번거롭게 하지 않았어도 자연스럽게 만난 것이다. 그러니 총명한 군주와 어진

127) 선부選部 : 고려시대에 의조(儀曹)와 병조(兵曹)를 병합하여 선부라 하였으나 곧 병조의 기구를 군부사(軍簿司)라 하여 분리시키고 선부를 전리사(典理司)로 개칭하였음. 전리사에서는 중앙관부. 문관의 선임(選任)·공훈(功勳)·예의(禮儀)·제향(祭享)·조회(朝會)·교빙(交聘)·학교(學校)·과거(科擧)에 관한 일을 관장하였음.

128) 추액(樞掖) : 나라에 중추가 되는 관서를 이르는 말로, 궁중의 좌우에 자리잡고 있던 문하성(門下省)과 중서성(中書省)을 이름. 정습명이 예부시랑(禮部侍郎)이 되어 중앙관서에 재직하게 된 것을 이름.

129) 윤고(綸誥) : 왕이 신하에게 내리는 조서(詔書)를 이름. 중국 당나라 한유(韓愈)의 글인 「논 회서사의장(論淮西事宜狀)」에, "臣謬承恩寵, 獲掌綸誥."

130) 비와 구름이 만난 것은[風雲際會] : 뜻이나 이상이 맞는 사람이 서로 만나는 것은 무척 어려운 일로 용케 그런 사람이 만나는 기회를 얻은 것을 이름. 여기에서는 현명한 임금과 어진 신하의 만남을 말함. "雲從龍, 風從虎, 聖人作萬物睹."(『주역』「건(乾)·문언(文言)」)

신하가 서로 만나는 것이 어찌 우연이라고만 하겠는가.

하-18 白雲子棄儒冠學浮屠氏敎, 包腰遍遊名山, 途中聞鶯感成一
絶, 自矜絳觜黃衣麗, 宜向紅墻綠樹鳴. 何事荒村寥落地, 隔林時送
兩三聲. 吾友耆之失意遊江南, 聞鶯亦作詩云, 田家椹熟麥將鏺, 綠
樹初聞黃栗留. 似識洛陽花下客, 殷勤百轉未曾休. 古今詩人托物寓
意, 多類此. 二公之作初不與之相期, 吐詞悽惋若出一人之口. 其有
才不見用, 流落天涯覉遊旅泊之狀, 了了然皆見於數字間, 則所謂詩
源乎心者信哉.

  백운자는 유학을 버리고 부처의 가르침을 배웠다. 허리에 바랑을
매고 명산에 두루 돌아다니다가 도중에 꾀꼬리 소리를 듣고 감동하
여 절구시 한 수를 지어 이르기를,

        진홍색 부리와 화려한 황색 옷 자랑하니,
        붉은 담과 푸른 나무를 향해서 울어야 하리.
        무슨 일로 쓸쓸하고 조용한 마을에 와서,
        숲 너머로 때때로 두세 번 울어대는가.131)

        自矜絳觜黃衣麗,
        宜向紅墻綠樹鳴.
        何事荒村寥落地,
        隔林時送兩三聲.

---

131) 이 시는 「도중 문앵(途中聞鶯)」이라는 시제로 『동문선』 권19에 실려 있고, 작자
    는 신준의 속명(俗名)인 오정석(吳廷碩)으로 되어 있음.

라고 했다. 내 벗인 임춘(林椿)이 뜻을 잃고 강남에서 노닐 적에, 꾀
꼬리 소리를 듣고 또한 시를 지어 이르기를,

> 농가에 오디 익고 보리 이삭 펴려는데,
> 푸른 나무에서 꾀꼬리[132] 소리 처음 들리네.
> 서울의 꽃 숲 아래에 놀던 나그네 아는 듯,
> 은근히 계속 울어 그치지 않네.[133]

> 田家椹熟麥將稠,
> 綠樹初聞黃栗留.
> 似識洛陽花下客,
> 殷勤百囀未曾休

라고 했다. 고금의 시인들이 사물에 기탁하여 뜻을 드러내는 것이,
대체로 위의 두 시에 나타낸 것과 같다. 두 공의 작품이 처음부터
서로 약속한 듯이 그렇게 맞추려고 한 것이 아니지만, 말이 슬프고
처량하여 마치 한 사람의 입에서 나온 듯하다. 재주가 있으나 등용
되지 못하고, 먼 변방에서 타향살이 하는 나그네의 모습이 몇 글자
사이에 다 드러나고 있으니, 이른바 '시는 마음에 근원을 둔다'[134]

---

132) 꾀꼬리[黃栗留] : 황율유는 황조(黃鳥), 황려유(黃鸝留) 등으로 불리어지는데, 중
국 삼국시대 오나라 박물학자로『모시초목조수충어소(毛詩草木鳥獸蟲魚疏)』를
편찬한 육기(陸璣)에 의하면 "黃鳥, 黃鸝留也. 或謂之黃栗留."라고 하여 꾀꼬리를
'황율유'라고 하였음. 송나라 왕안석(王安石)의 시「회 서주산수 정 창숙(懷舒州山
水呈昌叔)」에, "山下飛鳴黃栗留, 溪邊飮啄白浮鷗."

133) 이 시는 임춘이 지은 작품으로 이제현의『역옹패설』후집2에 실려 있으며, 임춘의
문집인『서하집(西河集)』권3과『동문선』권19에「모춘문앵(暮春聞鶯)」이라는 시제
로 실려 있음.『서하집』에는 '椹熟'이 '三月'로, '未曾'이 '未能'으로 되어 있음.

는 말을 믿을 만하다.

하-19   鷄林人金生筆法奇妙, 非晉魏時人所跂望. 至本朝, 唯大鑑
國師, 學士洪灌擅其名, 凡寶殿花樓額題, 及屛障銘戒, 皆二公筆也.
淸平眞樂公卒, 西湖僧惠素撰祭文, 而國士書之, 尤盡力刻石以傳,
世謂之三絕. 固非崔楊輩, 豐肌脆骨者之所及. 當有評者曰, 引鐵爲
筋, 摧山作骨, 力可伏輈, 利堪穿札. 宋人有以精縑妙墨, 求國師筆跡
者, 請學士權廸作二絕, 寫以附之, 蘇子文章海外聞, 宋朝天子火其
文. 文章可使爲灰燼, 落落雄名安可焚. 亡其一篇.

　경주 사람인 김생(金生)은 붓을 놀리는 필법이 절묘해서 중국 진
(晉)나라, 위(魏)나라 사람이라 할지라도 따라잡을 수 없을 정도였다
본조 고려에 이르러서는 오직 대각국사(大鑑國師)와 학사 홍관(洪
灌)135)이 필법에 이름을 떨쳐 보전(寶殿), 화루(花樓)의 편액(扁額)에
쓴 글과 병풍의 명(銘)과 계(戒)가 모두 두 공의 필적이었다.

　청평산의 진락공(眞樂公)136)이 세상을 떠나자 서호 스님 혜소(惠

---

134) '시는 마음에 근원을 둔다.'[詩源乎心者] : 중국 송나라 학자인 증조(曾慥)가 한
　　나라 이후에 나온 백가의 소설에서 사심에 부합된 것만 뽑아 분류하여 엮은 책인
　　『유설(類說)』 권34에 나오는 내용으로 송나라 문호인 구양수(歐陽脩, 1007~1072)
　　의 말을 인용한 것임.

135) 홍관(洪灌, ?~1126) : 고려 전기의 문신. 자는 무당(無黨). 관직은 수사공·상서
　　좌복야(守司空尙書左僕射)에 올랐으나 1126년 이자겸의 난 때 인종을 호위하다
　　가 척준경(拓俊京)의 난군에게 살해당하였음. 김생의 필법을 본받은 명필로 유명
　　하였고, 1102년 숙종의 명으로 집상전(集祥殿)의 문액(門額)을 썼으며, 회경전(會
　　慶殿) 병풍에 『서경』의 「무일편(無逸篇)」을 쓰기도 했음. 시호는 충평(忠平).

136) 진락공(眞樂公) : 고대 전기의 문신이자 승려였던 이자현(李資玄, 1061~1125)의
　　시호.

素)가 제문을 짓고 국사가 붓으로 썼는데 다시 힘을 다하여 돌에 새겨 전하였으니 세상에서 이 세 가지를 삼절(三絕)이라고 하였다. 진실로 최(崔)모나 양(楊)모처럼 글씨는 풍만해 보이나 골격이 약한 서체로는 비할 바가 아니다.

당시에 평자(評者)들이 말하기를,

쇠를 가져다가 힘줄을 만들고 산을 꺾어다가 뼈를 만들었으므로 힘이 좋아 수레채를 엎을 수 있고 날카로워서 갑옷을 뚫을 수가 있다.

라고 하였다. 송나라 사람 가운데 고운 비단과 좋은 먹으로 국사의 필적을 구하는 이가 절구시 두 수를 지어 학사 권적(權迪)[137)에게 청하고는 그 시를 베껴서 붙였는데 그 시에 이르기를,

소동파의 문장이 해외에 알려졌는데,
송나라 천자가 그 문장을 불살랐네.
문장을 불태워 재가 될 수 있지만
우뚝 솟은 명성을 어찌 불사를 수 있겠는가.

蘇子文章海外聞
宋朝天子火其文.
文章可使爲灰燼
落落雄名安可焚

---

137) 권적(權迪, 1094~1147) : 고려 전기의 문신. 자는 득정(得正). 청평산 문수사에서 이자현과 교유하였으며, 예종 때 송나라에 들어가 태학에 입학하여 수학하고, 송나라의 만인과(萬人科)에 합격하여 벼슬살이를 하기도 했음. 관직은 검교태자태보(檢校太子太保)에 올랐음. 『고려사』에는 권적(權適)으로 되어 있음.

라고 하였는데, 그 한 편은 없어졌다.

<code>하-20</code>　亘弟尙書惟卿, 相門子, 少以風流自命, 與之遊者, 若近玉山行. 嘗中酒入賞春亭, 吟賞木芍藥, 樞府李陽實從傍見之, 愛其風韻贈詩云, 一片隴西月, 飛來照洛城. 別時如久雨, 逢處若新晴. 韻多不載. 昔山谷論詩, 以謂不易古人之意, 而造其語, 謂之換骨, 規模古人之意, 而形容之, 謂之奪胎. 此雖與夫活剝生呑者, 相去如天淵. 然未免剽掠潛竊以爲之工, 豈所謂出新意於古人所不到者之爲妙哉. 僕得是詩, 以謂此古人得意句. 昨雙明齋見李樞密論詩, 語及此詩, 李相俊昌愀然變容曰, 此先公贈某詩也, 僕驚嘆不已, 謂座客曰, 若以此詩編小杜集中, 孰知其非.

　나의 사촌동생 상서 유경[138]은 재상가의 아들로 젊었을 때 풍류로써 자부하였으니, 그와 함께 노는 사람들은 '마치 옥산(玉山)[139]을 가까이 하여 걸어가는 것 같다.'고 하였다. 일찍이 술에 취하여 상춘정에 올라 목작약(木芍藥)[140]을 읊으며 감상하였는데, 곁에서 보고 있던 추부 이양실(李陽實)[141]이 그 풍류와 운치를 사랑하여 시를

---

138) 유경(惟卿) : 고려 중기의 문신인 이유경을 말함. 명종 때 중서시랑·문하평장사(中書侍郞門下平章事)를 지낸 이광진(李光縉)의 6명의 아들 중 다섯째 아들. 이광진은 이인로의 증조부임.

139) 옥산(玉山) : 준수한 모습을 비유하는 말로, 중국 진(晉)나라 문신인 배해(裵楷)의 용모가 수려하고 박학다식하여 당시 사람들이 그를 티없이 맑고 아름다운 옥산에 비유했음. "楷風神高邁, 容儀俊爽, 博涉群書, 特精理義, 時人謂之玉人. 又稱見裵叔則(숙은 배의 자字)如近玉山, 映照人也."(『진서(晉書)』「배해전(裵楷傳)」)

140) 목작약(木芍藥) : 모란의 이칭.

141) 이양실(李陽實) : 고려 전기의 문신 그의 생애에 대한 기록은 자세하지 않으나, 인종, 의종 때 관직을 두루 역임했으며, 궁궐의 의장(儀仗)과 그에 따른 기물을

지어 주었는데 그 시에 이르기를,

> 한 조각 농서[142]의 달이,
> 날아와 낙성[143]을 비추네.
> 이별할 땐 지루한 장마인 듯하더니,
> 만나는 곳은 화창하게 새로 개인 듯하네.

> 一片隴西月,
> 飛來照洛城.
> 別時如久雨,
> 逢處若新晴.

라고 했는데, 운자가 많아서 이 이상 더 싣지 못한다.

옛날에 황산곡[144]이 시를 논하는데 이르기를,

> 고인의 뜻을 바꾸지 않고 그 말만을 만드는 것을 환골(換骨)이라 하

맡아본 관청인 위위시(衛尉寺)의 장관인 위위경(衛尉卿)에 올랐음.

142) 농서(隴西) : 중국 감숙성에 있는 땅 이름으로 중국 이씨의 관향임. 여기서는 이유
경의 본관을 말한 것임. 고려시대 사람들은 중국 성씨의 관향을 즐겨 사용했음.

143) 낙성(洛城) : 중국의 옛 고도인 낙양을 가리키는 말로 여기서는 고려의 서울인
개성을 가리킴.

144) 황산곡(黃山谷) : 산곡은 중국 북송시대의 문인인 황정견(黃庭堅, 1045~1105)의
호. 자는 노직(魯直). 시인으로서의 명성이 높았으며, 스승인 소식(蘇軾)과 함께
송대(宋代)를 대표하는 시인으로 꼽힘. 그의 시는 고전주의적인 작품을 지녔으며,
학식에 의한 전고(典故)와 조탁(彫琢)을 거듭한 조사(措辭)를 특색으로 함. 강서
파(江西派)를 시작하였으며, 저서로 『예장황선생문집(豫章黃先生文集)』(30권)을
남겼음. 서예에 일가를 이루어 채양(蔡襄)·소식·미불(米芾) 등과 함께 북송 4대
가의 한 사람으로 일컬어짐.

고, 고인의 뜻을 모방하여 사물을 형용하는 것은 탈태(奪胎)다.[145]

라고 했다. 이것은 남의 글을 그대로 표절하여 자기 것처럼 쓰는 것[146]과는 현격한 차이[147]가 있는 것이다 그러나 은근하게 표절하여 글을 고묘하게 꾸민다는 비판에서 벗어날 수는 없을 것이니, 어찌 옛 사람들이 생각해낼 수 없는 것에서 새로운 뜻[新意]을 끌어내어 절묘하게 이룬 것이라고 하겠는가. 내가 이 시를 얻어 보고 이르기를, '이건 옛 사람이 이미 생각해낸 시구이다.'라고 하였다.

어제 쌍명재[148]에서 이추밀을 만나 시를 논하다가 말이 이 시에 미치니 재상을 지낸 이준창(李俊昌)[149]이 쓸쓸히 안색을 달리 하며 말하기를, "이것은 나의 돌아가신 아버님께서 아무개에게 준 시다." 하였다. 내가 깜짝 놀라 그 자리에 있는 손님들에게 말하기를 "이 시는 '소두집(小杜集)'[150] 중에 끼워 넣더라도 누가 아니라고 할 것인

---

145) 이 말은 중국 송나라 스님인 혜홍(惠洪)이 편찬한 『냉재야화(冷齋夜話)』 권1에 근거한 것으로 "然不易其意, 而造其語, 謂之換骨法, 窺入其意, 而形容之, 謂之奪胎法."

146) 남의 뜻을 …… 자기 것처럼 쓰는 것[활박생탄(活剝生呑)] : 산 채로 가죽을 벗기고, 산채로 삼킨다는 것으로, 남의 시문(詩文)을 '그대로 베끼다', '융통성이 없다'는 뜻임. 이 말은 중국 당나라 문인인 유숙(劉肅)이 편찬한 『대당신화(大唐新話)』 「보학(諧謔)」에서 나온 것으로, '有棗强尉張懷慶, 好偸名士文章, 人爲之諺云, 活剝王昌齡, 生呑郭正一.'

147) 현격한 차이[天淵] : 높은 하늘과 깊은 연못으로 매우 차이가 큰 경우를 이르는 말임. 중국 북송의 문인인 장뢰(張耒)의 부작품 「초연대부(超然臺賦)」에 "何善惡之足較兮, 固天淵之異區."

148) 쌍명재(雙明齋) : 고려 중기의 문신인 최당(崔讜, 1135~1211)이 지은 재호(齋號). 최당이 당시의 은퇴한 고위관료 출신들과 기로회(耆老會)를 결성하여 여기에서 만유(漫遊)했음.

149) 이준창(李俊昌) : 고려 중기의 문신으로, 관직은 추밀원사(樞密院事)에 올랐으며, 기로회의 한 멤버였음.

가."라고 했다.

하-21　石鼓在岐陽孔子廟中. 自周至唐, 幾二千載, 詩書所傳, 及諸
史百子中固無所傳. 且韋韓二公皆博古者, 何以卽謂周宣王鼓, 著於
歌詞剖析無遺, 歐陽子亦以爲有三疑焉. 昨在書樓, 偶讀其文, 有會
於余心者, 吟成二十韻, 以待後世君子云. 木履傳爲萬世珍, 壁經亦
鼓諸儒舌. 窮隆石鼓古稱奇, 況是夫子玄宮物. 周宣昔日啓中興, 方
召聯翩揮將鉞. 戎車三千若隼飛, 北征獫狁南羈越. 拓境已復文虎
基, 盛業宜將播琴瑟. 振旅闐闐歌朵芑, 愼微亦得陳吉日. 應念當時
將帥勤, 幾年刀韣生蟣虱. 山河作誓可無亡, 粉壁圖形亦不滅. 豈如
月斧墜雲根, 科斗奇文勒勳伐. 其辭渾芳簡而淳, 奧理宜當載風什.
胡奈詩官見不收, 滄海側畔遺明月. 嗟哉去周千載餘, 雨打風催多壞
缺. 所留一行十數字, 蛇龍片甲誰復惜. 我車旣攻馬亦同, 此語洒與
詩相涉. 韓公固亦深於詩, 一讀卽認周宣烈. 風雲入筆騁雄詞, 剖析
不肯遺毫髮. 不然斯文成寒灰, 豈與崇高得幷列. 有如夢中遊帝所,
暫聽鈞天悉淸越. 我今吟哦欲補之, 毛錐已鈍難緝綴. 染指雖知九鼎
味, 飛鳥豈補一字脫.

　　석고(石鼓)[151]는 기양(岐陽)[152]의 공자묘에 있다.[153] 주(周)에서부

---

150) 『소두집(小杜集)』: 중국 만당의 시인인 두목(杜牧, 803~852)의 시문집. 두목의
　　　시적 경향이 두보(杜甫)와 비슷했으므로 두보를 노두(老杜)라고 하고, 두목을 소
　　　두(小杜)라 불렀음.

151) 석고(石鼓): 중국에 남아 있는 한자 관련 유산 가운데 가장 오래된 석각문자(石
　　　刻文字)를 가리키는 것으로 마치 북처럼 생긴 화강암(花崗巖)에다 이 글을 새겼
　　　으므로 석고문(石鼓文)이라고 함. 여기에 쓰인 자체(字體)는 주(周)나라 선왕(宣
　　　王) 때 태사(太史) 주(籒)가 만들었다는 주문(籒文)으로 대전(大篆)에 해당되며,

터 당나라에 이르기까지는 거의 이천여 년이 되는데, 석고문이 『시경』과 『서경』에서 전하며, 여러 사서(史書)와 제자백가(諸子百家) 속에는 전하지 않는다. 그리고 위응물(韋應物)[154]과 한유(韓愈)[155] 두 분께서는 모두 고고(考古)에 해박한 분들인데 어째서 곧바로 주선왕(周宣王)의 석고(石鼓)라 하고는 시구에 그 내용과 전래된 역사를 묘사하여 남김없이 분석했겠으며, 이에 대해 구양수(歐陽修)는 역시 세 가지의 의문[156]이 있다고 했겠는가.

명문(銘文)은 4언 시 형식으로 모두 10행이며, 곽말약(郭沫若, 1892~1978)은 이 글을 진양공(秦襄公, BC777~BC766)시기에 완성된 작품이라고 추측하고 있음. 이 석고는 모두 10개로 지금 원석은 북경고궁박물원(北京故宮博物院)에 소장되어 있음

152) 기양(岐陽) : 지금의 중국 섬서성 기산현에 있는 기산(岐山)의 남쪽을 가리킴.

153) 석고가 섬서성 보계현의 삼주원(三畤原)에 있었으나 세월이 흘러 아무렇게나 들판에 내버려진 것을 당나라 초기에 발굴되어 섬서성 봉상부(鳳翔府)에 있던 공자묘 안으로 옮긴 것을 말함 이후로 두보, 위응물, 한유 같은 당나라 문인들이 관심을 보이기 시작하면서 석고문의 중요성이 크게 부각되기 시작했음.

154) 위응물(韋應物, 737~804) : 중국 성당시대의 시인. 호는 소주(蘇州). 관직은 소주자사를 역임했음. 중국의 산수전원(山水田園) 시인으로 유명하며, 왕유, 맹호연, 유종원 등과 함께 중국 전원시인의 대명사인 왕·맹·위·유(王孟韋柳)로 일컬어졌음. 저서로 『위소주집(韋蘇州集)』 권10이 있음. 석고문을 읽고 느낀 감회를 읊은 「석고가(石鼓歌)」가 유명함.

155) 한유(韓愈, 768~824) : 중국 중당 때의 대문호로 811년에 66행의 장편 칠언고시 「석고가」를 지어 석고문의 역사적 가치와 성격을 소개함으로써 석고문이 세상에 널리 알려졌음.

156) 세 가지의 의문 : 여기서 구양수(歐陽脩, 1007~1072)가 말한 세 가지 의문은 그가 1063년에 지은 「석고문(石鼓文)」의 발문(跋文)에서 제시한 것으로, 그 대강을 정리하면 다음과 같음. 첫째, 주(周)나라 선왕대로부터 지금에 이르기까지는 1914년이라는 간격이 있는데도 미세하게 새겨진 석고의 글자가 남아있다는 점이고, 둘째, 그 글자가 오래 되고 훌륭한 내용임에도 불구하고 전대 학자들에 의해 전혀 언급되지 않았다는 점이며, 셋째, 수나라 때에 수집한 장서가 많았는데, 이 석고문이 빠져 있다는 점이다. '自宣王共和元年至今嘉八年, 実千有九百一十四年, 鼓文細而刻淺, 理豈得存. 此其可疑者一也. 其字古而有法, 其言與雅頌同文, 而詩

어제 서재에서 우연히 그러한 글들을 읽다가 내 생각과 들어맞는 것이 있었기에 이십 운의 시를 지어 후세 군자들의 평가를 기다려 본다.

> 나막신[157]이 전해져 만세의 보물이 되었고,
> 벽경(壁經)[158] 또한 많은 유자들에게 회자되었네.
> 커다란 석고 예부터 기이한 것이라 했었는데,
> 하물며 공자의 사당에 있는 물건임에랴.
> 주나라 선왕(宣王)은 예전에 중흥을 열었고,
> 방숙(方叔)[159]과 소호(召虎)[160]는 나란히 장군의 도끼 휘둘렀지.
> 전차 삼천 대는 매가 날아오르는 듯하여,
> 북으로는 험윤(玁狁)[161] 정벌하고 남쪽 월땅을 떠돌았지.

書所传之外, 三代文章眞迹在者, 惟此而已. 然自漢已來, 博古好奇之士皆略而不道. 此其可疑者二也. 隋氏藏書最多, 其志所錄, 秦始皇刻石·婆羅門外國書皆有, 而猶無石鼓. 遺近錄遠, 不宜如此. 此其可疑者三也.'

157) 나막신[목리(木履)] : 공자가 신던 나막신으로 공자리(孔子履)를 가리킴. 이 공자리는 진(秦)나라 때부터 조정의 국보로 인식되어 황궁의 무기고에 보관되었으나 295년에 무기고에 화재가 발생하여 공자리, 한고조 가 흰 뱀을 벤 칼, 왕망(王莽)의 머리 등 2백만 건의 유물이 소실되었다고 함.

158) 벽경(壁經) : 중국 한나라 무제 때 노(魯)나라 공왕(恭王)이 공자의 옛 집을 헐어 정원을 만들려고 그 집 방을 부수자 갑자기 벽속에서 『서경』과 『효경』 등이 쏟아져 나왔는데, 이때 발견된 『서경』을 『고문상서(古文尙書)』라고 함.

159) 방숙(方叔) : 중국 서주(西周) 선왕(宣王) 때의 문신. 전차 3천 량(輛)으로 남쪽의 형초(荊楚)를 정벌하고, 북쪽으로는 험윤(玁狁)을 물리쳐 주나라 중흥의 일대 공신이 되었음. 『시경』에 방숙의 무공을 찬양하는 노래가 있음.(『시경·소아』「채기(采芑)」)

160) 소호(召虎) : 중국 주나라 선왕 때의 현신(賢臣). 외로웠던 선왕이 소호에게 의지하였으며, 선왕의 명에 따라 회이(淮夷)를 정벌하여 주나라의 중흥을 일으켰음.

161) 험윤(玁狁) : 중국 고대에 있었던 종족의 이름. 춘추시대에는 융(戎), 또는 적(狄)으로 불리어졌음. 서주(西周) 초에 그 세가 막강해져 주왕조에게는 큰 위협이

국경 개척하여 이미 문왕(文王)과 무왕(武王)의 터전[162] 회복하였으니,

성대한 업적은 금슬에 올려 퍼뜨려야 하리라.

개선하는 북소리에 맞추어 채기가(采芑歌)[163] 부르고,

작은 일도 삼가고 또 길일을 택하였네.

당시 장수들의 부지런함을 기념해야 하니,

몇 년이나 칼자루와 활집에 서캐와 이가 생겨났던가.

산하를 두고 맹세한 것[164] 잊을 수가 없고,

그 모습을 벽에 그리니 또 없어지지 않으리.

어찌 월부(月斧)로 돌을 베어내는 것이,[165]

과두의 기이한 문자로[166] 공적을 새기는 것과 같겠는가.

되기도 했음.

162) 문왕(文王)과 무왕(武王)의 터전[文虎基] : 주나라를 세운 문왕과 그의 아들 무왕을 말하는 것으로, 고려 혜종의 이름이 무(武)였으므로 기휘(忌諱)하여 비슷한 뜻의 호(虎)자를 사용했음.

163) 채기가(采芑歌) : 고들빼기 케기[채기采芑]는 『시경·소아』에 속한 한 편명으로 험윤과 만형(蠻荊)을 무찌르고 돌아오는 방숙을 찬양하는 노래임. '方叔率止, 鉦人伐鼓. 陳師鞠旅, 顯允方叔. 伐鼓淵淵, 振旅闐闐. 蠢爾蠻荊, 大邦爲讐. 方叔元老, 克壯其猷.'

164) 산하를 두고 맹세한 것[山河作誓] : 대려지서(帶礪之誓)를 가리키는 말로 세 가지의 뜻이 있음. (1) 황하(黃河)가 띠와 같이 좁아지고 태산(泰山)이 숫돌과 같이 작아지더라도 국토는 영원히 멸망하지 않는다는 뜻. (2) 군주와 나라를 위해서 영원히 충성하겠다는 맹세의 말. (3) 공신(功臣)의 집은 영구히 단절시키지 않겠다는 맹세의 뜻으로도 쓰임.

165) 월부로 돌을 베어내는 것이[月斧墜雲根] : 월부(月斧)는 시퍼렇게 번쩍거리는 도끼처럼 밝은 달을 가리키고, 운근(雲根)은 암석 사이에서 구름이 생기기 때문에 돌을 대신하여 이르는 말임.

166) 과두(科斗) : 고대 중국의 문자체로 꼬불꼬불한 전자(篆字)체의 글을 가리킴. 한글자를 쓸 때 붓을 처음 대면 획이 거칠고 뭉툭하지만 글자를 완성할 쯤에는 글체가 가늘어져서 마치 올챙이 모습 같다고 해서 붙여진 이름임. 공자의 옛 집의 벽장에서 나왔다는 『고문상서』, 『예기』, 『논어』 등이 죽간(竹簡)에 이 글씨체로 칠서(漆書)되어 있다고 함.

그 글은 아름다워 간결하면서도 순박하니,

오묘한 이치는 『시경』에 실어야 했네.

어쩌다 시관이 채집하지 않아,

푸른 바닷가에 빛나는 진주처럼 남겨졌다네.

아! 천여 년이나 먼 저 주나라 일이니,

비바람에 시달려 많이도 뭉개졌구나.

남겨진 건 한 줄에 열 몇 글자,

사룡[167]의 한 조각 비늘을 누가 아껴 주겠는가.

'내 수레는 견고하고 말도 또한 가지런하다.'[168]

이 말은 『시경』과 관련이 있도다.

한유도 또한 『시경』에 깊은 조예 있었기에,

한번 읽자마자 주선왕(周宣王)의 업적임을 알았다네.

구름과 바람처럼 붓을 놀려 웅장한 시구 내달려 짓고,

잘 풀어서 터럭만한 의문도 남기질 않았네.

그렇지 않았다면 이 글은 싸늘한 잿더미 되었으리니,

어찌 「숭고」편과[169] 나란히 설 수 있었겠는가.

마치 꿈속에서 상제의 처소에서 놀면서,

잠시 맑고도 뛰어난 균천악(鈞天樂)[170] 들은 것 같네.

---

167) 사룡(蛇龍) : 사화위룡(蛇化爲龍)의 준말로, 겉으로는 모습이 변한 것 같지만 실제로는 변함이 없음을 비유하는 말. "蛇化爲龍, 不變其文. 家化爲國, 不変其姓." (『사기』 권49 「외척세가(外戚世家)」)

168) 내 수레는 견고하고 말도 또한 가지런하다[我車旣攻馬亦同] : 이 구절은 실제 석고문에 실려 있는 것으로 『시경·소아』 「거공(車攻)」에도 그대로 실려 있음.

169) 숭고(崇高) : 『시경·대아(大雅)』 「탕지즙(湯之什)」의 한 편명.

170) 균천악(鈞天樂) : 균천은 천제(天帝)의 궁이 있다는 하늘의 가운데를 뜻하는 것으로, 균천악은 천상의 음악, 선계의 음악으로 균천광악(鈞天廣樂)의 준말. 균소(鈞韶)·균음(鈞音)·균천(鈞天)이라고도 함. '穆天子奏鈞天樂於元池.'(두보杜寶의 「수식(水飾)」)

내 이제 시를 읊어 채워보려 하지만,

붓끝이 이미 무디어져 다 엮어내기 어렵다네.

손가락으로 찍어 구정의 맛은 알겠지만,

나는 새가 어찌 없어진 한 글자라도 보충할 수 있겠는가.[171]

木屨傳爲萬世珍,

壁經亦鼓諸儒舌.

窮隆石鼓古稱奇,

況是夫子玄宮物.

周宣昔日啓中興,

方召聯翩揮將鉞.

戎車三千若隼飛,

北征玁狁南羈越.

拓境已復文虎基,

盛業宜將播琴瑟.

振旅闐闐歌采芑,

愼微亦得陳吉日.

應念當時將帥勤,

幾年刀轛生蟣蝨.

山河作誓可無亡,

粉壁圖形亦不滅.

豈如月斧墜雲根,

---

171) 나는 새가 …… 보충할 수 있겠는가.[飛鳥豈補一字脫]：‘飛鳥’는 『역경』 「소과괘
(小過卦)」에 나오는 것으로, ‘象曰小過, 小者過而亨也. 過以利貞, 與時行也. 柔
得中, 是以小事吉也, 剛失位而不中, 是以不可大事也. 有飛鳥之象焉.’ 여기에서
는 이인로 자신이 멋대로 석고문에 대해 주를 달고 해석하다가 작은 부분이라도
실수할까 두렵다는 것을 말하고 있음.

科斗奇文勒勳伐.
其辭渾芳簡而淳,
奧理宜當載風什.
胡奈詩官見不收,
滄海側畔遺明月.
嗟哉去周千載餘,
雨打風催多壞缺.
所留一行十數字,
蛇龍片甲誰復惜.
我車旣攻馬亦同,
此語乃與詩相涉.
韓公固亦深於詩,
一讀卽認周宣烈.
風雲入筆騁雄詞,
剖析不肯遺毫髮.
不然斯文成寒灰,
豈與崇高得幷列.
有如夢中遊帝所,
暫聽鈞天悉淸越.
我今吟哦欲補之,
毛錐已鈍難緝綴.
染指雖知九鼎味,
飛鳥豈補一字脫.

하-22 天下之事, 不以貴賤貧富爲之高下者, 惟文章耳. 盖文章之

作, 如日月之麗天也, 雲烟聚散於大虛也, 有目者無不得觀, 不可以
掩蔽. 是以布葛之士, 有足以垂光虹霓, 而趙孟之貴, 其勢豈不足以
富國豊家. 至於文章, 則蔑稱焉. 由是言之, 文章自有一定之價, 富不
爲之減, 故歐陽永叔云, 後世苟不公, 至今無聖賢. 濮陽世材才士也,
累擧不得第, 忽病目作詩, 老與病相隨, 窮年一布衣. 玄華多掩映, 紫
石少光輝. 怯照燈前字, 羞看雪後暉. 待看金榜罷, 閉目坐忘機. 三娶
輒棄去, 無兒息托錐之地, 簞瓢不繼. 年至五十得一第, 客遊東都以
歿. 至其文章, 豈以窮躓而廢之.

　세상의 일 가운데 귀천과 빈부로 인해 그 신분의 고하(高下)가 결
정되지 않는 것으로는 오직 문장일 뿐이다. 대개 문장을 짓는 일은
해와 달이 하늘에 걸려 있고 구름과 연기가 공중에서 모이고 흩어
지는 현상을 눈이 있는 자라면 모두 보게 되어 있어 가리거나 숨길
수 없는 것과 같은 것이다. 그래서 벼슬에 오르지 못한 선비라도 무
지개와 같이 광채를 드리울 수 있으며, 조맹(趙孟)이 대대로 누린 부
귀가 국가를 풍요롭게 하였지만172) 문장에 있어서는 전혀 사람들에
게 일컬어지지 않는다. 이로써 말하건대, 문장에는 스스로 일정한
가치로 부귀로 그 가치를 떨어뜨릴 수는 없다. 그래서 구양영숙(歐
陽永淑)173)이 말하기를, “만일 후세에 공정하지 못다면, 지금에 성현

---

172) 조맹(趙孟) : 중국 춘추시대 진(晉)나라의 귀족으로 여러 대에 걸쳐서 권력을 누
　렸던 조순(趙盾)과 그의 후손인 무(武)·앙(鞅)·무휼(無恤)을 가리킴. 진나라 정
　경(正卿)을 지낸 조순의 자(字)가 맹(孟)이었으므로 이들 귀족집단을 조맹이라고
　불렀음. ‘趙孟之所貴, 趙孟能賤之.’(『맹자』「고자(告子)」) ‘楊伯峻注, 晉國正卿趙
　盾字孟, 因而其子孫都稱趙孟. 孫奕示兒篇云, 晉有三趙孟, 趙朔之子曰武, 諡文
　子, 稱趙孟, 趙武之子曰成, 趙成之子曰鞅, 又名封父, 諡簡子, 亦稱趙孟, 趙鞅之
　子曰無恤, 諡襄子, 亦稱趙孟.’ 이들 조씨는 대대로 진나라의 정권을 좌우했으므
　로 그 부귀와 현달함을 비할 데가 없었다고 함.

이 없을 것이다.”[174]라고 하였다.

복양(濮陽) 오세제(吳世材)는 재주가 뛰어난 선비로 여러 차례 과거에 응시하였지만 급제하지 못하였다. 갑자기 눈병이 생겨 시를 지어 이르기를,

늙어가는 몸에 병까지 앓게 되었는데,
평생토록 일개 포의로 지내네.
현화[175]가 아른거리고,
눈동자[176]에도 광채 사그러드네.
등잔 앞에서 글자 읽기가 겁나고,
눈 내린 뒤에 햇빛 보니 눈이 시리네
합격자의 방이 끝난 뒤에는,
눈을 감고 앉아 세상을 잊는다네.

老與病相隨,
窮年一布衣.

---

173) 구양영숙(歐陽永淑) : 중국 송나라의 문호인 구양수(歐陽脩, 1007~1072)로, 영숙은 그의 자(字).

174) 이 말은 구양수의 글인 「중독 조래집(重讀徂徠集)」(『문충집(文忠集)』 권3)에 나오는 것으로, “공자와 맹자께서도 평생을 곤궁하게 살며 온갖 어려움에 시달렸다. 훗날 공정한 평가가 없다면 지금 당장에 성현이 없을 것이다. 그러므로 충성스럽고 의로운 사람들은 후세의 공정한 평가를 믿고 죽는 것이다.(孔孟困一生, 毁逐遭百端. 後世苟不公, 至今無聖賢. 所以忠義士, 恃此死.)”

175) 현화(玄花) : 간신(肝腎)의 정혈이 부족해서 눈앞에 별, 꽃이나 날파리 같은 게 어른거리고 눈이 침침한 현상. 안화(眼花)라고도 함. “玄花著兩眼, 視物隔褋襠.” (한유(韓愈)의 「기최이십육립지시(寄崔二十六立之詩)」)

176) 눈동자[紫石] : 사람의 눈동자가 자줏빛을 띠고 영롱하게 반짝이므로 자줏빛의 반짝거리는 돌인 자석에 비유하였음.

玄華多掩映,
紫石少光輝.
怯照燈前字,
羞看雪後暉.
待看金榜罷,
閉目坐忘機.

　　오세재는 세 번 장가들었으나 번번이 아내가 도망갔으므로 몸을
의탁할 자식이 없었고 송곳 꽂을 만한 땅뙈기조차 없어 목숨을 부
지할 음식을 제대로 구하지 못하였다. 쉰 살이 되어서야 처음으로
과거에 급제하였으나 나그네 몸으로 동도(東都)인 경주에서 떠돌다
가 죽었다. 그러나 그가 평생 곤궁하게 살았지만 그의 문장이야 버
려질 수 있겠는가?

하-23　世以科第取士尙矣, 自漢魏而下, 縣歷六朝至唐宋最盛. 本
朝亦遵其法三年一比, 上下數千載以文拾靑紫者, 不可勝紀, 然先多
士而後大拜者甚鮮. 盖文章得於天性, 而爵祿人之所有也. 苟求之以
道, 則可謂易矣. 然天地之於萬物也, 使不得專其美, 故角者去齒, 翼
則兩其足, 名花無實, 彩雲易散, 至於人亦然, 畀之以奇才茂藝, 則革
功名而不與, 理則然矣. 是以自孔孟荀楊, 以至韓柳李杜, 雖文章德
譽足以聳動千古, 而位不登於卿相矣. 能以龍頭之高選, 得躡台衡者,
實古人所謂楊州駕鶴也, 豈可以多得哉. 本朝以狀頭入相者, 十有八
人, 今崔洪胤琴克儀, 相繼已到黃扉, 而僕與金侍郎君綏, 幷遊誥苑,
其餘得列於淸華亦十五人, 何其盛也. 今上卽祚六年己巳, 金公出守

南州, 諸公會于檜里以餞之, 世謂之龍頭會, 望之若登仙. 僕作一篇記之, 龍飛位九五, 下有羣龍聚. 呑吐明月珠, 騰躍靑雲路. 旣登李膺門, 當霈殷相雨. 但貴華歆頭, 腰尾奚足數. 詞語雖蕪拙, 庶幾使後世, 皆得知本朝得人之盛, 雖唐虞莫能及也.

　세상에서 과거로 선비를 발탁하는 제도는 역사가 오래되었다. 이 과거제도는 한·위(漢魏) 시대에 시작하였고, 육조(六朝)를 거쳐 당송(唐宋)시대에 이르러 가장 성황을 이루었다. 본조(本朝)에서도 또한 그 법을 따라 삼 년마다 한 번씩 과거를 시행하여177) 상하 수천 년에 문장으로써 청자(靑紫)를 취한 것이178)그 수를 다 헤아릴 수 없을 정도이다. 그러나 과거에 선발된 많은 사람들 가운데서 나중에 재상에 임명된다는 것은 매우 어려운 일이다. 대개 문장은 천성에서 우러나온 것이고, 관직은 사람이 소유하는 것이므로 진실로 도에 맞게 구한다면 쉽게 얻을 수 있다고 하겠다. 그러나 천지가 만물에게 그 좋은 점만을 다 갖추게 할 수는 없는 법이다. 그러므로 뿔이 있는 것에는 이빨을 주지 않았고, 날개가 있는 것에는 발이 두 개뿐이며179), 이름난 꽃에는 열매가 없으며, 아름다운 채색 구름이

---

177) 삼 년마다 한 번씩 과거를 시행하여[三年一比] : 이 말은『주례·지관(地官)』「향대부(鄕大夫)」에 나오는 '삼년대비(三年大比)'를 가리킴. 중국 주(周) 나라에서 삼 년마다 향리(鄕吏)들 가운데 어질고 능력 있는 자를 선발하는 것을 대비(大比)라고 했음. 대비는 수당(隋唐) 이후로 과거시험을 이르는 말로 쓰였음. '三年則大比, 考其德行·道藝, 而興賢者·能者.' 鄭玄 注 '鄭司農 曰, '興賢者謂若今擧孝廉, 興能者謂若今擧茂才.''(『주례』지관地官 경대부卿大夫)

178) 문장으로써 청자를 취한 것이[以文拾靑紫者] : 청자(靑紫)는 하급관료와 상급관료가 입는 복식의 색깔을 가리키는 것으로 '拾靑紫'는 관리를 선발하는 것을 말함. '前世通六藝之士, 莫不兼達政術, 故云拾靑紫如地芥.'(『주서』「유림전론(儒林傳論)」)

쉽게 흩어지는180) 것처럼 이러한 이치는 인간에게도 마찬가지다. 기이한 재주와 뛰어난 재능을 부여한 사람에게는 공명(功名)을 주지 않는 것이 바로 그러한 이치다. 그러므로 공자, 맹자, 순자(荀子), 양자(揚子)181)로부터 한유, 유종원, 이백, 두보에 이르기까지 역대의 이름난 학자와 문인들이 문장과 덕예(德譽)로는 천고(千古)에 떠들썩했으나, 지위는 재상에도 오르지 못하였다. 장원으로 크게 선발되어 재상[台衡]182)에까지 오른 이는 실로 고인들이 말한 바 '양주楊州에서 학을 탄다.'183)라고 할 수 있는 것이니 어찌 많은 사람들

179) 뿔이 있는 것에는 …… 발이 두 개뿐이며[角者去齒, 翼則兩其足] : 조물주가 한 개체에게 모든 능력을 부여하지 않고 각자에게 필요한 능력을 골고루 나누어 준다는 말임. 예컨대 뿔 있는 자에게는 날카로운 이빨을 주지 않고, 날개 가진 짐승에게는 네 다리가 아닌 두 다리만 주는 것 같은 것임. '天亦有所分予, 予之齒者去其角, 傅其翼者兩其足, 是所受大者不得取小也 …… 夫已受大, 又取小, 天不能足, 而況人乎.'(『한서』 「동중서전(董仲舒傳)」)

180) 아름다운 채색 구름이 쉽게 흩어지는[彩雲易散] : 아무리 아름다운 채색 구름이라도 쉽게 사라진다는 말로 좋은 경치는 오래가지 않음을 비유하기도 함. 중국 송나라 문인인 허의(許顗)의 『언주시화(彦周詩話)』에, '玉爵弗揮, 典禮雖聞于往記. 彩雲易散, 過差宜恕于斯人.'

181) 양자(揚子) : 중국 한나라시대의 유명한 부(賦) 작가인 양웅(揚雄, BC53~AD18)을 이름.

182) 재상[태형台衡] : 인신으로서 최고의 직위인 재상을 말함. '태(台)'는 삼태성(三台星), '형(衡)'은 옥형(玉衡)과 북두표삼성(北斗杓三星)으로 자미궁(紫微宮)의 상제(上帝) 앞에 위치하여 상제를 옹호한다고 하여 왕을 보필하는 삼정승(三政丞)을 비유하는 말로 쓰임. '奕世台衡, 扶帝紫極.'(진晉나라 육기陸機의 「증제사룡(贈弟士龍)」)

183) 양주가학(楊州駕鶴) : 양주의 양은 '揚'자임. 실현하기 어려운 소원을 이루고 싶을 때 사용하는 말로 누구나 선망하는 중국 남쪽의 양주자사로 있으면서 많은 재산을 향유하고, 더욱이나 신선같이 학을 타고 속세를 초월하고 싶다는 인간의 무한한 욕망을 말하는 것임. '有客相從, 各言所志, 或願爲揚州刺史, 或願多貲財, 或願騎鶴上昇. 其一人曰, 腰纏十萬貫, 騎鶴上揚州. 欲兼三者.'(은운殷芸의 『소설(小說)』)

이 이러한 행운을 얻을 수 있겠는가.

본조에서 장원으로 뽑혀 재상이 된 사람은 열여덟 사람인데, 지금의 최홍윤[184], 금극의[185]가 서로 이어 황각[186]에 들어갔고, 나와 시랑(侍郎) 김군수가 함께 고원(誥院)에서 근무하고, 그 나머지 청화[187]의 반열에 올라 있는 이가 또한 열다섯 사람이 되니 어찌 그리도 번성한가. 지금 임금께서 즉위하신 지 6년이 되는 기사년[188]에 김 공(金公)이 외직인 남주(南州)의 원으로 부임하게 되자 여러 관료들이 회리(檜里)에 모여 그를 전송하였는데, 세상에서는 이를 용두회라고 불렀고, 그 들이 모여서 이별을 나누는 광경을 바라보며 '신선이 오르는 듯하다.'라고 하였다. 내가 그때 시 한수를 지었으니, 여기에 기록한다.

용이 날아 구오[189]의 자리에 오르고

---

184) 최홍윤(崔洪胤, ?~1229). 고려 중기의 문신. 관직은 평장사(平章事)에 올랐음. 3차에 걸쳐 동지공거(同知貢擧)·지공거(知貢擧)로서 과거를 주관하였으며, 이규보(李奎報)와 절친하였음. 시호는 경문(景文).

185) 금극의(琴克儀, 1153~1230) : 고려 중기의 문신. 극의는 초명으로 장성하여 의(儀)로 고쳤음. 자는 절지(節之). 관직은 지이부사(知吏部事)에 올랐음. 최충헌(崔忠獻)에게 발탁되어 고위직을 두루 거치며 영화를 누렸음. 여러 번 지공거가 되어 명사(名士)가 많이 배출했으므로 「한림별곡(翰林別曲)」에 이르기를 '금학사 옥순문생(琴學士玉筍門生)'이라 하였음. 시호는 영렬(英烈).

186) 황각(黃閣) : 재상이 집무하는 관청을 이르는 말임. 황비(黃扉)라고도 함.

187) 청화(淸華) : 이름난 가문, 또는 청직(淸職)이면서 높은 관직을 이르는 말임. '王褒地胄淸華'(안지추顔之推)『안씨가훈·잡예(顏氏家訓·雜藝)』) '晏先爲國常侍, 轉員外散騎郎, 此二職, 淸華所不爲, 故以此嘲之.'(『남사(南史)』「도휘전(到撝傳)」)

188) 기사년(己巳年) : 고려 21대 왕인 희종(熙宗, 재위기간 1204~1211)이 왕위에 오른 지 5년이 되는 1209년에 해당됨.

189) 구오(九五) : 천자의 자리를 가리키는 말로 『주역』「건괘(乾卦)」에, '九五, 飛龍

그 아래에 여러 용들이 모였네.

명월주190)를 희롱하면서,

청운의 길에 뛰어 올랐네.

이미 이응의 문191)에 올랐으니,

은상의 비192)를 내려야 하리.

다만 화흠의 머리193)가 귀하니,

허리와 꼬리를 어찌 헤아릴 필요 있겠는가.

龍飛位九五,

在天, 利見大人.' 孔穎達 疏, '言九五, 陽氣盛至於天, 故云, 飛龍在天. 此自然之象, 猶若聖人有龍德. 飛騰而居天位.'

190) 명월주[明月珠] : 구슬이 밤에 빛을 발하므로 생긴 말로 야광주(夜光珠)를 뜻하는데, 여기서는 훌륭한 문장을 가리킴. 당나라 한유(韓愈)의 시 「별 조자(別趙子)」에, '婆娑海水南, 簸弄明月珠.'

191) 이응의 문[李膺門] : 이응(110~169)은 중국 후한 때의 문신. 환제(桓帝) 치세에 환관에 의해 정치가 문란하여 백성들이 의지할 데가 없었으나 이응만이 홀로 기강을 세워 엄정하게 국정을 보살피니, 당시의 지식인들이 그와 가까이 만나는 것을 등용문에 들어가는 것과 같다고 했다. 그래서 '이응문'은 명망이 높고 신망이 두터운 사람의 문하를 가리키게 되었음. 그는 영제(靈帝) 때 정치를 어지럽히는 환관들을 몰아내려고 했으나 오히려 역공을 당하여 어려움에 처하였음. '是時朝庭日亂, 綱紀頹阤, 膺獨持風裁, 以聲名自高. 士有被其容接者, 名爲登龍門.'(『후한서·당고전(黨錮傳)』「이응전(李膺傳)」)

192) 은상의 비[殷相雨] : 중국 고대국가인 은나라 때 재상 부열(傅說)의 비. 은나라 고종(高宗)이 부열을 정승으로 삼으며, "만약 큰 가뭄이 들면 너를 장맛비로 삼으리라." 하였다는 고사에 근거한 것임.(若歲大旱, 用汝作霖雨.)(『서경』「열명(說命)」 상)

193) 화흠의 머리[華歆頭] : 화흠(157~232)은 중국 삼국시대 위(魏)나라의 문신. 자는 자어(子魚), 시호는 경(敬). 관직은 태위(太尉)에 올랐고, 박릉후(博陵侯)에 봉해졌음. 젊어서 과거를 준비하느라 병원(邴原), 관영(管寧)과 함께 공부하며 서로 잘 지냈으므로 세상에서 이 세 사람을 한 마리의 용으로 불러 화흠을 용두(龍頭), 관영을 용복(龍腹), 병원을 용미(龍尾)라 하였음. '議論持平, 終不毁傷人.' 裴松之 注引 三國魏 魚豢『魏略』, 歆與北海邴原, 管寧俱遊學, 三人相善, 時人號三人爲一龍, 歆爲龍頭, 原爲龍腹, 寧爲龍尾.(『삼국지(三國志)·위지(魏志)』「화흠전(華歆傳)」)

下有羣龍聚.
吞吐明月珠,
騰躍靑雲路.
旣登李膺門,
當霖殷相雨.
但貴華歆頭,
腰尾奚足數.

이 시는 시어가 비록 거칠고 서툴지만 후세사람들로 하여금 본조
의 인재 선발의 성대함이 비록 요순시대라도 여기에 미칠 수 없음
을 알게 하기 위함이다.

하-24 傳曰, 在南爲橘, 在北爲枳. 蓋草木非其土, 莫遂其性. 昨出
金閨至御花苑, 見橘樹高一丈, 結實甚多, 問苑吏云, 南州人所獻, 且
旦以鹽水沃其根, 故得盛茂. 噫, 草樹固無知物也. 猶資灌漑栽培之
力, 得致於斯. 況人主之用人, 毋論遠近踈戚, 結之以恩愛, 養之以祿
秩, 則安有不盡忠竭誠, 以補國家哉. 因書十二韻, 庶幾探詩者, 用塵
乙覽. 誰把炎州種, 移栽禁御傍. 脫身辭瘴海, 托地近宮墻. 玉瘦叢多
刺, 雲繁葉有芒. 春葩渾帶白, 秋實漸含黃. 浩露凝爲腦, 生綃用隔
瓤. 摘宜煩素手, 熟必待淸霜. 嘆霧沾衣袖, 飛泉沃肺腸. 縱經淮水
遠, 不減洞庭香. 氣味含仙界, 音塵隔古鄕. 雖云非土性, 只爲被恩
光. 耻與千奴幷, 唯容四皓藏. 君看圯上老, 去楚佐高皇.

전(傳)에 이르기를 "남쪽에 있으면 굴이 되고, 북쪽에 있으면 탱
자가 된다."194)고 하였으니, 이는 대체로 초목이 토질이 맞지 않은

데에서 자라면 그 본성을 발휘할 수 없다는 것을 말한다. 어제 금규에서 나와 어화원에 왔다가 높이가 한 길이 되는 귤나무를 보았는데, 열매가 매우 많이 열렸으므로 어화원을 관리하는 사람에게 그 까닭을 물으니, 대답하기를,

저 나무는 남주[195] 사람이 바친 것입니다. 아침마다 소금물을 가져다 그 뿌리에 뿌리니 저렇게 번성하게 자랐습니다.

라고 하였다. 아아! 초목은 실로 지각이 없는 물건인데도 오히려 물을 주고 북돋워 주는 노력에 따라서 이처럼 자랄 수 있었다. 하물며 임금께서 인재를 쓸 때 멀고 가까움, 소원함과 친밀함을 떠나 은혜와 사랑으로써 군신의 관계를 맺고, 녹봉과 관직으로써 의기를 북돋워 준다면 어찌 충성을 다하여 나라를 돕지 않겠는가. 이로 인하여 십이운(韻)의 시를 지으니, 시를 채집하는 이가 이 시를 구차하게나마 을람(乙覽)[196]에 쓰이기를 바란다.

---

194) 남쪽에 있으면 탱자가 된다[在南爲橘, 在北爲枳] : 중국 회수(淮水) 남쪽에서 자라는 귤을 회수 북쪽으로 옮기면 품질이 전혀 다른, 알이 잘고 시금 텁텁한 탱자가 된다는 말로 사는 곳과 환경에 따라서 본성도 바뀔 수 있다는 것을 비유한 말임. "嬰聞之, 橘生淮南則爲橘, 生于淮北則爲枳, 葉徒相似, 其實味不同, 所以然者何, 水土異也. 今民生長於齊不盜, 入楚則盜, 得無楚之水土使民善盜邪."(『안자춘추(晏子春秋)』「잡하(雜下)」10) 여기에서 '회귤위지(淮橘爲枳)'라는 말이 생겼음.

195) 남주(南州) : 여기에서는 우리나라에서 귤이 자라는 남해안 지역을 가리킴.

196) 을람(乙覽) : 임금이 정무를 마치고 취침 전인 밤 10시경(乙夜)에 책을 보기 때문에 붙여진 것으로 을야람(乙夜覽)을 이름. 중국 당나라 문인인 소악(蘇鶚)의 『두양잡편(杜陽雜編)』 권중(卷中)에, '文宗皇帝, 每時朝後, 閱覽群書. 上謂左右曰, 若不甲夜視事, 乙夜觀書, 何以爲人君耶.'

누가 염주¹⁹⁷⁾의 종자를 가져다가,

궁궐 곁에 옮겨 심었는가.

변방의 고향 바다 이별하고,

궁궐 담장 가까이에 의지했네.

옥처럼 맑고 떨기엔 가시도 많으며,

구름 같이 무성하고 잎엔 까끄라기 있네.

봄에 꽃을 피워 온통 흰빛을 띠었더니,

가을의 열매는 점점 누런빛을 머금네.

많은 이슬 엉기어 속알맹이 되고,

명주실 같은 속살은 알맹이를 감쌌네.¹⁹⁸⁾

열매를 따는데 하얀 손 번거롭고,

익으려면 서리 내릴 때 기다려야 하리.

안개를 뿜어 옷소매 적시고,

샘물같이 맑은 액은 창자를 적시네.

비록 회수¹⁹⁹⁾를 멀리 떠나왔지만,

동정의 향기²⁰⁰⁾는 그대로이네.

기미는 선계의 맛 머금었고,

소식은 고향을 등졌네.

---

197) 염주(炎州) : 널리 남방지역을 뜻하는 말로, 여기서는 우리나라에서 귤이 재배되
는 제주도를 포함한 남해안 일대를 가리킴.

198) 양(瓤) : 귤이나 유자 등의 껍질을 벗기면 드러나는 여러 개로 나누어져있는 알
맹이를 이름.

199) 회수(淮水) : 중국 4대강의 하나로, 하남성 동백산(桐柏山)에서 발원하여 동쪽으
로 안휘성과 강소성을 지나 바다로 흘러들어가는 강을 이름.

200) 동정의 향기[洞庭香] : 중국 강소성 태호(太湖) 안에 있는 동정산(洞庭山)에서
생산되는 동정귤(洞庭橘)의 향기라는 뜻으로 그 향기가 독특하여 사람들의 사랑
을 받음. 당나라 백거이(白居易)의 시 「유목시 8수(有木詩八首)」의 세 번째 시에
'有木秋不凋, 靑靑在江北. 謂爲洞庭橘, 美人自移植.'

비록 토질이 맞지 않는다 하지만,

다단 임금의 은광을 입었기 때문이네.

천노²⁰¹⁾와 나란히 있기를 부끄러워했고,

오직 사호의 숨을 곳 용납하였네.²⁰²⁾

그대는 이상의 늙은이²⁰³⁾가,

초나라 항우를 떠나 고황제 유방 돕는 것을 보리라.²⁰⁴⁾

誰把炎州種,

移栽禁御傍.

---

201) 천노(千奴) : 감귤나무를 가리킴. 중국 사국시대 오나라 사람인 이형(李衡)이 무
     릉(武陵), 용양(龍陽), 사주(氾洲)에 감귤나무 천그루를 심고는 '목노(木奴)'라고
     하였으므로 붙여진 이름임. '汝母惡我治家, 故窮如是. 然吾州裡有千頭木奴, 不
     責汝衣食, 歲上一匹絹, 亦可足用耳.'(『양양기(襄陽記)』)

202) 사호(四皓) : 사호라고 하면, 일반적으로 중국 진(秦)나라 말엽에 횡포한 정치를
     피하여 상산(商山)으로 들어가 숨어 지내며 절개를 지켰던 동원공(東園公), 하황
     공(夏黃公), 녹리선생(甪里先生), 기리계(綺里季) 등의 상산사호를 가리키는 말
     이나 여기에서는 『유괴록(幽怪錄)』에 나오는 '귤중이로(橘中二老)'를 가리킴. 『유
     괴록』에 의하면, 어느 파공(巴邛) 사람의 집 뜰에 귤나무가 있었는데, 귤나무에
     열린 곡식 세 말이 들어갈 정도의 큰 귤을 따다 까보니 그 속에 두 노인이 바둑을
     두고 있었다는 고사가 있음. '巴邛人, 家有橘園, 霜後橘盡收斂, 有大橘如三斗盎,
     巴人異之剖開, 每橘有二叟, 鬚眉皤然, 肌體紅明, 皆相對象戲, 談笑自若. 一叟
     曰, 橘中之樂, 不減商山, 但不得深根固滯, 爲愚人摘下耳.'(『유괴록』) '小藝無難
     精, 上智有未解. 君看橘中戲, 妙不出局外.'(유극장劉克莊의 「상혁일수 정 섭잠
     중(象弈一首呈葉潛仲)」)

203) 이상의 늙은이[圯上老] : 중국 한나라의 개국공신인 장량(張良)이 하비(下邳)의
     이상에서 만난 노인으로, 곧 황석공(黃石公)을 가리킴. '良嘗閒從容步游下邳圯上,
     有一老父, 衣褐, 至良所, 直墮其履圯下. 顧謂良曰, 孺子, 下取履. 良鄂然, 欲毆之.
     爲其老, 彊忍, 下取履. 父曰, 履我. 良業爲取履, 因長跪履之. 父以足受, 笑而去.
     良殊大驚, 隨目之. 父去里所, 復還, 曰, 孺子可敎矣.'(『사기』「유후세가(留侯世家)」)

204) 초나라 …… 것을 보리라 : 장량이 황석공을 만난 것이 계기가 되어 황석공이 초
     나라 항우에게 나아가지 않고, 유방을 도와 천하를 통일하는 데에 기여하게 된 것
     을 이름.

脫身辭瘴海,
托地近宮墻.
玉痩叢多刺,
雲繁葉有芒.
春葩渾帶白,
秋實漸含黃.
浩露凝爲腦,
生綃用隔瓤.
摘宜煩素手,
熟必待淸霜.
噀霧沾衣袖,
飛泉沃肺腸.
縱經淮水遠,
不減洞庭香.
氣味含仙界,
音塵隔古鄕.
雖云非土性,
只爲被恩光.
恥與千奴幷,
惟容四皓藏.
君看圯上老,
去楚佐高皇.

하−25 耆之避地江南幾十餘載, 携病妻還京師, 無托錐之地. 偶遊一
蕭寺, 岸幅巾兀坐長嘯, 僧問, 君是何人放傲如是. 卽書二十八字, 早

把文章動帝京, 乾坤一介老書生. 如今始覺空門味, 滿院無人識姓名.

　　기지(耆之)가 강남에서 거의 10여 년 동안 숨어 살다가 병든 아내를 데리고 서울로 돌아왔지만 송곳 하나 꽂을 땅도 없었다. 우연히 어느 한 절에서 노닐다가, 복건을 젖혀 쓰고[205] 우뚝한 자세로 앉아서 길게 휘파람을 불었다. 스님이 묻기를,

　　　그대는 어떤 사람이기에 이같이 거만하게 구는가.

라고 하였다. 이에 곧 28자로 된 시를 썼는데 그 시에 이르기를,

　　　일찍이 문장으로 서울을 울렸더니,
　　　천지에 홀로 남은 한낱 늙은 서생이네.
　　　이제 비로소 공문[206]의 맛을 깨달았으나,
　　　온 절의 사람 중에 내 이름 아는 사람 없네.[207]

　　　早把文章動帝京,
　　　乾坤一介老書生.
　　　如今始覺空門味,
　　　滿院無人識姓名.

---

205) 복건을 젖혀 쓰고[岸幅巾] : 복건을 이마를 드러내고 뒤로 젖혀 쓰는 것. 이는 자유분방한 태도를 상징하는 말로 쓰이기도 하며, 보통 안건(岸巾)이라고 함.
206) 공문(空門) : 불교는 공(空) 사상으로 그 사유의 근본을 삼는다는 것에서 나온 말임.
207) 이 시는 임춘(林椿)의 문집인 『서하집(西河集)』 권1에 「서 외원벽(書外院壁)」이라는 시제로 실려 있음.

라고 했다.

하-26 白學士光臣, 掌貢籍, 及解鎖, 新牓諸生共設齋筵, 祝壽祺,
便謁學士於玉筍亭, 設小飮. 以一絶示之, 壽夭由來稟自天, 不因祈
禱更延年. 醉眠昨夜有奇夢, 知是叢誠所感然.

　학사 백광신[208]이 공적(貢籍)[209]을 담당하다가 임기가 다 되어 그
직책에서 물러나게 되었을 무렵에, 새로 과거에 급제한 사람들이
함께 재연(齋筵)[210]을 열어 그의 수복을 축원하고 곧 옥순정으로 학
사를 뵙고 간단한 잔치를 베풀었다. 학사가 절구시 한 수를 지어 문
생들에게 보였는데 그 시에 이르기를,

　　　장수하고 요절하는 것은 본래 하늘로부터 받은 것이니,
　　　기도한다고 목숨 연장시킬 수 있는 것은 아니네.
　　　술 취해 잠들었던 어젯밤 기이한 꿈을 꾸었는데,
　　　여러분의 정성에 느낀 바가 있어 그랬던 것인가.

　　　壽夭由來稟自天,
　　　不因祈禱更延年.
　　　醉眠昨夜有奇夢,
　　　知是叢誠所感然.

---

208) 백광신(白光臣) : 고려 중기의 문신. 관직은 지제고(知制誥)에 올랐음. 최당, 최
　　선, 장자목, 고형중, 이준창 등과 기로회(耆老會)를 조직하여 유유자적했음.
209) 공적(貢籍) : 관직에 임명된 사람들의 인사 서류를 관장하던 관직을 이름.
210) 재연(齋筵) : 좋은 일을 축하하기 위하여 절에서 공양(供養)을 베푸는 자리를 이름.

라고 했다.

하-27 昔元曉大聖, 混迹屠沽中, 嘗撫玩曲項葫蘆, 歌舞於市, 名之
曰無㝵. 是後好事者, 綴金鈴於上, 垂彩帛於下以爲飾, 拊擊進退皆
中音節, 乃摘取經論偈頌, 號曰, 無㝵歌, 至於田翁亦效之以爲戱. 無
㝵智國嘗題云, 此物久將無用用, 昔人還以不名名. 近有山人貫休作
偈云, 揮雙袖所以斷二障, 三擧足所以越三界. 皆以眞理比之. 僕亦
見其舞作讚, 腹若秋蟬, 頸如夏鼈. 其曲可以從人, 其虛可以容物. 不
見窒於密石, 勿見笑於葵壺. 韓湘以之藏世界, 莊叟以之泛江湖. 孰
爲之名, 小性居士. 孰爲之讚, 隴西駝李.

옛적에 원효대성[211]이 고기 집과 술집을 드나들 때, 일찍이 목이
구부러진 조롱박을 지니고 다니며, 저자거리에서 노래 부르고 춤을
추었는데, 그 노래와 춤을 '무애(無㝵)'[212]라고 하였다. 그 뒤로 따라
하기를 좋아하는 사람들이 금으로 만든 방울을 조롱박 윗부분에 매

---

211) 원효대성(元曉大聖, 617~686) : 신라의 승려로 속성은 설(薛), 아명은 서당(誓幢)
또는 신당(新幢)이고 원효는 법명. 원효의 사상은 일심(一心)과 화쟁(和諍)으로,
그는 도(道)가 모든 존재에 미치지만 결국은 마음의 근원으로 돌아간다고 하며 만
물을 차별 없이 사랑하는 삶을 강조하였음. 그는 많은 저술을 남겼으나, 지금 남아
있는 것으로는 『금강삼매경론(金剛三昧經論)』, 『기신론별기(起信論瞥記)』, 『대승
기신론소(大乘起信論疏)』, 『대승육정참회(大乘六情懺悔)』 등이 있는데, 이 가운
데 『금강삼매경론』과 『대승기신론소』 등을 중국의 고승들이 높이 평가하여 즐겨
인용하였음.

212) 무애(無㝵) : 이 말은 『화엄경(華嚴經)』의, '一切無㝵人, 一道出生死'에서 나온
말로 사고나 행동에 있어 아무런 거리낌 없이 자유자재로움을 뜻하는 말임. 이
노래와 춤을 고려 때는 향악정재(鄕樂呈才)로서 무애지희(無㝵之戲)라고도 하고,
조선 후기어는 이 춤을 재연하여 무애무라고 불렀음. 『고려사』「악지」에 '무애지
희는 서역(西域)에서 들어왔다'고 함.

달고 그 아래로는 채색 비단을 늘어뜨려 장식하고는 그 조롱박을
두드리고 앞으로 나아갔다 물러났다 하는 것이 모두 음절에 잘 어
울렸다. 이에 경론(經論)에서 적절한 내용을 찾아내 게송(偈頌)을 지
어서는 '무애가(無㝵歌)'라고 불렀는데, 시골 농부들까지도 이를 본
받아 놀이로 삼아 즐겼다.

　　무애지[213]국사(無㝵智國師)가 이전에 시를 지어 이르길,

　　　이 물건은 오랫동안 쓸데없는 것으로 사용하였고,[214]
　　　옛 사람들은 도리어 이름 없는 것으로 이름 지었네.[215]

　　　此物久將無用用,
　　　昔人還以不名名.

---

213) 무애지(無㝵智) : 고려 전기의 스님인 계응(戒膺)의 시호. 호는 태백산인(太白山
　　人). 대각(大覺) 의천(義天)의 수제자로서 스승의 법을 이어 교법(敎法)을 널리 선
　　양, '법해(法海)의 용문(龍門)'으로 숭앙받았음. 문장에도 능하여 예종이 궐내로
　　청하여 머물게 하려 하였으나, 사양하고 태백산으로 들어가 끝내 나오지 않았음.
　　무애지국사(無㝵智國師)에 추증되었음.
214) 쓸데없는 것으로 사용하였고[無用用] : 이 말은 『장자』 소요유(逍遙遊)편에 나오
　　는 것으로, 세상의 모든 존재는 다 쓰일 데가 있기 마련이라는 뜻임. '惠子謂莊子
　　曰, 魏王貽我大瓠之種, 我樹之成, 而實五石, 以盛水漿, 其堅不能自擧也. 剖之以
　　爲瓢, 則瓠落無所容, 非不呺然大也. 吾以爲其無用而剖之. 莊子曰, 夫子固拙 於
　　用大矣, 宋人有善爲不龜手之藥者, 世世以洴澼絖爲事. 客聞之, 請買其方百金.
　　聚族而謀曰, 我世世 爲洴澼絖, 不過數金. 今一朝而鬻技百金, 請與之. 客得之,
　　以說吳王. 越有難, 吳王使之將, 冬與越人 水戰, 大敗越人, 裂地而封之. 能不龜
　　手, 一也, 或以封, 或不免於洴澼絖, 則所用之異也 今子有五石之 瓠, 何不慮以大
　　樽, 而浮乎江湖, 而憂其瓠落無所容.'
215) 이름 없는 것으로 이름 지었네[不名名] : 이 말은 노자의 『도덕경』제1장에 나오
　　는 것으로, 세상 모든 만물에는 이름 없는 것이 없다는 뜻임. '道可道, 非常道.
　　名可名, 非常名. 無名天地之始, 有名萬物之母, 常無欲以觀其徼. 常有欲以觀其
　　徼, 此兩者同出而異名.'

라고 하였고, 근래의 산인(山人)²¹⁶⁾ 관휴(貫休)²¹⁷⁾가 게(偈)를 지어 이르길,

두 소매를 휘두른 것은 이장²¹⁸⁾을 끊으려 함이었고,
세 번 발을 들어올린 것은 삼계²¹⁹⁾를 넘고자 해서네.

揮雙袖所以斷二障,
三擧足所以越三界.

라고 하였으니, 두 사람이 모두 진리로써 비유한 것이다. 내가 또한 그 춤을 보고 찬(讚)을 지었다.

---

216) 산인(山人) : 속세를 떠나 산문(山門)에 은거하는 사람으로 승려를 가리킴.

217) 관휴(貫休, 832~912) : 중국 당나라 말기와 오대(五代)시대 전촉(前蜀)의 스님. 자는 덕은(德隱) 또는 덕원(德遠), 호는 선월대사(禪月大師) 또는 득득화상(得得和尙). 『법화경(法華經)』과 『기신론(起信論)』을 전하였음. 시·서·화(詩書畵)에 능하여 그가 그린 나한상은 매우 괴기한 모습을 하고 있어 '응몽나한(應夢羅漢)'이라 일컬어짐. 저서에는 『선월집(禪月集)』 등이 있음.

218) 이장(二障) : 불가에서 수행에 장해가 되는 두 가지. 『구사론(俱舍論)』에서는 번뇌장(煩惱障)과 해탈장(解脫障), 『유식론(唯識論)』에서는 번뇌장과 소지장(所知障), 『원각경(圓覺經)』에서는 이장(理障)과 사장(事障), 『금강반야바라밀경론(金剛般若波羅密經論)』에서는 번뇌장과 삼매장(三昧障) 이라고 하였음. 이장이란 진리에 대한 무지로 정견(正見)의 장애가 되며, 사장이란 집착이 생기어 깨우침에 장애가 되는 것임.

219) 삼계(三界) : 불가에서 말하는 세 가지 세계로 욕계(欲界), 색계(色界), 무색계(無色界)를 가리킴. 욕계(欲界)란 욕은 탐욕이니, 특히 식욕·음욕·수면욕(睡眠欲)이 치성한 세계를 말하는 것이고, 색계(色界)는 욕계와 같은 탐욕은 없으나, 미묘(微妙)한 형체가 있는 세계를 말하는 것이고, 무색계(無色界)는 색계와 같은 미묘한 몸도 없는 순 정신적 존재의 세계를 말함. 이 3계를 6도(道)·25유(有)·9지(地)로 나누기도 함.

배는 가을 매미같이 납작하고, 목은 여름 자라같이 길게 뻗었네. 그 굽은 모습은 남을 따르려 한 것이고, 그 빈 것은 만물을 용납하려는 것이네. 밀석(密石)[220]으로 갈아도 목이 막히지 않고, 규호(葵壺)[221]에게도 비웃음 살 일 없네. 한상(韓湘)[222]은 이것으로 세계를 감추었고, 장자(莊子)는 이것으로 강호에 띄웠네.[223] 누가 이름 지었는가, 바로 소성거사(小性居士)[224]요. 누가 찬을 지었는가. 바로 농서의 타리[225]로다.

하-28   僕八九歲 隨一老儒習讀書. 嘗教讀古人警句云, 花笑檻前聲未聽, 鳥啼林下淚難看. 僕曰, 終不若柳頓門外意難知, 詞甚的語意

---

220) 밀석(密石) : 결이 치밀한 돌로 밀옥(密玉)이라고도 함. 색깔이 맑고 잡티가 거의 없는 석영(石英)의 집합체임.
221) 규호(葵壺) : 자사호(紫砂壺). 이 자사호는 전청(天清)의 진흙을 자료로 만들었으므로, 병의 색깔이 자주색을 띠며, 몸통에 바람에 흔들리는 해바라기 문양[風卷葵]을 그려 넣었음.
222) 한상은 이것으로 세계를 감추었고[韓湘以之藏世界] : 한상(韓湘, 794~?)은 중국 당나라 문신. 자는 북저(北渚). 관직은 대리승(大理丞)에 올랐음. 한유(韓愈)의 조카라고도 함. 그는 뒤에 도술을 배워 신선으로 자처하였고, 환술(幻術)에 능하였다고 함.
223) 장자는 이것으로 강호에 띄웠네[莊叟以之泛江湖] : 이 말은 『장자』「소요유(逍遙遊)」편에 나오는 것으로, 혜자(惠子)가 다섯 섬 들이의 큰 박을 쓸모없다고 걱정하자 장자가 왜 술통을 만들어 강호에 띄울 생각을 하지 않느냐고 나무란 것을 인용한 것임. '今子有五石之瓠, 何不慮以爲大樽而浮乎江湖, 而憂其瓠落無所容, 則夫子猶有蓬之心也夫.'
224) 소성거사(小性居士) : 원효대사가 파계하여 요석공주(瑤石公主)와 관계하여 아들 설총(薛聰)을 낳았으므로 붙여진 이름임.
225) 농서의 타리[隴西駝李] : 이인로를 가리킴. 농서는 중국 이씨의 관향으로 고려에서 이씨의 관향을 농서로 불렀던 관행을 따른 것임. 타리는 중국 후위(後魏) 때 신서(信西)의 이씨가 사성(四姓)의 반열에 오르고자 명타성(明駝星)을 타고 밤에 서울에 들어왔으나 일이 이미 정해진 뒤였으므로 세상 사람들이 이씨를 타리라 불렀다는 전설에 근거한 것임.

俱妙. 老儒愕然.

내가 여덟아홉 살 때, 한 늙은 유자에게 가서 글을 읽었다. 일찍이 고인의 경구를 가르쳐 주었는데. 그 경구는,

> 꽃이 난간 앞에서 웃어도 그 소리 들을 수 없고,
> 새가 숲 속에서 울어도 그 눈물 보기 어렵네.

> 花笑檻前聲未聽,
> 鳥啼林下淚難看.

라는 것이었다. 내가 말하기를,

> 아무래도 시구의 말이 심히 적절하고, 시어와 뜻이 교묘하게 이루어진 '버들이 문밖에서 찡그리는 그 뜻 알 수 없네[柳嚬門外意難知]'라고 한 시구만은 못하다.

라고 하니, 늙은 유자가 크게 놀랐다.

하-29 毅王詔五道及東西兩界, 分遣吏, 悉錄諸院宇郵置所題詩, 悉納御府, 察其風謠及民物利病. 因擇名章俊語編上, 以爲詩選. 有措大題驛壁云, 終日曝背耕, 而無一斗粟. 換使坐廟堂, 食穀至萬斛, 金尙書莘尹, 出鎭龍灣幕, 亦作詩, 割民媚上成風久, 擧國滔滔盡詭隨. 厚祿高官雖可戀, 靑天白日固難欺. 齊王疾病如能瘳, □摯烹醢豈敢辭. 寄語友朋莫相笑, 正而不足是男兒. 及是吏錄此兩篇進呈, 上閱詩, 悵

讀至此, 黙然久之, 左右咸懼不測. 及秋命公移鎭東藩, 又明年還赴龍
灣幕. 三受擁旄之命, 朝紳罕比.

　의종이 5도(五道)와 동서 양계(東西兩界)226)에 조서를 내리고는 관
리를 각지로 나누어 파견하여 모든 원우(院宇)와 우치(郵置)에 쓰여
진 시들을 기록하여 모조리 궁궐로 거두어들여서 그러한 풍요가 백
성들과 풍속에 끼치는 이로움과 해로움을 살피게 했다. 그리고는
모아놓은 많은 시들 가운데서 훌륭하고 뛰어난 작품을 가려 뽑아
시선집(詩選集)으로 엮어서 올리게 하였다.
　어떤 선비가 역원의 벽에 써놓은 시가 있었는데 그 시에 이르기를,

> 종일 뜨거운 볕 등지고 밭을 갈았건만,
> 한 말의 곡식조차도 없네.
> 조정의 높은 벼슬자리에 앉게 했다면,
> 먹을 곡식은 만 곡이나 있을 텐데.

> 終日曝背耕,
> 而無一斗粟.
> 換使坐廟堂,
> 食穀至萬斛.

라고 하였고, 상서(尙書) 김신윤(金莘尹)이 외직으로 용만(龍灣)의 막

---

226) 5도(五道)와 동서 양계(東西兩界) : 고려에서는 국토를 오도와 양계로 나누어 다스렸
　　는데, 오도는 양광(楊光)·경상(慶尙)·전라(全羅)·교주(交州)·서해(西海)이며,
　　양계는 동계(東界)·서계(西界)였음.

부에 부임하여 지은 시도 있었는데 그 시에 이르기를,

백성을 착취하여 위에 아첨하는 것이 오랜 풍습 되어,

온 나라가 도도히 온통 어그러져 가네.

녹봉 많은 고관의 자리 비록 탐나더라도,

푸른 하늘의 밝은 태양은 속이기 어려우리.

제왕의 병[227]이 낫기만 한다면,

팽해를 바치는 일 어찌 사양하겠는가.[228]

벗들이여 나의 이 말 비웃지 미시구려,

옳은 일 하다 다 못해도 대장부라네.

割民媚上成風久,

擧國滔滔盡詭隨.

厚祿高官雖可戀,

靑天白日固難欺.

齊王疾病如能瘳,

□[229]摯烹醢豈敢辭.

寄語友朋莫相笑,

正而不足是男兒.

---

227) 제왕의 병[齊王疾病] : 여기에서 제왕은 중국 춘추전국시대 제(齊)나라 왕이었던 민왕(閔王, 재위기간 BC302~BC284, 이름은 전지田地)을 가리킴. 민왕이 우울증이라는 중병을 앓고 있어 심하게 격노하고 인내할 줄 몰랐으므로 민왕의 부인과 태자가 이웃나라인 송(宋)나라의 명의(名醫) 문지(文摯)를 초청하여 병을 낫게 했다는 전설이 있음.

228) 이 행의 첫 글자가 빠져 있음. 팽혜(烹醢)는 고기를 삶거나 고기를 가늘게 썰어 소금에 절인다는 뜻으로, 반역의 죄를 지은 사람을 잔혹하게 처형하는 것을 이름.

229) 원문어 '摯'자 앞에 한 글자가 빠져 있음.

라고 했다. 그 때에 관리들이 이 두 편을 함께 기록하여 바쳤는데, 왕이 시를 열람하다가 이 시에 이르자 처연한 얼굴로 읽더니 오랫동안 말이 없었으므로 좌우에 있던 신하들이 예상치 못한 화가 미칠까 두려워하였다. 가을에 이르러 김신윤을 동번(東藩)[230]으로 옮기고 그 다음해에 다시 용만의 막부로 되돌아가게 했는데, 이렇게 세 번이나 임금의 명을 받아 자리를 옮긴 것은 고위 관료로서는 경험하기 어려운 일이었다.

하-30 西都古高句麗所都也. 控帶山河, 氣像秀異, 自古奇人異士多出焉. 睿王時, 有俊才姓鄭者, 忘其名. 垂髫時, 送友人詩云, 雨歇長堤草色多, 送君千里動悲歌, 大同江水何時盡, 別淚年年添作波. 又作詩云, 桃李無言兮, 蝶自徘徊, 梧桐蕭洒兮, 鳳凰來儀. 無情物引有情物, 況是人不交相親. 君自遠方來此邑, 不期相會是良因. 七月八月天氣凉, 同衾共枕未盈旬. 我若陳雷膠漆信, 君今棄我如敗茵. 父母在兮不遠遊, 欲從不得心悠悠. 簷前巢燕有雌雄, 池上鴛鴦成雙浮. 何人驅此鳥, 使我解離愁. 其後赴上都擢高第, 出入省闥, 謇謇有古諍臣風. 嘗扈從長源亭題詩云, 風送客帆雲片片, 露凝宮瓦玉鱗鱗. 綠楊閉戶八九屋, 明月倚樓三兩人. 其語飄逸出塵皆類此. 及作東山齋眞靜先生祭文, 上亦命作東山齋記. 作表云, 鶴背登眞, 乘白雲於杳漠. 蟻頭紀事, 披紫詔之丁寧. 又云, 年踰七十, 不離中壽之徒. 功滿三千, 必被上清之召. 又云, 而出入先生之門, 其來久矣. 況對揚天子之命, 無所辭焉. 至今皆膾炙不已焉.

---

230) 동번(東藩) : 여기서는 서계에 근무하다가 동계로 전근된 것을 이름.

　　서도는 옛 고구려의 도읍지다. 좌우로 산과 강을 끼고 있고, 서려 있는 기상이 빼어나서 옛날부터 기인(奇人)과 이사(異士)가 많이 배출되었다. 예종 때 준걸한 재주를 가진, 성씨가 정(鄭)씨인 사람이 있었는데, 그의 이름은 잊어버렸다.[231] 그가 어렸을 때[232] '친구를 보내며(送友人)'라는 시를 지었는데 그 시에 이르기를,

　　　비 그친 긴 강둑에 풀빛 요란한데,
　　　그대를 천리 멀리 보내니 슬픈 노래 떠도네.
　　　대동강 물은 언제나 다할 건가
　　　이별의 눈물이 해마다 물결을 보태네.[233]

　　　雨歇長堤草色多,
　　　送君千里動悲歌.
　　　大同江水何時盡,
　　　別淚年年添作波.

---

231) 성씨가 정(鄭)씨인 …… 잊어버렸다. : 정씨는 고려 전기 유명한 시인이자 진보적 인물인 정지상(鄭知常, ?~1135)을 가리킴. 그는 지금의 평양인 서도(西都) 출신으로 김부식을 중심으로 한 기존 보수 세력과 대척적인 관계 속에서 고려의 새로운 부흥과 진취적 기상을 회복하기 위해 개혁을 꿈꾸다 좌절당하고 오히려 반역죄인으로 몰려 김부식에게 참살되었음. 여기서『파한집』의 저자인 이인로가 정지상의 이름을 모를 리 없었지만 그가 역신(逆臣)으로 알려져 있었으므로 '忘其名'으로 소개하고 있다고 하겠음. 여기에서 이름조차 거론할 수 없는 당대 무신집권기의 정지상에 대한 인식태도를 그대로 보여주고 있음.

232) 어렸을 대[垂髫] : '수초'는 어린아이의 늘어뜨린 머리. 어린아이 또는 어린 나이를 이름. '黃髮垂髫, 竝怡然自樂.'(도잠陶潛의 「도화원기(桃花源記)」)

233) 이 시의 시제는 「송인(送人)」으로『동문선』권19에는 제2행의 '천리(千里)'가 '남포(南浦)'로, 제4행의 '첨작파(添作波)'가 '첨록파(添綠波)'로 되어 있음.

라고 했다. 또 시를 지어 이르기를,

복숭아꽃과 오얏꽃은 말이 없는데,
나비는 저절로 배회하고.
오동나무 소리 맑고 쇄락하니,
봉황새 와서 춤을 추네.
무정한 것도 유정한 것을 유인하거든,
하물며 사람끼리 서로 가깝게 사귀지 않으리.
그대가 먼 곳으로부터 이 고을에 와서,
기약 없이 서로 만났으니 이 좋은 인연 아닌가.
칠월과 팔월 날씨는 서늘한데,
함께 잠자리 한지가 채 열흘도 되지 않았네.
나는 진중과 뇌의 같은 끈끈한 우정[234] 믿었더니,
그대는 이제 나를 헌 자리 버리듯 하네.
부모님이 계셔서 멀리 가서 노닐지 못하니,
따르고자 하나 그러지 못하는 마음 한스럽네.
처마 앞에 깃든 제비는 암수가 아름답고,
연못위의 원앙은 짝을 이루어 떠다니네.
어느 누가 이 새들을 몰아내어,
나의 이별 시름 풀어주려나.

桃李無言兮,

---

234) 진중(陳重)과 뇌의(雷義) 같은 끈끈한 우정[陳雷膠漆] : 중국 동한(東漢)시대의
    문신들인 진중과 뇌의의 우정이 두터워 뗄 수 없을 정도였으므로 세상 사람들이
    마치 두 사람의 우의가 옻이나 아교로 붙여 놓은 것처럼 단단하다고 하여 진뢰교
    칠이라고 하였음. '雷義與陳重爲同郡人, 二人友好情篤, 鄕人諺云, 膠漆自謂堅,
    不如雷與陳. 後用雷陳, 比喩交誼深厚之朋友.'(『후한서』「독행전(獨行傳)」)

蝶自徘徊,

梧桐蕭洒兮,

鳳凰來儀.

無情物引有情物,

況是人不交相親.

君自遠方來此邑,

不期相會是良因.

七月八月天氣凉,

同衾共枕未盈旬.

我若陳雷膠漆信,

君今棄我如敗茵.

父母在兮不遠遊,

欲從不得心悠悠.

簷前巢燕有雌雄,

池上鴛鴦成雙浮.

何人驅此鳥,

使我解離愁.

라고 하였다. 그 뒤 서울로 올라와 과거에 급제하여 대궐에 출입하
였는데, 조정에서 곧은 말을 잘 하여 옛 간신(諫臣)의 풍모가 있었
다. 일찍이 임금을 모시고 장원정(長源亭)에 갔다가 시를 지었다. 그
시에 이르기를,

바람 가득 안은 배돛은 여기저기 구름조각처럼 떠가고,
이슬 엉긴 궁궐의 기와는 옥 비늘 반짝이듯 하네.

푸른 버드나무 숲에 문 닫은 여덟아홉 집이요,

밝은 달빛 속에 다락에 기댄 두세 사람.235)

風送客帆雲片片,

露凝宮瓦玉鱗鱗.

綠楊閉戶八九屋,

明月倚樓三兩人.

라고 하였는데, 그 말이 표일하여 세속을 벗어나고자 하는 생각이
모두 이와 같았다. 동산재(東山齋) 진정선생(眞靜先生)236)의 제문(祭
文)을 지었는데, 임금이 또 「동산재기(東山齋記)」를 지으라 명령하였
다. 표(表)를 지어 이르길,

학의 등에 올라 진인이 되고,

흰구름 타고 아득한 곳에 오르네.

이두237)에 사적을 기록하여,

정녕 자소238)를 펼치네.

---

235) 이 시의 시제는 칠언율시인「장원정(長源亭)」(『동문선』권12)으로 여기에 소개된
시는 그 제2·제3연임. 시 전문을 소개하면, '岧嶢雙闕枕江濱, 淸夜都無一點塵,
風送客帆雲片片, 露凝宮瓦玉鱗鱗, 綠楊閉戶八九屋, 明月捲簾三兩人. 縹緲蓬萊
在何處, 夢爛黃鳥囀靑春.'『동문선』에서의 제6행의 '권렴(捲簾)'이 위의 인용에서
는 '기루(倚樓)'로 되어 있음.

236) 동산재(東山齋) 진정선생(眞靜先生) : 동산재는 고려 전기의 문신인 곽여(郭輿,
1058~1130)의 재호(齋號)로 현종이 그가 관직에서 물러나자 성동(城東)의 약두산
(若頭山)에 지어 준 산재(山齋)였음. 진정은 그의 시호.

237) 이두(螭頭) : 이수(螭首)로 비석의 머리나 궁전의 석계(石階)·석주(石柱)·도
장·이기(彝器) 등에 새긴 뿔 없는 용머리 모양을 한 장식물을 이름. 여기에서는
공적을 기록한 비석(碑石)을 가리키고 있음.

鶴背登眞,

乘白雲於杳漠.

螭頭紀事,

披紫詔之丁寧.

라고 하였다. 또 이르기를,

나이가 칠십이 넘었어도,

중수239)의 무리에서 벗어나지 않았네.

공덕이 삼천 가지로 넘치니,

반드시 옥황상제의 부름 받으리.

年踰七十,

不離中壽之徒.

功滿三千,

必袚上淸之召.

라고 하였다. 또 이르기를,

---

238) 자소(紫詔) : 임금이 내리는 조서(詔書)를 말하는 것으로, 원래 조서를 작성할 때
자색(紫色)의 종이를 사용했으므로 붙여진 이름임.
239) 중수(中壽) : 사람의 노년의 나이를 상·중·하로 나눌 때 사용하는 말로 상수를
90세, 중수를 80세, 하수를 70세라고 하나 여러 가지 설이 있음.
① 90세 이상을 『좌전·소공(昭公)』 3년에, '三老'라고 하였는데, 공영달(孔穎達)
의 「소(疏)」에, '上壽百年以上, 中壽九十以上, 下壽八十以上.'
② 80세를 『장자·도척(盜跖)』, "中壽八十"라 하였고, 『논형(論衡)』에서, '上壽九
十, 中壽八十, 下壽七十.'라고 하였음.
③ 70세를 『회남자』 「원도훈(原道訓)」에, '凡人中壽七十歲.'라고 하였음.

선생의 문하에 출입하여,

그 유래가 오래 되었네.

하물며 천자의 명을 선양함에랴,

사양할 것 없도다.

而出入先生之門,

其來久矣.

況對揚天子之命,

無所辭焉.

라고 하였으니 지금에 이르기까지 이 글이 사람들에게 회자(膾炙)되고 있다.

<u>하-31</u>　紫薇鷄林壽翁, 文章峻秀獨步一時. 素有人倫鑑識. 常出按南州到完山. 見一小吏名崔鉤, 鐵面嚴冷, 爲人沉黙木訥, 有遠到器局. 携至京師養之如己子, 訓以書史及綴述之規, 斐然有成, 詞與筆俱遒勁. 及冠應擧中丙第, 遊石渠入金馬. 嘗謇謇匪躬, 欲以徇國家之急. 嘗和友人詠柳詩云, 西子眉長工作黛, 小蠻腰細不勝嬌. 又未開牡丹, 倚墻窺宋玉, 隔壁挑相如. 詞語流麗皆此類.

　자미 계림수옹은 문장력이 뛰어나 한 때에 독보적인 존재였는데, 본래 사람을 감식할 줄 아는 안목을 지니고 있었다. 일찍이 남주(南州) 지역을 살피는 길에 완산(完山)에 이르렀다가 거기에서 이름이 최구인, 하찮은 신분의 한 아전을 만났는데, 녹녹하지 않은 얼굴과 냉철한 풍모에다 사람됨이 과묵하고 질박하여 쉽게 흔들리지 않는

원대한 기국(器局)을 지니고 있었다. 그를 데리고 서울로 와서 마치 그의 친아들처럼 길러 서사(書史)를 읽히고, 글짓는 법을 가르치니 크게 발전하여 문장과 필법이 굳세었다. 약관의 나이가 되자 과거에 응시하여 병과[240]에 선발되어 석거(石渠)[241]에 근무하다가 금마(金馬)[242]에 출입하였다. 항상 곧은 말을 하고 자기 몸을 돌보지 않았으며, 나라에 위급한 일이 생기면 회피하지 않고 몸을 바치고자 하였다. 일찍이 친구의 영류시(詠柳詩)에 화운하여 시를 지었는데 그 시에 이르기를,

> 서자[243]의 눈썹 길어 눈썹 그리는 일에 능하였고,
> 소만[244]은 허리 가늘어 교태로움을 이길 수 없었네.

240) 병과(丙科) : 과거에 급제한 사람을 성적순으로 나누어 갑, 을, 병으로 구분하였는데, 특히 최종시험인 전시(殿試)에서 33명을 선발하여 갑과에 3명, 을과에 7명, 병과에 23명을 배정하였음.

241) 석거(石渠) : 석거각(石渠閣)을 이르는 말로, 장서각(藏書閣)의 다른 이름임. 석거각은 중국 한나라 개국공신인 소하(蕭何)가 진(秦)나라의 도서와 기밀서류를 수장하기 위하여 만든 장서각이었음.

242) 금마(金馬) : 금마문(金馬門)의 약칭으로, 여기에서는 문학하는 선비들이 모이는 한림원을 이름. 금마문은 중국 한(漢)의 미앙궁(未央宮)에 있던 문으로, 한 무제는 공손홍(公孫弘) 등의 학자들로 하여금 이 문에서 조서를 쓰게 했음. 이 금마문은 원래 노반문(魯般門)인데 문 밖에 동마(銅馬)가 있었기 때문에 금마문으로 불리었음.

243) 서자(西子) : 중국 춘추 시대 월(越)나라의 미녀인 서시(西施)를 이름. 왕소군, 초선, 양귀비와 더불어 중국의 4대미인 중의 한 사람으로 오(吳)나라와 월(越)나라의 전쟁 중에 모국인 월나라가 위기에 처하자, 적국 군왕 부차(夫差)의 애첩이 되어 오나라를 멸망시키는데 기여했음.

244) 소만(小蠻) : 중국 당나라 시인인 백거이(白居易)를 가까이서 모시던 애첩의 이름. 백거에게는 번소(樊素)와 소만 이라는 두 애첩이 있었는데, 번소는 노래를 잘하고, 소만은 춤을 잘했으므로 일찍이 시를 짓기를, '앵도는 번소의 입, 버들가지는 소만의 허리.'(櫻桃樊素口, 楊柳小蠻腰.)라 하였음. 백거이가 노경에 이르러

　　　西子眉長工作黛,

　　　小蠻腰細不勝嬌.

라고 했다. 또 아직 피지 않은 목란을 두고 시를 지어 이르기를,

　　　담장에 기대어 송옥을 엿보고,245)

　　　벽 너머로 상여를 유혹하네.246)

　　　倚墻窺宋玉,

　　　隔壁挑相如.

라고 했다. 사어(詞語)의 유려함이 모두 이와 같았다.

하-32　　士子徐文遠, 與權公惇禮自小相友愛, 俱儒門子弟也, 才與
年相去伯仲間爾. 屢以篇什相贈答, 徐子作詩云, 權子和我篇, 脫略

　　　두 여인을 놓아 주었음.

245) 담장에 기대어 송옥을 엿보고[倚墻窺宋玉] : 이 말은 아직 피지 않은 모란을 미
　　녀에 비유하여 이 미녀가 담장 너머로 삼년 동안이나 자신을 넘보았으나 한 번도
　　허여한 바가 없다고 하여 신하의 절개를 강조한 송옥(宋玉)의 「등도자 호색부(登
　　徒子好色賦)」에 기대어 표현한 것임. '玉曰, 天下之佳人莫若臣東家子, 增之一分
　　則太長, 減之一分則太短, 著粉太白, 施朱太赤, 眉如翠羽, 肌如白雪, 腰如束素,
　　齒如含貝, 嫣然一笑, 惑陽城, 迷下蔡, 然此女登牆闚臣三年, 至今未許也.'

246) 벽 너머로 상여를 유혹하네[隔壁挑相如] : 이 말은 모란을 미인 탁문군(卓文君)에
　　비유하여, 음악을 좋아하던 탁문군이 사마상여의 거문고 소리에 홀려서 사마상여를
　　사모하게 된 고사를 용사한 것임. '是時, 卓王孫有女文君新寡, 好音, 故相如繆與令相
　　重, 而以琴心挑之, 相如之臨邛, 從車騎雍容閑雅甚都, 及飮卓氏弄琴, 文君竊 從戶
　　窺之, 心悅而好之, 恐不得當也. 旣罷, 相如乃使人重賜文君侍者通殷勤, 文君夜亡
　　奔相如, 相如乃與馳歸. 家居徒四壁立.'(『사기·열전』「사마상여전(司馬相如傳)」)

三四聯. 中有何等語, 思之空悵然. 比如中秋十六夜, 十分明月一分
虧, 光彩是可憐. 又如太眞初罷溫泉浴, 鬢亂釵橫, 濃抹小損態度有
餘娟. 句句鏘鏘紙上動, 却恐飛去爲雲烟. 不然謂我久客易感傷, 故
令危辭苦語不盡傳. 云云. 夫鍾天所賦, 生而有之, 不可以因物而遷,
故仲尼之生, 戲以俎豆, 文王之生, 在師不勞. 是皆因自然, 本不待於
韋弦, 故曰, 非義襲而取之, 是也.

선비 서문원은 권돈례[247] 공과 어릴 때부터 서로 친하게 지냈는
데, 이들은 유학하는 가문의 자제들로, 재주와 나이가 서로 비슷하
였다. 자주 시편을 주고받았는데 서문원이 지은 시에 이르기를,

> 권공이 나의 시에 화답했는데,
> 삼·사 연을 빠뜨렸다네.
> 그 중간에 어떠한 말이 있었던가,
> 생각하니 부질없이 서글프네.
> 비유컨대 중추 16일 밤에,
> 십 분 밝은 달이 일 분은 이지러졌으나,
> 달빛이야 가장 아름답다네.
> 또 태진[248]이 처음으로 온천에서 목욕을 끝마쳤는데,

247) 권돈례(權惇禮) : 고려 중기의 은사(隱士). 한림학사 권적(權適)의 장자로 무신
　　의 난(1170)을 만나 산속으로 피신하였다가 현실에 복귀하지 않고 절개를 지켰음.
　　권돈례에 대한 기사는 『고려사』에는 보이지 않고, 최자의 『보한집』에 간략하게
　　전하고 있음.
248) 태진(太眞) : 중국 당나라 현종의 귀비(貴妃)였던 사천성 출신의 양귀비의 호. 17
　　세 때 현종의 제18왕자 수왕(壽王)의 비(妃)였으나 현종의 눈에 띠어 총애를 받게
　　되자 수왕의 저택을 나와 태진이란 이름의 여도사(女道士)가 되었다가 27세 때
　　정식으로 현종의 귀비(貴妃)로 책립되었음.

귀밑머리 어지럽게 흐트러지고 비녀 비스듬히 꽂은 채,
짙은 화장이 조금 지워졌으나 자태에는 아름다움 넘쳐흐르네.
쟁쟁한 구절들이 종이 위에서 움직이니,
문득 날아가서 운연[249]이 될까봐 두렵다네.
그렇지 않으면 내가 오랜 타향살이에 감상에 젖기 쉽다 하여,
일부러 위태롭고 괴로운 말들 다 전하지 않은 것인가.

權子和我篇,
脫略三四聯.
中有何等語,
思之空愴然.
比如中秋十六夜,
十分明月一分虧,
光彩最可憐.
又如太眞初罷溫泉浴,
鬢亂釵橫,
濃抹小損態度有餘娟.
句句鏘鏘紙上動,
却恐飛去爲雲烟.
不然謂我久客易感傷,
故令危辭苦語不盡傳.

---

249) 운연(雲烟) : 글을 쓰거나 그림을 그릴 때 필세가 구름이나 연기가 일어나듯이
약동함을 형용한 말임. 여기에서는 구름이나 연기를 의미함. 두보의 「음중팔선가
(陰中八仙歌)」의 장욱(張旭)편에 '張旭三杯草聖傳, 脫帽露頂王公前, 揮毫落紙如
雲煙.'

라고 하였다.

대저 하늘이 부여해준 천성을 지니고 태어났기 때문에, 그 천성이 다른 사물로 인해서 변화되지는 않는다. 그러므로 공자는 태어나서 조두(俎豆)[250]를 가지고 놀이를 하였고, 문왕은 태어나서 스승을 수고롭지 않게 했다.[251] 이것은 모두 자연적인 현상에서 나온 것이므로, 위현[252]으로 고치기는 어렵다. 그러므로 "의(義)는 밖에서부터 몰래 엄습하여 형성된 것이 아니다."[253]란 말이 바로 이것이다.

[하-33] 今司空某, 皇大弟襄陽公之冑子也. 自離乳臭, 翩翩然嘗以書史爲樂, 行吟坐諷, 目不掛於餘事. 及於壯, 學無不窺, 理無不通, 浩浩乎若望江湖不可涯涘. 至於詞賦亦工, 用筆精妙, 若翹然而望場屋, 爭甲乙之名者, 世以爲宗室標的也. 惜也, 天不與年, 奄然赴玉樓

---

250) 조두(俎豆) : 제사를 지내거나 연회를 베풀 때 사용하던 음식을 담던 그릇. 뒤에는 제사나 조상을 숭모하는 뜻으로 쓰였음. "雖在軍旅, 不忘俎豆."(『후한서』 「제준전 (祭遵傳)」)

251) 문왕은 태어나서 스승을 수고롭지 않게 했다[文王之生, 在師不勞] : 문왕은 나면서부터 총명하고 뛰어나 그 어머니 태임(太任)이 하나를 가르치면 백을 알았기 때문에 부모나 스승에게 노고를 끼치지 않았다고 함. "生文王而明聖, 太任, 敎之以一而識百."(『소학(小學)』 권4)

252) 위현(韋弦) : 가죽 끈과 활시위로 느린 것과 성질 급한 것을 비유하는 말임.. 서문표 (西門豹)는 성질이 급하여 스스로 항상 가죽 끈을 차고 다니면서 느림을 배우고자 하였고, 동안우(董安于)는 성질이 느려서 항상 팽팽한 활시위를 차고 다니면서 급함을 배우고자 하였다는 고사를 용사한 것임. "西門豹之性急, 故佩韋以自緩, 董安于之心緩, 故佩弦以自急, 故以餘不足, 以長續短之謂明主."(『한비자』 권24 「관행(觀行)」) 여기에서 이장속단(以長續短), 취장보단(取長補短)이란 말이 생겼음.

253) 의(義)는 밖에서부터 몰래 엄습하여 형성된 것이 아니다[非義襲而取之] : '의'는 오랫동안 살아오면서 내면에 형성된 것이지 갑자기 밖으로부터 들어와 얻어진 것이 아니라는 것임. "義是集義所生者, 非義襲而取之也."(『맹자』 「공손추(公孫丑)」 상)

之召. 山人觀悟嘗遊其邸, 搜遺稿, 得近體詩八九篇, 嘉其有二美也,
以示之, 飄飄然有凌雲氣格, 將鏤板以傳於後. 故畧爲序云云, 自古
宗室之親, 襲茅土於襁褓中, 目耽珠翠, 耳悅絲竹, 罕有留意於文章
者, 今司空某 天性好學, 自年未七八, 尤嗜書史, 雖臨飮食, 諷詠之聲
不絕於外云.

　　지금 사공(司空)254) 아무개255)는 황태제 양양공256)의 큰 아들이
다. 어머니의 젖을 때면서부터 재주를 발휘하여 서사(書史)를 읽으
며 낙으로 삼았고, 걸어 다닐 때나 앉아있을 때나 글을 읊고 외우느
라 공부 외의 잡사에는 눈길을 주지 않았다. 장성하여서는 학문에
심취하여 이치에 통하지 않는 것이 없었고, 그의 학문세계는 넓고
넓어서 마치 광대하고 가없는 강호를 바라보는 것과 같았다. 사부
(詞賦)를 짓는 데에도 능숙하였고, 붓을 놀리는 솜씨가 정치하고 오
묘하여 그 특출한 재능으로 과거 시험장을 바라보며, 갑(甲) 을(乙)
을 다툴만한 사람이어서, 세상에서는 종실의 폿대로 세울 만한 사
람이라고 하였다. 애석하게도 그에게 주어진 수명이 얼마 되지 않
아서 홀연히 하늘의 부름257)을 따랐다. 산인(山人)인 관오(觀悟)가

---

254) 사공(司空) : 고려 때 삼공(三公)의 하나로 정1품직인데, 이 관직은 실직(實職)이
　　아닌 산직(散職)으로 주로 왕족의 대군(大君)에게 내리던 명예직이었음.

255) 아무개[某] : 양양공 왕서의 큰아들인 왕위(王瑋, ?~1216)를 말함. 관직은 종실
　　사람들에게 주어지던 수사공(守司空)에 올랐으며, 고종 3년에 죽었음. 시호는 회
　　경(懷敬).

256) 양양공(襄陽公) : 고려 신종(神宗)의 둘째 아들이고, 희종의 아우인 왕서(王恕)
　　를 가리킴. 신종 3년에 덕양후(德陽侯)로 봉해지고, 후에 양양공으로 봉해졌음.
　　최충헌이 희종을 폐위시키고 강화로 보낼 때 왕서는 교동현으로 추방되었음. 왕
　　서의 아들들은 왕위(王瑋), 왕병(王幷), 왕인(王絪), 왕희(王僖) 등이 있음.

257) 하늘의 부름[玉樓之召] : 하늘에 있는 백옥루(白玉樓)의 기문(記文)을 짓기 위해

일찍이 그 집에 머물면서 그가 남긴 유고를 찾다가 근체시 팔구 편을 얻어서는 그 시에서 그의 뛰어난 문장력과 정치한 필법이 있음을 발견하고는 기뻐하여 나에게 보였는데, 표표히 세속을 뛰어넘는 기상과 품격이 깃들어 있기에 목판에 새겨서 후대에 전하려고 하였다. 그러므로 간략히 서문을 지었는데, 그 내용은 이러하다.

　　예로부터 종실의 친족은 강보에 쌓여 있을 때부터 모토(茅土)258)를 이어받았으므로, 눈으로는 주취(珠翠)를 탐내고 귀로는 사죽(絲竹)을 즐기느라 문장에 뜻을 두는 사람이 거의 없었다. 그러나 지금 사공 아무개는 천성이 학문을 좋아하여 일고여덟 살의 어린 시절부터 경서와 역사서를 읽는 데 흠뻑 빠져서기 비록 음식을 앞에 두고도 문장을 외우고 읊조리는 소리가 끊임없이 밖에까지 들렸다.

불려갔다는 옥루수기(玉樓修記)의 내용과 같은 말로, 이는 젊고 유능한 문인의 안타까운 죽음을 뜻함. 당나라 문인인 이상은(李商隱)이 쓴 「이하소전(李賀小傳)」에, 중국 중당 때의 천재 시인으로 요절한 이하(李賀, 790~816)가 27세에 죽을 때 천상에서 붉은 옷을 입은 사람이 붉은 용을 타고 내려와서 '상제(上帝)께서 백옥루를 완성하고 지금 그대를 불러다가 기(記)를 짓도록 명하셨다' 하고 데려갔다는 전설이 있음.(賀晝見一緋衣人, 駕赤叫虯, 持一板, 書太古篆曰, 帝成白玉樓, 立召君爲記, 賀旋卒.)

258) 모토(茅土) : 천자가 제후를 봉할 때 그가 봉해지는 지역의 방위에 따라서 색깔이 다른 흙을 백모(白茅)로 싸서 주던 것을 이름. 동쪽이면 청색의 흙, 서쪽이면 백색의 흙, 남쪽이면 적색의 흙, 북쪽이면 흑색의 흙, 중앙이면 황색의 흙 등 오방색(五方色)의 흙을 주었음.

『파한집』 발문[「破閑集跋」]

南華篇曰, 親父不爲子媒, 親父譽之, 不若非其父者也, 何則, 蓋謂
聽者惑也. 子之於父亦猶是, 苟以父之所爲, 推美於文翰之中, 則祇
自招謗耳. 又不若非其子者也. 然戴經云, 父作子述, 則昔童烏之參
玄是也. 又況魯論云, 父在觀其志, 父歿觀其行, 則之志也之行也, 豈
他人所能得其髣髴哉, 惟子乃能耳. 若以南華之親嫌, 背戴經魯論戒
子之意, 而不錄先人志行, 而傳於不朽, 則觀父之義安在哉.

『남화편(南華篇)』[1]에 이르기를,

　친부(親父)는 아들을 위하여 중매를 서지 말아야 한다. 왜냐하면 친
부가 자신의 아들을 칭찬하는 것은 아버지가 아닌 다른 사람이 칭찬
하는 것만 못하기 때문이다.[2]

---

1) 남화편(南華篇): 『남화진경(南華眞經)』의 준말로 『장자』의 다른 이름. 중국 당나
　라 현종(玄宗)이 천보(天寶) 원년(742)에 장주(莊周)에게 남화진인(南華眞人)이라
　는 호를 추증하고, 그의 저서인 『장자』를 『남화진경』이라 하였는데, 이를 줄여서
　『남화』 또는 『남화경』이라고 함. "天寶元年二月二十二日敕文, 追贈莊子南華眞
　人, 所著書爲南華眞經." (『당회전(唐會典)』 「잡기(雜記)」)
2) 이 말은 『장자』의 「우언(寓言)」편의 내용을 그대로 옮긴 것임. '親父不爲其子媒.

라고 하였는데, 이는 어째서 그런가. 아마 옆에서 말을 듣는 사람이 친부의 말을 의심하기 때문일 것이다. 아들이 아버지에게 하는 것 또한 이와 같으니, 진실로 아버지가 한 일을 아들이 글 속에서 아름답다고 추켜세운다면 다만 스스로 비방을 불러들일 뿐이다. 그러니 또한 아들이 아닌 다른 사람이 그렇게 하는 것만 못하다. 그러나『대경(戴經)』3)에 이르기를, "아비는 짓고, 자식은 계술(繼述)한다."4)라고 하였으니, 이러한 예는 옛날 동오(童烏)5)가『태현경(太玄經)』6)을 저술하는 데에 참여한 것에서 살필 수 있다. 나아가 또『노론(魯論)』7)에서 말하기를, "아버지가 살아 계실 때에는 그 뜻을 보고, 아버지가

親父譽之, 不若非其父者也, 非吾罪也, 人之罪也. 與己同則應, 不與己同則反, 同於己爲是之, 異於己爲非之.'

3)『대경(戴經)』: 소대기(小戴記)로『예기』의 별칭. '戴記顯游觀之言'에 대한 이선(李善)의「주(注)」에, '禮記戴聖所傳, 故號戴記.' (『문선』, 육수(陸倕)의「석궐명(石闕銘)」)

4) 아비는 짓고, 자식은 계술(繼述)한다[父作子述] : 이 말은 아버지가 지은 것을 아들이 쉽게 풀어서 설명한다는 뜻임. '無憂者, 其惟文王乎. 以王季爲父, 以武王爲子, 父作之, 子述之.' (『중용』권18)『중용』은 원래『예기』의 한 편명이었지만 송나라 이학자(理學者)인 정이천(程伊川)이 발췌하여 독립시킨 것임.

5) 동오(童烏) : 중국 한나라의 유명한 부(賦) 작가인 양웅(揚雄, BC53~AD18)의 아들로 명석한 두뇌를 지녔으나 요절했음. 어린 나이인 9세 때 벌써 양웅이『태현경(太玄經)』을 짓는데 참여할 정도로 출중했다고 함.

6) 태현경(太玄經) : 양웅이『주역』에 견주어 지은 책으로 모두 10권으로 이루어졌음.『한서』에서는 태현 또는『태현경』이라 하였고, 송의 사마광 이후로는 대개 태현이라 하였음. '현(玄)'은 천지만물의 기원을 뜻하고, '태(太)'는 그 공덕을 형용한 말임.

7) 노론(魯論) :『노논어(魯論語)』로,『논어』의 여러 종류 가운데 한 책. 지금의『논어』는 주로 노론을 전해 받은 것임. 한나라 때「재론(齊論)」, 「고론(古論)」, 「노론(魯論)」 등의 세 종류의『논어』가 있었는데, 「노론」은 노나라 사람이 전한 것으로 뒤에『논어』의 다른 이름으로 불리어졌음. '傳魯論語者, 常山 都尉 龔奮 長信 少府 夏侯勝, 丞相 韋賢 魯扶卿, 前將軍 蕭望之·安昌侯 張禹, 皆名家. 張氏 最後而行于世.' (『한서』「예문지(藝文志)」)

돌아가신 뒤에는 그 행동을 본다."[8]고 하였으니, 아버지의 뜻과 행동을 어찌 다른 사람이 그 비슷하게라도 드러낼 수 있겠는가. 오직 아들이라야 가능할 따름이다. 만약 『남화』에서 말하는 아버지를 꺼려한다는 친혐(親嫌)을 신봉하여 『대경』과 『노론』에서 아들을 가르치려는 뜻을 어기고 돌아가신 아버지의 뜻과 행동을 기록하여 영원히 전하지 않는다면 아버지의 뜻과 행동을 본다는 의의가 어디에 있겠는가.

我先人生大金天德四年壬申, 早喪考妣, 無所依歸, 有大叔華嚴僧統寥一, 撫養之, 常不離左右, 訓誨勤勤, 三墳五典諸子百家, 莫不漁獵. 至乙未夏, 題名豹牓, 翌年秋月, 踵入賢關, 連捷考藝. 又庚子春場首登龍귀, 聲動士林. 及氷淸司業崔公永濡, 爲賀正使, 以書狀官預于一行, 是年臘念七, 行至漁陽鵝毛寺, 乃祿山鍊兵所也. 因留詩云, 槿花相映碧山峰, 卯酒初酣白玉容. 舞罷霓裳猶未畢, 一朝雷雨送猪龍. 入燕都, 元日館門額上, 題春帖子云, 翠眉嬌展街頭柳, 白雲香飄嶺上梅. 千里家園知好在, 春風先自海東來. 題未幾, 名遍中朝. 及還朝, 出爲桂陽書記, 俄入補翰林, 凡諸詞疏皆出手下. 關後中朝學士, 遇本朝使价則取誦前詩, 問云, 今爲何官不已. 先人始自翰院至於誥院, 凡十有四載, 演綸餘暇, 遇景落筆, 詞若湧泉, 略無停滯. 時人指之曰腹藁.

나의 선친께서는 대금 천덕(天德) 4년[9] 임신년에 출생하시어 일

---

8) 아버지가 살아 …… 그 행동을 본다. : 이 말은 『논어』「학이(學而)」편에 나옴. '父在, 觀其志, 父沒, 觀其行, 三年無改於父之道, 可謂孝矣.'

9) 천덕 4년(天德四年) : 천덕은 금나라의 제 4대 임금으로 뒤에 폐제(廢帝)가 된 적

찍 부모를 여의시고 의지할 곳이 없었다. 그때 대숙(大叔)인 화음승통(華嚴僧統) 요일(寥一) 스님이 아버지를 기르셨는데, 항상 가까이에 있게 하고 부지런히 가르쳤으므로 삼분오전(三墳五典)10)과 제자백가서(諸子百家書)를 두루 섭렵하지 않은 것이 없었다. 을미년11) 여름에 표방(豹榜)12)에 이름이 올랐고, 다음해 가을에 현관(賢關)13)에 들어가 고예시14)에서 잇달아 합격하였다. 또 경자년15) 봄에 치뤄진 과거시험에서 장원급제하여 그 명성이 사림에 울렸다. 장인16)인 사

고내(迪古乃, 帝亮)의 연호(1149~1152)로, 그 4년은 고려 의종 6년인 1152년을 가리킴.

10) 삼분오전(三墳五典) : 삼분오전팔색구구(三墳五典八索九丘)를 이름. 대체로 삼분은 복희(伏犧)·신농(神農)·황제(皇帝)의 책을 가리키고, 오전은 소호(少昊)·전욱(顓頊)·고신(高辛)·당(唐 : 요임금)·우(虞 : 순임금)의 책을 가리키나 다음 표와 같이 여러 설이 있음.

	三墳	五典	八索	九丘
孔安國尙書序	伏犧·神農·黃帝之書	少昊·顓頊·高辛·唐虞之書	八卦之說	九州之志
周禮春官外史鄭注	三王之書	五帝之書		
賈逵	三王之書	五帝之典	八王之法	九州亡國之戒
張平子	三禮	五帝之常道	周禮八議之刑	周禮之九刑
馬融	三氣	五行	八卦	九州之數
劉原父				九共

11) 을미년(乙未年) : 1175년(명종 5)에 해당됨.

12) 표방(豹榜) : 호방(虎榜) 또는 용호방(龍虎榜)의 다른 이름. 과거에서 진사(進士)에 급제한 사람의 성명을 게시하는 판으로, 전의되어 진사 급제자를 가리키기도 함.

13) 현관(賢關) : 현인(賢人)이 되기 위하여 통과하는 관문이라는 뜻으로, 여기서는 최고의 교육기관인 태학(太學)을 이름.

14) 고예시(考藝詩) : 고려시대 최고의 교육기관인 국자감 재학 기간 중에 학생들이 치르는 시험으로 행예시(行藝試)라고도 불리었음. 여기에서 우수한 성적을 거둔 사람은 본 시험인 예부시(禮部試)의 중장(中場 : 2차시험)이나 종장(終場 : 3차시험)에 직접 응시할 수 있는 특전이 주어졌음. 즉 행예시 성적이 14분(分) 이상이면 종장에, 13분 이하 4분 이상이면 중장에 직접 응시할 수 있었음.

15) 경자년(庚子年) : 1180년(명종 10년)에 해당됨. 이인로가 이해 6월에 예부시에 합격한 것을 말함. 이때 고시관은 민영모(閔令謨, 1115~1194)였음.

업(司業)[17] 최영유(崔永濡)[18] 공께서 하정사(賀正使)에 임명되자 서장
관으로 사신 일행에 참여하여 이 해 섣달 스무 이렛날 어양(漁陽)[19]
의 아모사(鵝毛寺)에 이르렀다. 이곳은 안록산(安祿山)이 군사를 훈
련하던 곳으로 여기에 시를 남겼는데 그 시에 이르기를,

무궁화 푸른 산봉우리에 서로 아른거리니,
묘주[20]에 처음 취한 백옥의 얼굴빛이네.
예상[21]의 춤은 아직 끝나지 않았는데,
하루아침 뇌우 소리에 저룡[22]을 보냈네.

---

16) 장인[氷淸] : '빙청'은 덕망이 높고 처세가 훌륭한 처부(妻父)인 장인을 가리키는
말임. 이 말은 중국 진(晉)나라 위개(衛玠)의 장인인 악광(樂廣)이 세상에서 중망
(重望)을 얻어 얼음같이 청렴한 뜻의 '빙청(氷淸)'으로 불리어졌기 때문에 생긴 이
름임. 빙수(氷叟), 빙옹(氷翁)이라고도 함. "玠妻父樂廣, 有海內重名, 議者以爲,
婦公氷淸, 女壻玉潤."(『진서(晋書)』 「위개전(衛玠傳)」)

17) 사업(司業) : 고려 시대 최고의 교육기관인 국자감(國子監)에서 유생(儒生)들에게
경서(經書)를 가르치던 종4품직. 중국 수(隋)나라 때 처음 설치되었음.

18) 최영유(崔永濡) : 고려 중기의 문신. 명종12년(1182) 11월에 병부낭중(兵部郎中)으
로 하정사(賀正使)에 임명되었음. 이 때 이인로(1152~1220)가 서장관으로 따라갔던
것을 추측됨. '冬十一月 …… 兵部郎中崔永儒, 賀正.'(『고려사·세가(世家)』 권20)
『고려사』에는 영유(永儒)로 되어 있음.

19) 어양(漁陽) : 중국 천진(天津)의 계현(薊縣)에 있었던 지명으로, 수(隋)나라 때 무
종현(無終縣)이었다가 어양으로 바꾸었음.

20) 묘주(卯酒) : 아침 6시경인 묘시(卯時)에 마시는 술을 이름. 백거이(白居易)의 시
「취음(醉吟)」에, '耳底齋鐘初過後, 心頭卯酒未消時.'

21) 예상(霓裳) : 예상은 신선의 옷. 신선이 구름으로 치마를 삼는다는 데서 비롯된
말로, 여기에서는 중국 당나라 때 무곡인 '예상우의곡(霓裳羽衣曲)'을 이름. 이는
당나라의 대곡(大曲) 중에서도 법곡(法曲)으로, 이 무곡은 당나라 현종 때 하서절
도사(河西節度使) 양경충(楊敬忠)이 바친 것으로 처음 이름은 바라문곡(婆羅門曲)
이었는데, 현종이 이 곡을 윤색하고 가사를 붙이고는 예상우의곡이라고 했음.

22) 저룡(猪龍) : 용의 몸에 돼지 머리를 가진 안록산(安祿山)을 이르는 말. 안록산이
당나라 현종을 모시고 연회를 열었는데, 술에 취해 자는 안록산의 몸이 용으로,

槿花相映碧山峰,
卯酒初酣白玉容.
舞罷霓裳猶未畢,
一朝雷雨送猪龍.

라고 하였다. 연도(燕都)²³⁾에 들어가서 정월 초하룻날 관문(館門)위
에 춘첩자(春帖子)²⁴⁾를 지어 붙였는데 이르기를,

길가의 버들은 푸른 눈썹 같은 여린 싹 틔우고.
고개 위의 매화는 백운의 향기 사방에 날리네.
천 리나 되는 고향집 잘 있는 줄 알겠노니,
봄바람은 먼저 우리 고향마을 지나 왔다네.

翠眉嬌展街頭柳,
白雲香飄嶺上梅.
千里家園知好在,
春風先自海東來.

머리가 돼지로 변하자 좌우에 있던 사람들이 이 사실을 고하였으나 현종은 "이것
은 저룡이라서 별볼일 없는 것이다."하고 죽이지 않았다는 고사에서 나온 말임.
'玄宗曰, 渠有異相, 我欲禳之故耳. 又嘗與之夜宴, 祿山醉臥, 化爲一猪而龍頭. 左
右遽告, 帝曰 : '渠猪龍, 無能爲也. 終不殺之"(『태평광기(太平廣記)』권222)
23) 연도(燕都) : 지금의 중국북경을 가리키는 옛 지명으로, 춘추전국시대 연(燕)나라
의 수도였기 때문에 연도 또는 연경(燕京)으로 불리어졌음.
24) 춘첩자(春帖子) : 입춘날에 궁궐의 한림(翰林)에서 시하태평(時下泰平)을 기원하
는 내용의 5언 또는 7언으로 된 대련(對聯)을 써서 대문이나 기둥 등에 붙이던 것
을 이름. 이런 풍속은 중국 송(宋)나라에서 시작되었음.

라고 하였다. 이 춘첩자 시를 지은 지 얼마 되지 않아 시를 잘 짓는다는 명성이 중국에 널리 알려졌다. 고려 조정에 돌아와서는 외직인 계양(桂陽)의 서기로 나가셨고, 얼마 뒤에 한림원(翰林院)으로 자리를 옮기시어 나라의 모든 사(詞)와 소(疏)가 모두 아버님의 손에서 나왔다.

그 후 중국의 학사들이 우리나라의 사신을 만나면 앞의 춘첩자 시를 외우면서 "지금 그분은 무슨 벼슬을 하고 있는가요."라고 물었다. 아버님께서 처음 한림원으로 들어가시어 고원(誥院)에 재직하시기까지 두릇 십사년 동안 임금의 조서를 작성하는 여가에도 좋은 경치를 만나면 붓을 들어 시를 남겼는데, 말이 마치 샘물 솟듯이 하여 조금도 막히는 일 없이 자유자재로웠다. 그러므로 당시 사람들이 그러한 아버님을 가리켜 '복고(腹藁)'25)라고 불렀다.

日與西河耆之, 濮陽世材輩, 約爲金蘭, 花朝月夕未嘗不同, 世號竹林高會. 倚醑相語曰, 麗水之濱, 必有良金, 荊山之下, 豈無美. 我本朝境接蓬瀛, 自古號爲神仙之國. 其鍾靈毓秀間生五百, 現美於中國者, 崔學士孤雲唱之於前, 朴參政寅亮和之於後, 而名儒韻釋, 工於題詠, 聲馳異域者, 代有之矣. 如吾輩等, 苟不收錄傳於後世, 則湮沒不傳決無疑矣. 遂收拾中外題詠可爲法者, 編而次之爲三卷, 名之曰破閑.

---

25) 복고(腹藁) : 시문을 지을 때 미리 마음속에 생각해 둔 초고라는 말로, 전하여 깊이 생각하지 않고 자유자재롭게 글을 짓는 재주를 가진 사람을 이름. 당나라 시인인 왕발(王勃, 649~676)이 문장력이 뛰어나 사람들이 타고난 시인이라고 하여 복고라고 하였음. "勃屬文, 初不精思, 先磨墨數升, 臥被覆面臥, 及寤援筆成文, 不易一字, 時人謂勃爲腹稿."(『신당서』 권201 「왕발전」)

날마다 서하(西河) 기지(耆之), 복양(濮陽) 세재(世材) 등과 더불어 금란(金蘭)26) 같은 아름다운 우의를 맺고 꽃피는 아침이나 달 밝은 저녁이면 어울리지 않은 적이 없었으니 세상은 그분들의 모임을 죽림고회(竹林高會)라고 불렀다. 술에 거나해지면 서로 말하기를,

여수27) 가에는 반드시 좋은 금이 있으니 형산28)의 밑에 어찌 좋은 옥이 없겠는가. 우리나라가 봉래(蓬萊)와 영주(瀛洲)에 인접하여 예로부터 신선의 나라라고 불리어졌다. 그 신령한 정기를 모으고 빼어난 재주를 길러 오백 년마다 뛰어난 인재를 배출했는데,29) 중국에 아름다운 이름을 나타낸 사람으로는 고운 최치원이 앞에서 선창하였고, 참정 박인량30)이 뒤에서 화답하여 명유(名儒)와 운석(韻釋)31)이 시

---

26) 금란(金蘭) : 벗과의 사귐에 있어 그 굳기가 쇠와 같고, 그 아름답기가 난초 향기와 같다는데서 온 말로 금란지우(金蘭之友)를 가리킴. "二人同心, 其利斷金, 同心之言, 其臭如蘭."(『주역』「계사(繫辭) 상)

27) 여수(麗水) : 중국의 옛 물 이름으로 중국 호북성 남장현 옛 초(楚)나라의 남쪽으로 흐르던 냇물 이름이라고도 하고, 운남성의 사금(沙金)이 많이 나는 금사강(金沙江)을 이르기도 함. "荊南之地‧麗水之中生金, 人多竊采金"(『한비자』「내저설(內儲說)」)

28) 형산(荊山) : 중국 호북성 양양시(襄陽市) 남장현(南漳縣)에 있는 산으로 전국시대 초(楚)나라 사람 변화(卞和)가 이 산에서 옥을 얻었다고 함. 그러므로 변화가 여기에서 얻은 옥을 화씨지벽(和氏之璧), 형산지옥(荊山之玉), 형산박(荊山璞)이라고 함.

29) 오백 년마다 뛰어난 인재를 배출했는데[間生五百] : 오백년마다 성현이 나타난다는 것을 이르는 말로, 이 말은『맹자』「진심장(盡心章)」에서 요순으로부터 탕에 이르기까지 오백여 년이고, 탕으로부터 문왕에 이르기까지가 오백여 년이며, 문왕으로부터 공자에 이르기까지 오백여 년이라고 한 것에서 유래함. '由堯舜至於湯 五百有餘歲. 若禹皋陶則見而知之, 若湯則聞而知之, 由湯至於文王, 五百有餘歲. 若伊尹萊朱則見而知之, 若文王則聞而知之, 由文王至於孔子, 五百有餘歲. 若太公望散宜生則見而知之, 若孔子則聞而知之, 由孔子而來, 至於今, 百有餘歲.'

30) 박인량(朴寅亮, ?~1096) : 고려의 전기의 문신. 자는 대천(代天), 호는 소화(小華). 관직은 참지정사(參知政事)에 올랐음. 1080년 유홍(柳洪)‧김근(金覲) 등과

를 잘 지어 다른 나라에 명성을 떨친 이가 대대로 끊임없이 이어졌다. 만약 우리들이 진정으로 선인들의 글을 찾아내어 기록으로 남겨 후세에 전하지 않는다면 그러한 훌륭한 글들이 자취도 없이 사라져버린다는 사실은 의심할 여지가 없다.

라고 하고는 드디어 중외(中外)에 남아 있는 작품들 중에서 모범이 될 만한 것을 모아 엮어서 세 권을 만들고 이름을 '파한'이라 하였다.

又謂儕輩曰, 吾所謂閑者, 蓋功成名遂, 懸車綠野, 心無外慕者, 又遁跡山林. 飢食困眠者, 然後其閑可得而全矣. 然寓目於此, 則閑之全可得而破也, 若夫汨塵勞役名宦, 附炎借熱, 東鶩西馳者, 一朝有失, 則外貌似閑而中心洶洶, 此亦閑爲病者也. 然寓目於此, 則閑之病亦可得而醫也, 若然則不猶愈於博奕之賢乎. 當時聞者皆曰, 然.

또 친구들에게 말하기를,

내가 '한'이라고 한 것은 세상에 나아가 공명을 이루고 나서 수레를 매달아 두고32) 녹야당(綠野堂)을 짓고 살면서33) 바깥세계를 그리워

송나라에 사신으로 갔을 때 중국 문인들이 그의 시문을 높이 평가하여 김근의 글과 함께 모아서 『소화집(小華集)』을 발간해 주었음. 저서에 『고금록(古今錄)』 10권과 설화집 『수이전(殊異傳)』 등이 있음. 시호는 문열(文烈).

31) 운석(韻釋) : 시문에 능한 스님을 말함.

32) 수레를 매달아 두고[懸車] : 관료로 있으면서 자신이 타고 다니던 수레를 매달아 둔다는 것으로 벼슬에서 물러남을 뜻함. 고대에는 일반적으로 70세가 되면 벼슬에서 물러나 집에 안거(晏居)하며 수레를 매달아 두고 타지 않는다는 것에서 유래한 말임.

33) 녹야당(綠野堂)을 짓고 살면서 : 벼슬에서 물러나 한가롭게 살아감을 이름. 녹야

하는 마음이 없는 사람이나, 또는 산림 속에 자취를 감추고 살아가면서 배고프면 먹고 노곤하면 잠자는 사람이여야만이 온전히 누릴 수 있는 것이다. 이처럼 심신을 여기에 쏟으면 한을 온전히 누릴 수 있지만, 만약 세속에 함몰되어 벼슬자리에 연연하며 세상의 영욕에 이끌려 이리저리 헤매는 자들이 하루아침에 실세(失勢)하게 되면 겉으로는 한가로워 보이지만 마음은 더없이 흉흉하니 이 또한 한(閑)이 병이 되는 것이다. 그러나 위에서 말한 무욕의 삶에 관심을 두게 되면 한으로 인해 생긴 병도 또한 나을 수가 있을 것이니, 그렇다면 바둑이나 장기를 두는 것34)보다 오히려 낫지 않겠는가.

라고 하니 당시에 듣던 사람들이 모두 말하기를, "그렇다."고 하였다.

集旣成, 未及聞于上, 而不幸有微恙, 卒于紅桃井第. 先是家有鵶頭孫女, 夢見靑衣童十五輩, 奉靑幢翠蓋, 扣門叫喚, 家童閉門力拒, 俄而門鎖自開, 靑衣踊躍直入相賀, 須臾而散去, 未幾而卒, 則安知不爲玉樓之記. 而召之耶. 上仙之夕, 有赤氣一條上衝牛斗間, 竟夜不滅, 望之者皆怪焉. 此蓋先人之平昔也.

이렇게 선인들의 시문에 관한 것들을 모은 책이 이미 엮어졌으나 채 이 사실을 임금님께 아뢰지도 못한 상태에서 불행하게도 대단치

당을 지었다는 것은 중국 당나라 문신인 배도(裵度, 585~625)가 벼슬에서 물러난 후 고향인 하남성 낙양으로 돌아와 녹야당을 짓고 한가로이 살았다고 하는 고사에서 나온 것임. "於午橋創別墅, 花木萬株, 中起涼臺暑館, 名日綠野堂."(『구당서·열전』권120「배도전(裵度傳)」)

34) 바둑이나 장기를 두는 것[博奕之賢] : 이 말은 『논어』「양화편(陽貨篇)」에서 공자가 말한 것으로, 아무런 하는 일 없이 노는 것보다는 바둑이나 장기를 두는 것이 낫다는 말임. '飽食終日, 無所用心, 難矣哉! 不有博奕者乎? 爲之, 猶賢乎已.'

도 않은 병으로 홍도정리(紅桃井里)의 집에서 돌아가셨다. 돌아가시기에 앞서 어린 손녀가 꿈을 꾸었는데, 그 꿈속에서 푸른 옷을 입은 동자 십오 명이 푸른 깃발과 푸른 일산을 든 채로 대문을 두드리며 소리 질러 부르기에 집안의 종들이 문을 막고 힘을 다해 막았으나, 이윽고 잠긴 문이 저절로 열리고 청의동자들이 날뛰며 곧장 들어와서 서로 축하하더니 잠깐 동안에 흩어져 가 버리는 것을 보았다. 이러한 현몽이 있은 지 얼마 뒤에 아버님께서 돌아가셨으니 어찌 옥루(玉樓)의 기(記)를 쓰게 하기 위하여 불려간 것이 아니겠는가.[35] 돌아가신 날 저녁에 한 줄기의 붉은 기운이 견우와 북두의 사이로 솟아올라 밤이 다하도록 없어지지 않으니 보는 사람들이 모두 이상하게 여겼다. 여기까지가 대체로 아버님의 생애를 기술한 것이다.

自負其文章聲勢, 而恨不得提衡, 居常鬱鬱. 及登左諫議大夫, 始受選錢之命, 未開試席, 天不假年, 奄然而逝, 則其胸中憤氣發而上衝者, 又夫可知也. 噫, 平生所著古賦五首, 古律詩一千五百餘首, 手自撰爲銀臺集, 又撰著老會中雜著, 爲雙明齋集. 洪樞府思胤, 是雙明太尉公之姻族也, 嘗管興王寺, 受朝旨, 付板敎藏堂, 傳於世, 其餘皆未上板. 但積年蠹朽於家藏耳.

아버님께서는 뛰어난 문장력을 자부하셨으나 문형(文衡)[36]을 잡지 못한 것이 한이 되어 항상 울적해 하셨다. 벼슬이 좌간의대부(左

---

35) 이와 관련된 내용은 [하-33] 주 256)을 참조.
36) 문형(文衡) : 과거시험에서 응시자의 답안지를 평가하는[衡] 일로, 여기에서는 지공거(知貢擧)가 되어 합격자를 발탁하는 것을 말함. '宦途最重是文衡, 天與愚夫著盛名'(당나라 문신인 배호裴皥의 「시문생마윤손시(示門生馬胤詩)」)

諫議大夫)37)에 오르시고서야 비로소 인재를 선발하는 시관에 임명되셨으나 채 과거시험을 주관할 겨를도 없이 하늘의 부름을 받아 갑자기 돌아가셨다. 돌아가시던 날에 견우와 북두의 사이로 솟아올랐던 한 줄기의 붉은 기운은 가슴속의 분한 기운이 폭발하여 위로 하늘에 뻗친 것인지도 모르겠다.

  슬프도다. 평생에 저술하신 고부(古賦) 5수와 고시, 율시 1500여 수를 손수 편찬하여 『은대집(銀臺集)』이라 하고, 또 기로회38)에 참석한 사람들이 잡다하게 지은 시문을 편찬하여 『쌍명재집(雙明齋集)』이라 하였다. 추부 홍사윤은 쌍명 태위공39)의 인척으로 일찍이 홍왕사를 관리하였는데, 조정의 교지를 받아 교장당에서 『쌍명재집』을 출판하여 세상에 전하였지만, 그 나머지는 모두 아직 출판하지 못한 채 다만 여러 해를 집에 묵혀두어 좀이 쓸고 썩어 갈 뿐이었다.

  須當水龍秋首, 北兵大至, 掠及松都, 城中擾亂, 卷入江都. 時又霽霖連月, 携幼扶老, 共迷所適, 或塡溝壑而死者亦多矣. 僕時爲學諭, 扈從法駕, 艱難跋涉中, 常賫遺藁不啻若簣金, 猶恐有隻字之失, 期成萬世子孫之寶, 寤寐不忘者, 將五十年矣. 頃以事黜於東閣, 貶秩

---

37) 좌간의대부(左諫議大夫) : 고려의 관직 이름으로 내사문하성(內史門下省)에 소속되어 있었던 정4품의 벼슬. 중서문하성의 낭사(郎舍)를 구성하는 간관으로서 간쟁(諫諍)·봉박(封駁) 등을 주된 직임으로 하였음.

38) 기로회(耆老會) : 고려 중기에 고위관료로 있다가 은퇴한 문신들이 모여 결성했던 친목단체. 최당(崔讜, 1135~1211)을 중심으로 하여 그의 아우 최선(崔詵), 장자목(張子牧), 고형중(高瑩中), 백광신(白光臣), 이준창(李俊昌), 현덕수(玄德秀), 이세장(李世長), 조통(趙通) 등이 참여하여 한가롭게 노닐며 교우하였으므로 당시 사람들이 이들을 지상선(地上仙)이라고 일컬었음.

39) 쌍명 태위공(雙明太尉公) : 쌍명은 최당의 재호(齋號)이고, 태위는 그가 수태위(守太尉) 벼슬을 지냈기 때문에 붙여진 이름임.

左符於機長縣, 于時按廉使大原王公, 弭節幣封, 問民之暇, 語及先
人遺藁, 哀余力薄未遂其志, 命取雜文三百餘首, 破閑集三卷, 躬自
檢閱, 命工鏤梓, 光曜幽宮, 又使僕之鬱結, 一朝冰釋 則可不覼樓本
末, 以視無極耶. 其所未畢者, 倘有雲來收拾餘緒, 繼志板傳, 則與戴
經魯論所說, 亦可鏡於千古矣. 庚申三月日孼子 閣門祇候世黃謹誌

　　임진년[水龍]⁴⁰⁾ 가을에 몽고 군대가 대거 침입하여 송도를 약탈하
니 성안이 시끄러웠으므로 강도(江都)⁴¹⁾로 서울을 옮겼다. 마침 그
때 또 장마가 몇 달 동안 계속되었으므로 어린애를 데리고 노인을
부축한 차 모두가 어디로 가야 할지를 몰라 허둥댔으며, 구렁텅이
와 골짜기를 가득 채울 정도로 많은 사람들이 빠져 죽기도 했다.
　　내가 그 때에 학유(學諭)⁴²⁾로 있으면서 법가(法駕)⁴³⁾를 호종하느
라 갖은 고생을 겪으면서도 항상 아버님의 유고(遺稿)를 가지고 다
니며 영금(籯金)⁴⁴⁾과 같이 귀중하게 여길 뿐만 아니라 글자 한 자라

---

40) 임진년[水龍] : 임진(壬辰)을 수룡(水龍) 또는 흑룡(黑龍)이라고도 함. 임진년은
　　1232년(고종 19년)에 해당됨. 십간(十干)을 오방(五方)으로 나누면 동방은 갑을(甲
　　乙), 남방은 병정(丙丁), 중앙은 무기(戊己), 서방은 경신(庚辛), 북방은 임계(壬癸)
　　로 분배되고, 이 오방을 오행(五行)과 오색(五色)으로 안배하면, 갑을은 오행으로는
　　목(木), 오색으로는 청(靑), 병정은 화(火)에 적(赤), 무기는 토(土)에 황(黃), 경신은
　　금(金)에 백(白), 임계는 수(水)에 흑(黑)으로 나누어짐.
41) 강도(江都) : 몽고 군대의 침략을 받아 1232년에 6월에 개성에서 천도하여 33년간
　　임시수도 역할을 했던 강화도를 이름.
42) 학유(學諭) : 고려시대 국자감(國子監)과 조선시대 성균관에 소속된 종9품 관직.
　　각종 과거응시의 예비 심사일을 처리하는 등 중요한 사무를 맡아 유생의 사표(師
　　表)가 되어야 하므로 문행(文行)이 뛰어난 자를 학유에 임명하였음.
43) 법가(法駕) : 제왕이 행차할 때 타고 다니는 수레로, 대가(大駕)·법가·소가(小
　　駕)의 세 종류가 있음.
44) 영금(籯金) : 한 광주리에 가득 담긴 금으로, 부(富)나 재물을 비유하는 말로 쓰
　　임. '先馴則賞籯金而賜龜綬, 後服則繼頭纇而釁北闕.'(『후한서』「서역전론(西域傳

도 사라질까 두려움에 떨었다. 이 유고가 만세 자손의 보물이 되기를 바라며 자나 깨나 잊지 못한 지가 거의 오십 년이 되었다.

내가 어떤 일로 동각에서 쫓겨나 기장현으로 좌천되었다. 그때 안렴사로 있던 태원 왕공(太原王公)이 내가 근무하던 고을에 순행하여 민정을 살피다가 아버님의 유고가 화제에 올라 나의 역량이 모자라 그 뜻을 이루지 못한 것을 알고는 애석하게 여겼다. 그 자리에서 잡문 300여 수와 『파한집』 3권을 가져오게 하여 친히 살펴보고는 장인(匠人)을 불러 목판에 새기게 하였다. 이는 유궁45)을 빛나게 하는 일이며, 또한 나의 풀 길 없었던 한을 하루아침에 얼음 녹듯 풀어 주는 일이기도 하니, 본말을 자세히 기록하여 무궁한 후세에 거울로 삼게 해야 하지 않겠는가. 아직 출판이 다 마무리 되지 않았으므로 만약 후손46)들이 남은 것을 수습하여 나의 뜻을 이어 판에 새겨 전한다면 『대경』과 『노론』에서 말한 바와 같이 또한 천고에 거울이 될 수 있을 것이다.

경신47) 삼월 일 얼자 각문지후48) 세황(世黃)49)이 삼가 씀.

論)」) 또는 유가 경전을 이르는 말로, 한 광주리의 황금이라도 경서 한 권보다 못한다는 뜻에서 나온 말임. "遺子黃金滿籝, 不如一經."(『한서』 「위현전(韋賢傳)」)
45) 유궁(幽宮) : 깊숙한 궁궐, 또는 무덤. 여기서는 무덤의 뜻으로 쓰였음. 유경(幽局), 유실(幽室), 유대(幽臺) 등으로도 불리어 짐. 중국 송(宋)나라의 문호 왕안석의 시 「과 진황묘시(過秦皇墓時)」에 '古墓成蒼嶺, 幽宮象紫臺.'
46) 후손[雲來] : 8대의 자손, 또는 먼 후손을 두루 이르는 말인 운손(雲孫)과 현손(玄孫)의 아들인 5대손인 내손(來孫)을 아울러 이르는 말임. 곧 먼 후손을 이름.
47) 경신년(庚申年) : 1260년, 원종 원년에 해당됨.
48) 각문지후(閣門祗侯) : 합문지후(閤門祗侯)라고도 함. 고려 시대 조회(朝會)·의례(儀禮) 등 국가 의식을 맡아보던 합문 소속의 관직. 합문이 처음 설치된 목종 때 두었으며 문종 때 정원 4인에 정7품의 벼슬이었음.
49) 세황(世黃) : 이인로의 아들임.

찾아보기

박성규 朴性奎

경남 고성(固城)에서 출생.

고려대학교에서 수학하여 학사·석사·박사학위를 수여.
계명대학교 사범대 한문교육과 부교수를 거쳐 고려대학교
문과대학 한문학과에서 교수로 재직 중 고대신문사 주간,
한자한문연구소장, 동아시아 인문사회연구원장, 문과대 학장
등을 역임하고 지금은 고려대학교 명예교수로 있음.

35년간 한문학 연구에 종사하면서 한국한문교육학회장,
한국한문학회장, 민족어문학회장을 역임하였음.

연구분야는 그려조 한문학으로
『이규보연구』, 『고려후기 사대부문학 연구』, 중·고등학교
『한문』교과서 등 15권의 저서와 『동인시화』, 『보한집』,
『삼국유사』등의 번역서와 60여 편의 논문이 있음.

고려시화총서 1
역주 파한집

2012년 11월 23일 초판 1쇄 펴냄

저 자 이인로
역 자 박성규
발행인 김흥국
발행처 도서출판 보고사

등록 1990년 12월 13일 제6-0429호
주소 서울특별시 성북구 보문동7가 11번지 2층
전화 922-5120~1(편집), 922-2246(영업)
팩스 922-6990
메일 kanapub3@chol.com
http://www.bogosabooks.co.kr
ISBN 978-89-8433-320-8 94810
        978-89-8433-478-6(세트)
ⓒ 박성규, 2012

정가 18,000원